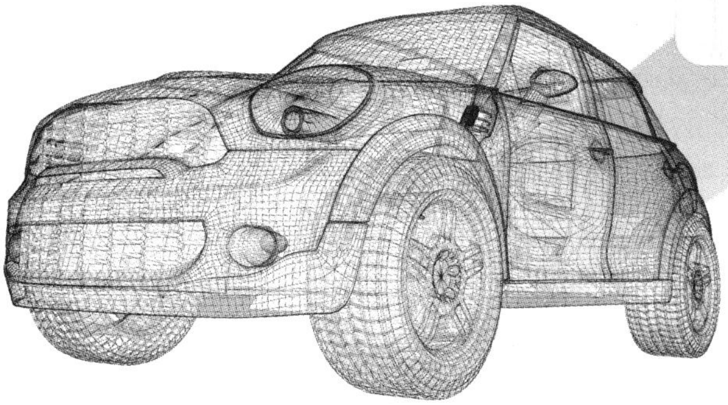

ZHONGDENG ZHIYE XUEXIAO
QICHE LEI ZHUANYE GUIHUA JIAOCAI

汽车车身修复

主 编 李开鋆 雷小丰

西南师范大学出版社
国家一级出版社 全国百佳图书出版单位

图书在版编目(CIP)数据

汽车车身修复 / 李开鋆, 雷小丰主编. -- 重庆：
西南师范大学出版社, 2017.8
中等职业学校汽车类专业规划教材
ISBN 978-7-5621-8761-5

Ⅰ.①汽… Ⅱ.①李…②雷… Ⅲ.①汽车－车体－
车辆修理－中等专业学校－教材 Ⅳ.①U472.4

中国版本图书馆CIP数据核字(2017)第193767号

汽车车身修复
QICHE CHESHEN XIUFU

主　　编：李开鋆　雷小丰
主　　审：朱　庆　石光成

策　　划：刘春卉　杨景罡
责任编辑：周明琼
封面设计：杨　涵
出版发行：西南师范大学出版社
　　　　　（重庆·北碚　邮编：400715）
　　　　　网址：http://www.xscbs.com）
印　　刷：重庆市国丰印务有限责任公司
开　　本：787mm×1092mm　1/16
印　　张：14.75
字　　数：378千字
版　　次：2017年9月 第1版
印　　次：2017年9月 第1次
书　　号：ISBN 978-7-5621-8761-5
定　　价：36.00元

尊敬的读者，感谢您使用西师版教材！如对本书有任何建议或要求，请发送邮件至xszjfs@126.com。

编委会

顾　　问｜张世华　夏慧玲
主　　任｜吴帮用　杨景罡
委　　员｜赵　勇　石光成　李朝东　陈　刚
　　　　　周　彬　蒋志侨　李　庆　张光铃
　　　　　杨小刚　刘　军　达洪勇　曾　文

主　　编｜李开銎　雷小丰
副 主 编｜任双鹏　成映端　达洪勇
主　　审｜朱　庆　石光成
参　　编｜刁端琴　肖世国　徐　迎　罗　兰
　　　　　陈建军　谭　娟　胡振川

序言

随着我国经济发展和产业结构的调整,职业教育越来越凸现出其重要性,大力发展职业教育是当今举国之策,重庆市在此大背景下,下发了《中共重庆市委重庆市人民政府关于大力发展职业技术教育的决定》(渝委发〔2012〕11号)文件。该文件对培养现代制造业、现代服务业的高素质技能型紧缺人才的现代职业教育的发展起到了很大的政策支撑和引领作用。

由于汽车产业的快速发展,尤其是现代汽车新技术、新工艺的广泛应用,对汽车制造和汽车后市场人才的要求越来越高。然而,目前许多中职学校汽车运用与维修专业的办学软硬件设施还没有和市场真正接轨,没有找到适合学生的职业发展规律,更没有结合学校自身的实际情况。最为突出的是在专业教学方面,存在课程体系不合理、教学内容陈旧、教学方法落后等问题,完全不能满足现代汽车产业岗位职业能力培养的需求。

为了更好地满足中等职业学校汽车类专业的教学要求,体现职业教育特色,促进汽车专业人才的培养,我们一线教师和行业专家在广泛调研和深入实践的基础上,按"项目引领、任务驱动"的最新教学理念编写了这套中等职业学校汽车类专业教材。本系列教材共计17本,分别为《汽车文化》《汽车维修机械基础》《汽车维修基本技能》《汽车发动机基础维修》《汽车底盘基础维修》《汽车电气设备构造与维修》《汽车发动机电控系统检修》《汽车底盘电控技术》《汽车电工电子》《汽车车身电控技术》《汽车故障诊断与排除》《汽车维护与保养》《汽车美容与装饰》《汽车车身修复》《汽车维修涂装技术》《汽车评估》《汽车中级技能培训》。

本套教材是以市场人才需求为导向,围绕学生职业能力培养,结合中职学生职业教育规律进行编写的。其主要特点如下:

1.根据学生岗位职业和发展,教材体系体现了"宽、专、精"三个不同层面的内涵。提炼、整合传统专业基础课程,拓宽专业基础知识、技能的实用性,满足不同岗位的需要;针对不同工种的工作需求,编写不同工种的专门化核心专业课程;依据"知识够用、技能实用"原则,精细打造课程,实现与实际岗位工作任务无缝对接。

2．专业课程体例是按"任务驱动的'理实一体化'"模式编写的,体现了以完成工作任务为目的、以应用为中心的职业技能教育特点,实施了"学中做,做中学"的理论与实践相结合的教学理念。

3．课程内容满足专业能力培养的需要。坚持"必需、够用"的原则,内容严谨、容量适宜、难易适当。

4．结合了汽车行业职业技能考核的要求,注重培养"双证"技能型人才。

5．注重学生职业道德与情感的培养,树立安全和环保的意识。

本套教材是在充分调研和深入实践的情况下,在重庆市多所职业学校和相关高校的一线专业课教师、"双师型"教师共同参与下研发、编写而成。这将更能体现其在实际教学中的适用性和地方特色,满足中职学校汽车运用与维修专业的人才培养要求,从而推动地方职业教育的教学改革,为我国汽车产业发展发挥积极的作用。

前言
QIANYAN

随着汽车保有量的增加及大量新司机的上路,我国的交通事故也呈逐年递增的趋势。由于汽车在生产工艺、材料选用和设计方面都更为合理,机电部分的故障率大大降低,从而导致维修企业的利润逐年降低。但是修复事故车辆的利润较为丰厚,所以事故车辆修复已越来越受到维修企业的重视。在事故车辆维修作业中,车身的钣金维修(也称车身修复)占有非常重要的地位。目前汽车维修行业中汽车车身修复人才还相当紧缺。

在目前的汽车维修企业中,汽车钣金工多数是由师傅带徒弟方式培养起来的,其理论知识比较缺乏,实际操作技能不够规范,特别是遇到一些特殊的问题时,不知道如何分析与解决。所以,编写一本真正实用的关于汽车车身修复方面的、理论与实际操作兼顾的指导书便成为社会的需求。

《汽车车身修复》是以岗位需求为导向,围绕学生职业能力培养,结合中职学生规律进行编写的,其主要特点如下:

(1)从汽车碰撞及其修复的一线操作需要出发,提出了自己的维修观点、理念与实际修复技巧,适应了当代国际品牌汽车入驻国内市场后的生产服务需要,符合汽车碰撞车身修复要求。

(2)讲述了汽车碰撞修复的理论知识、维修步骤、使用技巧等,并通过典型的车身修复实例提高教材实用性。

(3)本书图文并茂,从汽车碰撞修复工作与时俱进的理念出发,使理论与实际相结合,让读者更快、更好地掌握汽车碰撞车身修复技术。在内容编排上,体现了理论联系实际、深入浅出的特点。

教学模式建议:建议采用"理实一体化"教学,注重技能训练。

学时分配建议:建议安排在第2学年共2学期。每周按10学时分配,每学期按20周计,机动课时20学时,共计400学时。课时分布如下:

项目	任务	教学内容	学时分配
一、车身修复基础	一	布置车间	10
	二	焊接板件	30
二、车身结构与材料	一	识别车身结构	20
	二	识别车身材料	20
三、车身修复工艺	一	手动(含气动)修复损伤	50
	二	设备修复损伤	50
四、车身测量与校正	一	车身变形测量	50
	二	校正车身变形	50
五、车身构件更换	一	拆装覆盖件	50
	二	车身板件更换	50
机动学时			20
总计			400

本书由重庆市轻工业学校李开錾,重庆市巴南区职业教育中心雷小丰担任主编;重庆市轻工业学校任双鹏,重庆市北碚职业教育中心成映端,重庆市育才职业教育中心达洪勇担任副主编;重庆市机械高级技工学校朱庆、重庆市巴南区职业教育中心石光成主审;由重庆市轻工业学校刁端琴、肖世国、徐迎、罗兰,重庆市巴南区职业教育中心陈建军,重庆市轻工业学校谭娟,重庆市忠县职业教育中心胡振川参与编写,项目一、二由李开錾编写,项目三由雷小丰编写,项目四由任双鹏、成映端、达洪勇、胡振川编写,项目五由刁端琴、肖世国、徐迎、罗兰、陈建军、谭娟编写。

由于编者水平有限,书中难免有不妥之处,恳请广大读者批评指正。

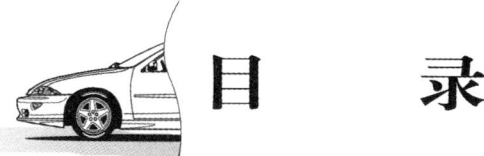

目 录

项目一　车身修复基础 ·· 1
　　任务一　布置车间 ·· 1
　　任务二　焊接板件 ··· 16

项目二　车身结构与材料 ·· 51
　　任务一　识别车身结构 ·· 51
　　任务二　识别车身材料 ·· 75

项目三　车身修复工艺 ·· 91
　　任务一　手动(含气动)修复损伤 ······································ 91
　　任务二　设备修复损伤 ·· 109

项目四　车身测量与校正 ·· 131
　　任务一　车身变形测量 ·· 131
　　任务二　校正车身变形 ·· 161

项目五　车身构件更换 ·· 185
　　任务一　拆装覆盖件 ·· 185
　　任务二　车身板件更换 ·· 204

参考文献 ··· 226

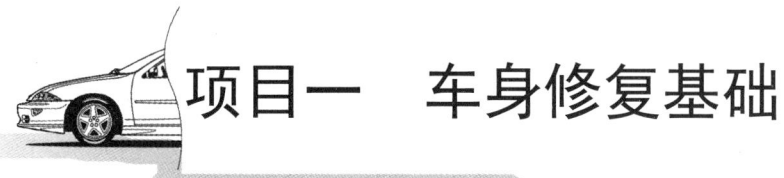

项目一　车身修复基础

 **任务一　布置车间**

【任务目标】

目标类型	目标要求
知识目标	(1)能描述车身修复车间的布置 (2)能叙述车身修复车间"5S"管理内容 (3)能阐述车身修复工作安全、健康、环保的措施
技能目标	(1)能防止安全事故发生 (2)能正确使用安全防护用品 (3)能正确地存放、处理车间的物品
情感目标	(1)培养良好的学习和工作习惯 (2)建立安全、健康、环境保护意识

【任务描述】

进行车身修复时,高质量、低成本地完成修复作业非常重要,但更重要的是必须确保作业人员的安全和健康。不论是什么作业,都可能潜存着或大或小的危害,所以需要确保作业场所安全,采取保护人身安全和健康的措施,创造良好作业环境,建设无灾害和疾病的职场,从而有效预防各种事故发生,并实现高效修复作业。

【知识准备】

一、认识车身修复车间

(一)工位区布置

车身修复车间分为车身修复工作区域和涂装工作区域,主要在这两个工作区域完成车身修复和涂装两项工作。

车身修复工作区域又根据生产需要划分为举升工位、检查与调整工位、拆装工位、测量与校正工位、板件更换工位、钣金修复工位、工具室、库房等,如图1-1-1所示。

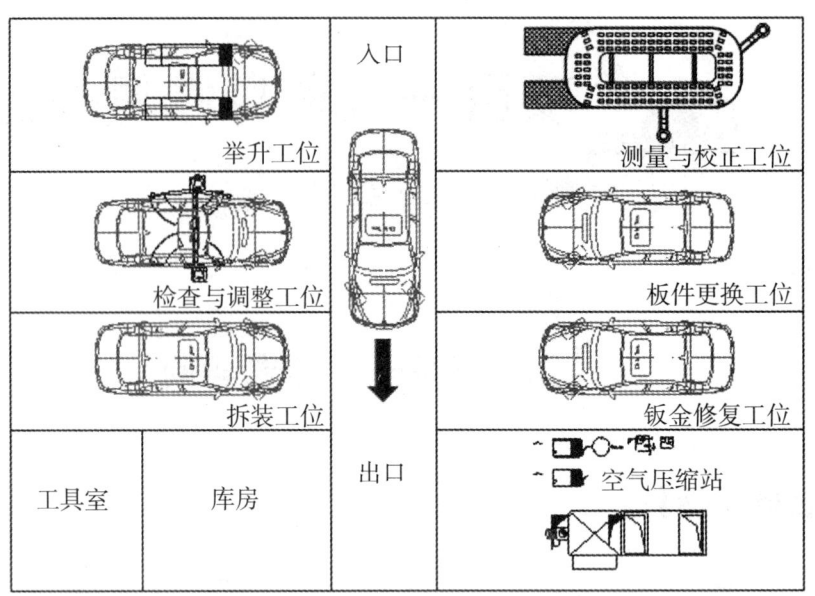

图 1-1-1　车身修复工作区域布置

(二)气路、电路布置

车身修复车间要使用压缩空气和电,车间的气路和电路要布置合理。压缩空气的压强一般为 0.5～0.8 MPa。一般车间要有一个空气压缩站,如图 1-1-2 所示,管路要沿墙壁布置,也可布置在靠近车间顶板的位置,每个工位至少要留出 2 个压缩空气快速接头,并安装开关。

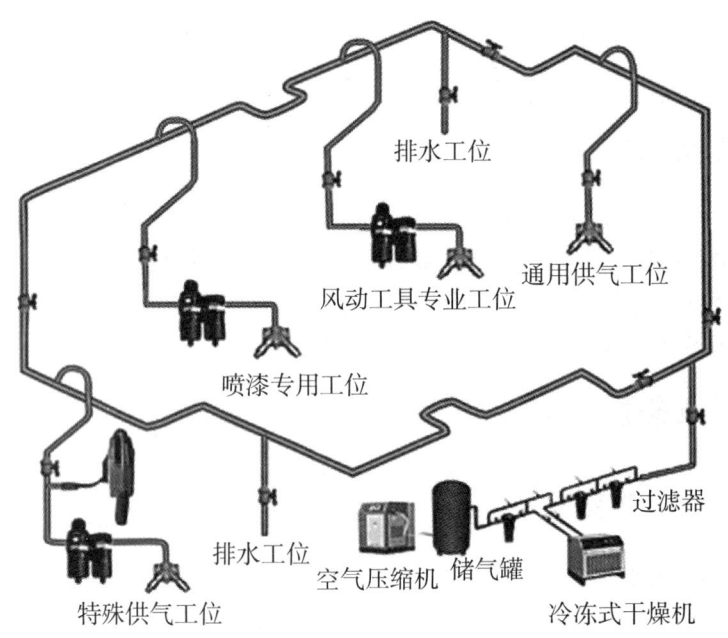

图 1-1-2　空气压缩站气路图

车身修复车间的用电电流很大,一般不小于 15 A,大功率的电阻点焊焊接电流不小于 40 A,如图 1-1-3 所示。所以要在车间校正工位附近设置一个专用的配电箱供车身修复焊接用电,配电箱的位置距离车身校正系统不能超过 10 m,防止线路过长导致过热。

图 1-1-3　车身修复焊接设备

(三)消防设施

在车间一般要配备消防栓、灭火器、防火沙等消防设施。如图 1-1-4 所示,多用途干粉灭火器可扑灭易燃物、易燃液体和电气火灾,车间应配备充足的多用途干粉灭火器,保证性能完好,使用方法各个员工都要掌握。消防栓,正式叫法为消火栓,如图 1-1-5 所示,水枪出水灭火,主要作用是控制可燃物、隔绝助燃物、消除着火源。

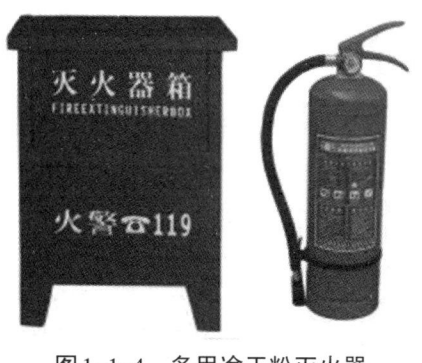
图 1-1-4　多用途干粉灭火器

图 1-1-5　消火栓

小提示：

灭火器应该定期进行检查、定期重新加注灭火剂。灭火器要摆放在车间的固定位置,并设有明显的标志。

二、车身修复车间"5S"管理

"5S"管理起源于日本,是一种优秀的现场管理技术,"5S"是保持车间环境优良、快捷和可靠工作的关键点,可提高员工的综合素质,塑造良好的企业形象,形成良好的社会效应,如图 1-1-6 所示。

图1-1-6　车身修复车间"5S"管理效果图

"5S"就是整理(SEIRI)、整顿(SEITON)、清扫(SEISO)、清洁(SEIKETSU)、素养(SHITSUKE)五个项目,因日语的罗马拼音均以"S"开头,英语也是以"S"开头,简称"5S"。

(一)整理

如图1-1-7所示,整理物品是将工作场所内的所有物品区分为必要和不必要的,将不必要的物品加以整理。

目的:腾出空间,活用空间;防止误用、误送;保持工作场所干净整齐。

注意:要有决心,不必要的物品应果断地予以处理。

(二)整顿

如图1-1-8所示,把整理后留下来的必需物品按照规定的位置摆放整齐,并加以注明、标示。

目的:使工作场所一目了然;减少寻找物品的时间;打造整整齐齐的工作环境;清除过多的积压物品。

注意:这是提升效率的基础。

图1-1-7　整理物品

图1-1-8　整顿物品

(三)清扫

如图1-1-9所示,将工作场所清扫干净,保持工作场所干净、亮丽。

目的:保持干净亮丽的环境;减少脏污对品质的影响;减少工业伤害事故。

注意:要做到制度化、责任化。

(四)清洁

将前"3S"实施的做法制度化、规范化,并贯彻执行及维持效果。

目的:通过制度化来维持成果;随时发现问题,及时修正。

注意:要形成制度,并定期检查评比。

(五)素养

通过晨会等手段,提高文明礼貌水准,增强团队意识,养成按规定行事的良好工作习惯,如图1-1-10所示。

目的:培养良好习惯,遵守规则;营造积极向上的团队精神。

注意:要坚持不懈地学习,才能养成良好习惯。

图1-1-9　清扫车间

图1-1-10　晨会

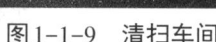

希望大家从身边做起,从小事做起,将"5S"管理理念落实到日常行为中去,最终养成良好的习惯,全面提高个人素质,以此丰富文化内涵,塑造企业的形象,实现共同的梦想!

三、个人防护

汽车车身修复现场,我们可能接触到各种有害物质,如油漆、防腐剂、溶剂等挥发产生的有害气体,打磨和抛光产生的粉尘、噪声,焊接产生熔化的高温飞溅金属等,都可能对我们的身体造成一定的伤害。为了避免维修操作中,对维修人员身体造成不必要的伤害,我们可以采取相应的保护措施。

必须建立安全、健康、环境保护(EHS)意识,"EHS"是指E——Environment(环境)、H——Health(健康)、S——Safety(安全)。

(一)头部防护

在车身修复现场作业中,修复人员必须戴上工作帽,如图1-1-11(a)所示。保护头部,同时也能防止灰尘或油污的污染,保持头发的清洁。在车下作业或者进行拉伸校正操作时要戴硬质安全帽,防止碰伤头部,如图1-1-11(b)所示。头发不要过长,工作时把头发放入安全帽内。

（a）工作帽　　　　　　　　（b）硬质安全帽

图 1-1-11　头部防护装置

（二）眼睛和面部防护

为了防止眼睛和面部受伤或被沾上灰尘、油污等，车身修复人员在进行不同工序的操作时，必须戴上相应的保护装置，如进行锤击、打磨或钻孔时，应佩戴防护眼镜，如图1-1-12(a)所示。必要时还需戴上防护面罩，如图1-1-12(b)所示。在进行焊接或火焰切割时，应佩戴有深色镜片的焊接面罩，如图1-1-12(c)所示，保护眼睛和皮肤不受伤害。

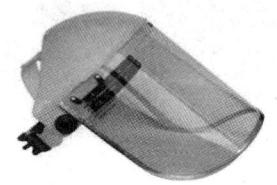

（a）防护眼镜　　　　　　（b）防护面罩　　　　　　（c）焊接面罩

图 1-1-12　眼睛和面部防护装置

（三）耳朵防护

在高噪声场所工作时，如使用气动焊点去除钻、气动切割锯和进行打磨、板件击打等操作，产生的高噪声都会对耳朵产生伤害，需要佩戴耳塞或耳罩等耳朵保护装置，如图1-1-13所示。在进行焊接时，耳塞或耳罩还可以避免熔化的金属进入耳内。

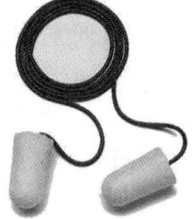

（a）无线耳塞　　　　　　（b）有线耳塞　　　　　　（c）耳罩

图 1-1-13　耳朵防护装置

（四）手部防护

在进行拆装、修复、校正等工作时，为了减少手部皮肤磨损和受伤应戴上棉纱手套，如图1-1-14(a)所示；在熔焊焊接或火焰切割时应戴上皮质的熔焊焊接手套，如图1-1-14(b)所示；进行电阻点焊时应戴上电阻点焊焊接手套，如图1-1-14(c)所示，防止被熔化的金属烧伤。

  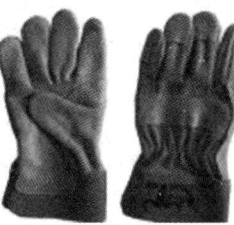

(a)棉纱手套　　　　　(b)熔焊焊接手套　　　　(c)电阻点焊焊接手套

图1-1-14　手部防护装置

(五)脚部防护

车间工作应穿鞋头有金属板、防滑的安全鞋,保护脚部不会被重物砸伤,安全鞋具有绝缘性,防止发生触电事故,如图1-1-15(a)所示。焊接时脚部应穿上焊接护脚,如图1-1-15(b)所示,防止被熔化的金属烧伤。

(a)安全鞋　　　　　　(b)焊接护脚

图1-1-15　脚部防护装置

(六)身体防护

工作场所应穿合格的工作服,如图1-1-16(a)、图1-1-16(b)所示,在工作前应摘除佩戴的饰物。焊接时要穿上专用的焊接工作服,如图1-1-16(c)所示,防止熔化的金属飞溅到身体,烧伤皮肤。

(a)普通工作服　　　　(b)连体工作服　　　　(c)焊接工作服

图1-1-16　工作服

(七)呼吸系统防护

在进行切割、打磨、用压缩空气清洁板件时,会产生大量灰尘,应佩戴防尘口罩,如图1-1-17(a)所示。在对车身进行焊接时产生的焊接烟尘、清洗部件时挥发的溶剂和在喷射防腐剂时挥发的液滴,都会被吸入操作人员的呼吸系统,对人体产生暂时甚至永久的伤害,在操作时应佩戴自吸过滤式防毒呼吸器,如图1-1-17(b)所示。

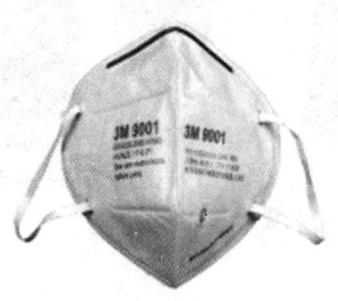

(a)防尘口罩　　　　　　　　(b)自吸过滤式防毒呼吸器

图1-1-17　呼吸系统防护装置

四、车身修复工具、设备的安全

(一)手动工具的安全使用规则

(1)使用工具人员,必须熟知工具的性能、特点、使用、保管、维修及保养方法。

(2)工作前必须对工具进行检查,严禁使用腐蚀、变形、松动、有故障、破损等不合格工具。

(3)小型工具应放在工具袋中妥善保管。

(二)动力工具的安全使用规则

1.气动工具安全使用规则

(1)使用气动工具时,气源应装气水分离器,以免混浊空气进入,损坏机件。

(2)供气的软管应进行吹洗,不得对着人,与套口连接应牢固。

(3)气管不得变成锐角,遭受挤压或受到损坏时,应立即停止使用。

(4)更换工具附件,须待气体全部排出,压力下降后,方可进行。

2.电动工具安全使用规则

(1)工具与电源连接符合要求,不过载使用电动工具。

(2)在潮湿地带或金属容器内使用电动工具,必须有相应的绝缘措施,并有专人监护。电动工具的开关应设在使用者伸手可及的地方。

(3)移动工具时,不得提着电线或工具的转动部分。

(4)当休息、下班或工作中突然停电时,应切断电源开关。

(5)避免疲劳操作。

(三)砂轮机的安全使用规则

砂轮机使用前应检查砂轮有无外伤、裂纹,然后进行空转试验,无问题方可使用,使用时操作人员应站在侧面,需佩戴防护眼镜,精力要集中,应用砂轮正面磨削,禁止使用砂轮侧面,防止砂轮破碎伤人,不得两人同时使用一个砂轮,砂轮片有效半径磨损达2/3时必须更换。

(四)焊接安全技术及触电防护措施

（1）做好个人防护,工作前要带好手套,穿好安全鞋和工作服。

（2）工作前要检查设备、工具的绝缘层是否有破损现象,焊机接地及焊机各接点接触是否良好。

（3）推、拉电源闸刀时,要戴绝缘手套,并且站在侧面,以防止电弧火花灼伤面部。

（4）身体出汗、衣服潮湿时切勿靠近带电的工件。

（5）在狭小的舱室或容器内焊接时,要设有监护人员。

（6）遇有人触电时,不得赤手去拉触电人,应迅速断开电源。

【任务实施】

活动一　穿戴门板修复防护用品

一、任务要求

根据所学知识制订一个合理的车身修复个人安全与防护计划,完成穿戴门板修复防护用品的每一个步骤,按照提示要求规范作业,并在车身维修操作中严格执行。

二、任务准备

准备好工作台、工作帽、防护眼镜、防尘口罩、耳罩、工作服、棉纱手套、安全鞋。

三、任务步骤

1.穿好工作服 提示:工作服应该较为宽松,系好袖口。	
2.佩戴工作帽 提示:把头发盘在工作帽中。	

3.佩戴防护眼镜 提示：佩戴前应仔细检查,确认无变形和构件松动。	
4.佩戴防尘口罩 提示：金属鼻夹位于口罩上方,将其完全按压成鼻梁形状。	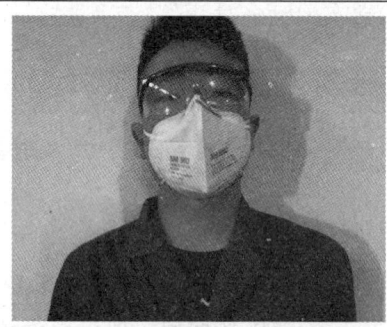
5.佩戴耳罩 提示：戴上后应检查隔音情况。	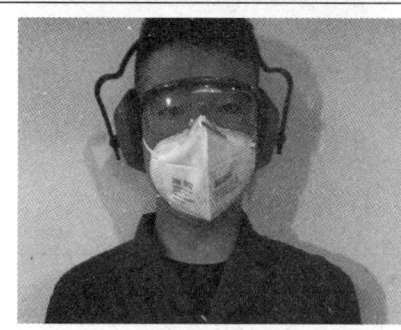
6.佩戴棉纱手套	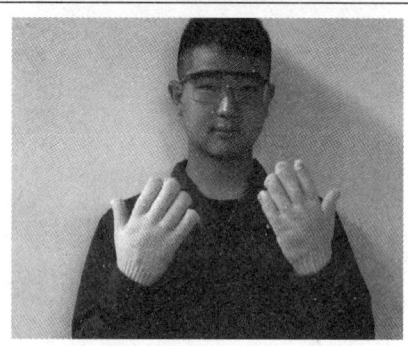
7.穿好安全鞋 提示：安全鞋的前尖留有一定余量。鞋后跟与脚后跟不紧不松正好吻合,鞋面不能挤压脚背,脚窝与脚弓吻合。	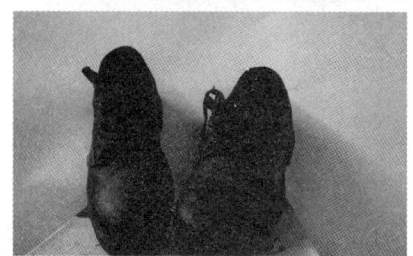

活动二　穿戴板件焊接防护用品

一、任务要求

根据所学知识制订一个合理的车身修复个人安全与防护计划,完成板件焊接防护用品穿戴的每一个步骤,按照提示要求规范作业,并在车身维修操作中严格执行。

二、任务准备

准备好工作台、焊接头盔、焊接工作服、焊接手套、焊接护脚、过滤式呼吸器、焊接面罩。

三、任务步骤

1.穿好焊接工作服 提示:焊接工作服应抗焊接飞溅物、耐高温、耐磨。	
2.佩戴焊接护脚 提示:要完全盖住鞋面。	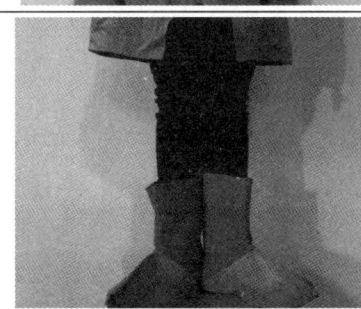
3.佩戴过滤式呼吸器 提示:佩戴前应检查或更换滤芯,保证干净。	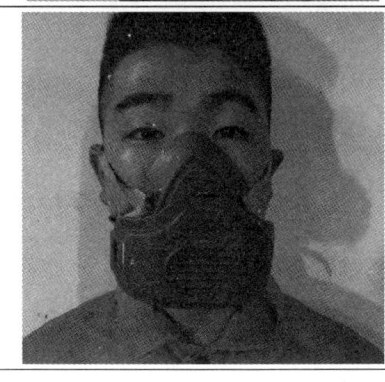

4.佩戴焊接手套 提示：焊接手套耐辐射热、耐磨，袖筒有足够的长度，保护手臂。不应戴破损和潮湿的手套。	
5.佩戴焊接头盔 提示：检查调整变色镜透光亮度，调整头盔大小，保证佩戴牢固。	
6.佩戴焊接面罩 提示：电阻点焊时要佩戴焊接面罩，防止对眼睛和面部皮肤造成伤害。	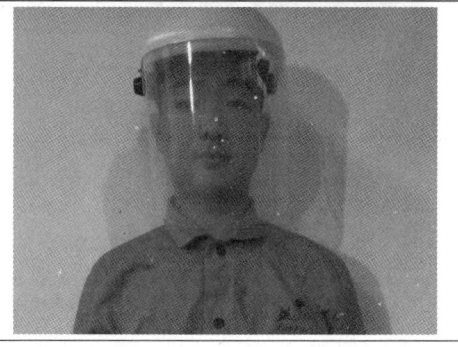

【任务拓展】
参观学校实训室或周围运营的钣喷维修店

一、任务要求

要求遵规守纪，安全第一，仔细观察，诚恳交流，认真思考。

二、任务准备

照相机、笔、数据统计表、饮用矿泉水。

三、任务步骤

通过观察或询问了解汽车车身修复工作区域布置、维修项目及维修设备用品情况,完成表1-1-1的填写。

表1-1-1 汽车车身修复工作区域布置、维修项目及维修设备用品情况

序号	项目	作业项目	现场(√/×)	图片(√/×)
一	工作区域	测量与校正工位		
		板件更换工位		
		钣金修复工位		
		拆装工位		
		检查与调整工位		
		举升工位		
		工具室		
		库房		
		空气压缩站		
二	板件焊接项目	气体保护焊机		
		电阻点焊机		
		焊接工作台		
		焊接板件		
		焊接试焊片		
		大力钳		
		焊接防溅膏		
		气动切割锯		
		气动焊点去除钻		
		錾子		
		焊接作业防护用品		
三	板件修复项目	外形修复机		
		钣金锤		
		打磨机		
		快速组合维修工具		
		工作台		
		受损门板		
		修复作业防护用品		
四	车身测量与校正项目	车身校正仪		
		车身校正钣金工具		
		汽车车身		
		车身测量设备		
		校正作业防护用品		

【任务检测】

一、填空题

1. 压缩空气的压强一般为_____。
2. 在使用液压举升机时,操作者应该站在_____。
3. 为了保护维修人员的眼睛和面部安全,锤击、钻孔和打磨时应佩戴的防护用品是_____。
4. 焊接时,保护维修人员身体应该穿戴的防护用品是_____。
5. 在车间一般要配备_____、_____、_____等消防设施。
6. "5S"管理的内容是_____。

二、判断题

1. 维修现场可以穿凉鞋或布鞋。( )
2. 在进行气体保护焊焊接时只要佩戴好防护面具即可。( )
3. 在进行焊接或火焰切割时,应佩戴专用焊接头盔。( )
4. 在气动切割锯切割钢板时需要佩戴耳罩。( )
5. 可以用压缩空气来吹洗衣物,不能用来清理皮肤。( )

三、选择题

1. 佩戴( ),是为了操作时保护耳朵不受噪声的伤害。
   A. 耳塞　　　　　　B. 呼吸器　　　　　　C. 防尘器
2. 焊接操作时,脚的保护必须穿戴( )。
   A. 焊接护脚　　　　B. 安全鞋　　　　　　C. 布鞋
3. 焊接时佩戴头盔的主要目的是( )。
   A. 防止紫外线伤害眼睛　　B. 看清楚焊接位置　　C. 保护脸部皮肤
4. 防护效果最好的呼吸器是( )。
   A. 滤筒式呼吸器　　B. 供气式呼吸器　　　C. 防尘式呼吸器
5. 焊接时的防护镜片是( )。
   A. 茶色镜片　　　　B. 深色镜片　　　　　C. 淡色镜片

【任务评价】

一、小组过程评价

序号	考核项目	分数	考核内容	配分	考核标准	得分
1	出勤、纪律	5分	出勤	2分	违规一次不得分	
			行为规范	3分	违规一次不得分	
2	安全、防护、环保	20分	着装	2分	违规一次不得分	
			个人防护	3分	违规一次不得分	
			"5S""EHS"	5分	违规一次不得分	
			设备使用安全	5分	违规一次不得分	
			操作安全	5分	违规一次不得分	
3	任务检测	20分	任务测验成绩	20分	测验成绩的20%	
4	技能考核	35分	技能测验成绩	35分	测验成绩的35%	
5	学习能力	10分	工单填写,工艺计划制订	4分	未做不得分	
			组内活动情况	4分	酌情扣分	
			资料查阅和收集	2分	未做不得分	
6	任务拓展	10分	知识拓展任务	2分	未做不得分	
			技能拓展任务	8分	未做不得分	
	总分	100分				

二、教师评价

序号	优点	存在问题	解决方案

教师签字:

三、个人小结

_____

_____

_____。

 ## 任务二　焊接板件

【任务目标】

目标类型	目标要求
知识目标	(1)能描述车身板件连接的方式 (2)能叙述车身板件焊接的类型 (3)能阐述车身板件焊接的方法
技能目标	(1)能使用电阻点焊机进行焊接 (2)能使用惰性气体保护焊设备进行焊接 (3)能对焊接质量进行检验、分析
情感目标	(1)重视安全、环保,养成安全文明的生产习惯 (2)养成对学习和工作进行总结的良好习惯,不断积累经验

【任务描述】

汽车车身是一个复杂的结构件,由数百种薄板经冲压成车门、翼子板、底板等不同的结构件,这些结构件通过不同的连接方式进行连接从而组成汽车车身,如图1-2-1所示。汽车车身结构件连接在一起的方式有可拆卸连接和不可拆卸连接两种。

图1-2-1　汽车车身

【知识准备】

一、车身板件的连接方式

(一)可拆卸连接

可拆卸连接有螺纹连接、卡扣连接和铰链连接。翼子板、保险杠、车门内饰件等处的连接采用螺纹连接。室内装饰件、装饰条、外部装饰件、线路等安装采用卡扣连接,车门、发动机罩、后备厢盖等需要经常开关的部件采用铰链连接,如图1-2-2所示。

(二)不可拆卸连接

不可拆卸连接有折边连接、铆钉连接和焊接。车门内外板、发动机罩内外板、后备厢盖内外板的连接采用折边连接,如图1-2-3所示。

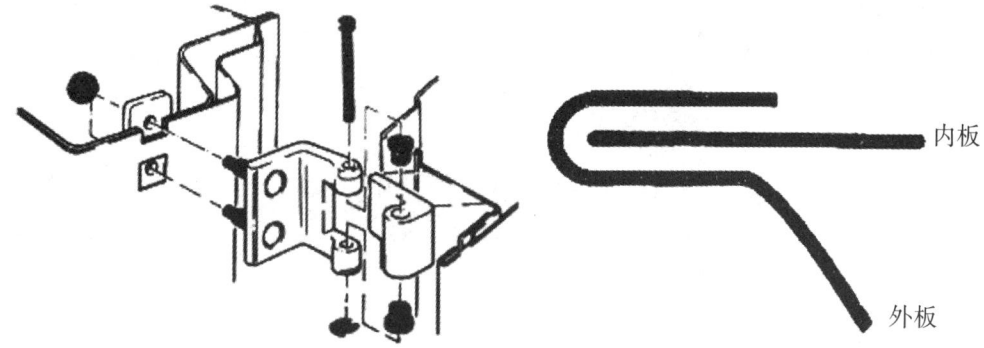

图1-2-2　铰链连接　　　　图1-2-3　折边连接

车身上不同材料之间(其他方式不能有效连接时)或连接镁、铝、塑料车身时采用铆钉连接,如图1-2-4所示。车身需要密封的板件,如大面积面板、铝车身板件、塑料车身等采用黏结连接。黏结连接一般不单独使用,它配合螺栓、铆接、电阻点焊、折边连接等方式一起进行。

焊接是对需要连接的金属板件加热,使它们共同熔化结合在一起的连接方式。车身制造中应用最多的是电阻点焊,如图1-2-5所示,除此之外是二氧化碳保护焊,主要用于车身骨架和车身总成焊接。

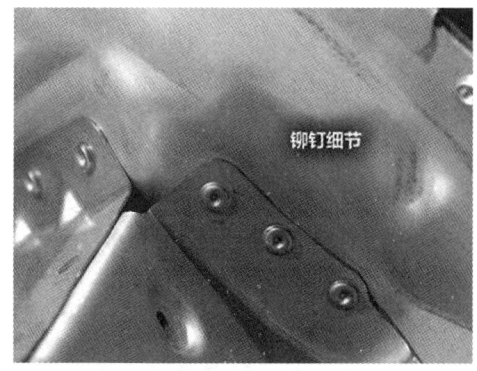　　

图1-2-4　铆钉连接　　　　图1-2-5　电阻点焊

为了方便制造，车身设计时，通常将车身划分为若干个分总成，如图1-2-6所示。各分总成又划分为若干个合件，合件由若干个零件组成。车身焊装的顺序是上述过程的逆过程，先将若干个零件焊装成合件，再将若干个合件和零件焊装成分总成，最后将分总成和合件、零件焊装成车身总成。

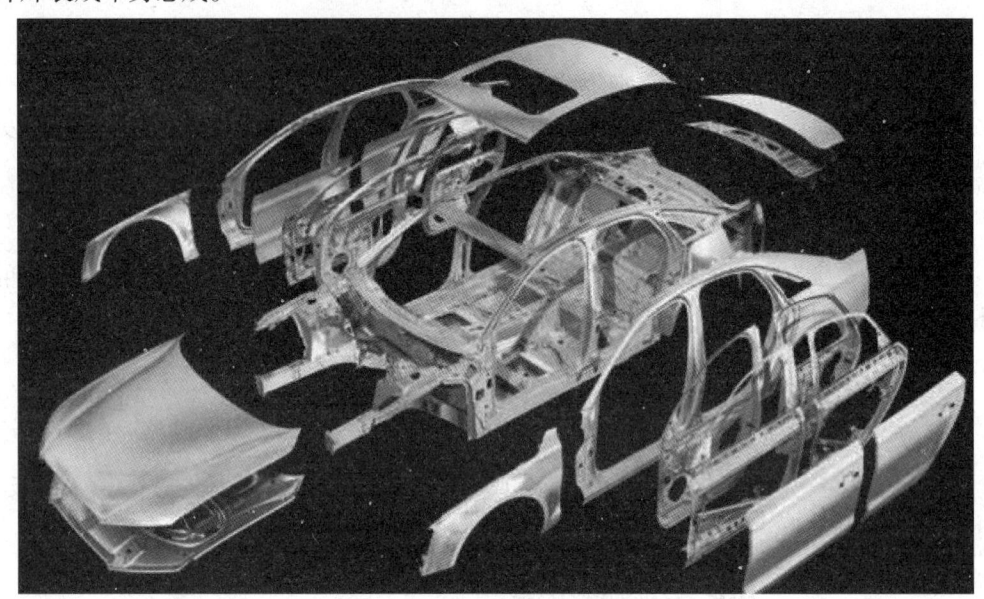

图1-2-6　车身分总成

二、车身电阻点焊

(一)电阻点焊特点

电阻点焊是汽车制造厂在流水线上对整体式车身进行焊接时最常用的一种方法，在整体式车身上的焊接生产中，有90%～95%是采用电阻点焊。其特点：

(1)焊接成本比气体保护焊要低。

(2)没有焊丝、焊条或气体等消耗。

(3)焊接过程中不产生烟或蒸汽。

(4)焊接时不需要去除板件上的镀锌层。

(5)焊接接头的外观质量与制造厂的焊接接头完全相同。

(6)不需要对焊点进行研磨。

(7)速度快。只需1 s或更短的时间便可焊接钢板。

(8)焊接强度高、受热范围小、金属不易变形。

电阻点焊是利用低电压、高强度的电流流过夹紧在一起的两块金属板，产生大量电阻热使板件熔化，用焊枪电极的挤压力把它们熔合在一起，如图1-2-7所示。

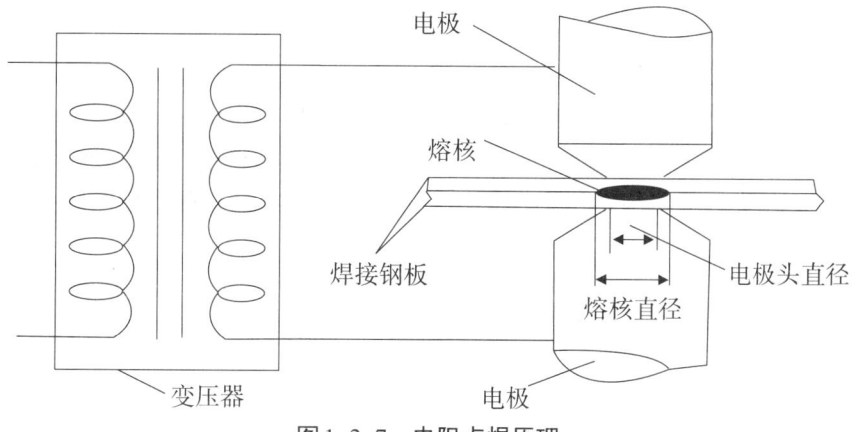

图 1-2-7　电阻点焊原理

(二)电阻点焊设备

1. 变压器

变压器是将低电流、高电压的 220 V 或 380 V 车间线路电压转变成低电压(2～5 V)、高电流强度的焊接电压。

2. 焊机控制器

焊机控制器,如图 1-2-8 所示,可调节变压器输出焊接电流的强弱,并可以调节焊接电流通过的精确时间,在焊接时间内,焊接电流被接通并通过被焊接的金属板,然后电流被切断。

3. 焊枪

焊枪,如图 1-2-9 所示,通过电极臂向被焊金属施加挤压力,并流入焊接电流。

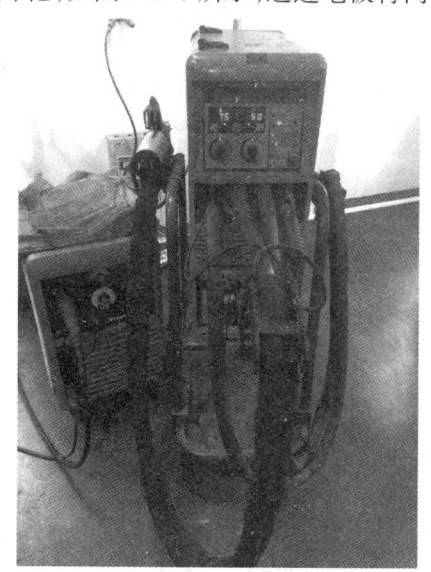

图 1-2-8　焊机控制器

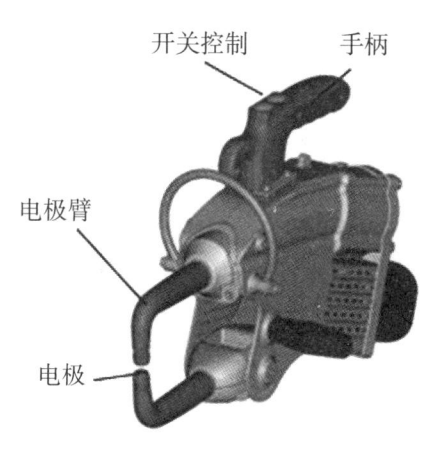

图 1-2-9　焊枪

(三)焊接质量的影响因素

1.电极压力

两个金属板件的焊接强度与焊枪电极施加在金属板上的压力有直接的关系。焊枪电极的压力太小,电流流过会产生焊接飞溅物,导致焊接接头强度降低,如图1-2-10所示。焊枪压力过高会使电极头压入被焊金属,压入深度过大使焊接质量降低。焊点被电极压入的深度不能超过板厚的一半。

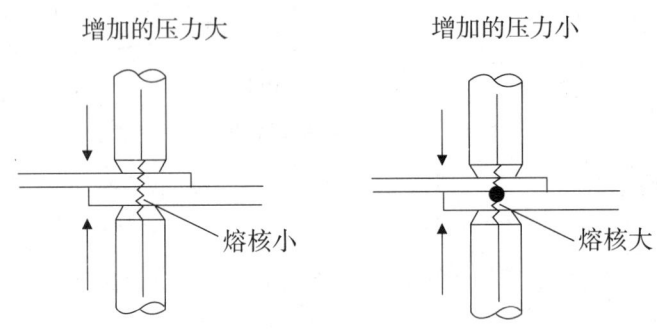

图1-2-10 焊接压力对焊点的影响

2.焊接电流

给金属板件加压后,一股很强的电流流过焊枪电极,然后流入两个金属板件。在金属板件的接合处电阻值最大,电阻热使温度迅速上升,如图1-2-11(a)所示。如果电流不断流过,金属便熔化并熔合在一起,如图1-2-11(b)所示。电流太大或压力太小,将会产生焊接溅出物。如果适当减小电流强度或增加压力,可使焊接溅出物减少到最小值。

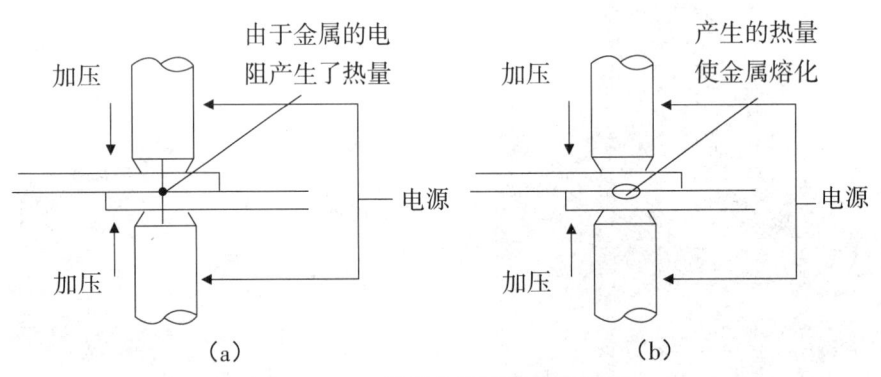

图1-2-11 焊接电流对焊点的影响

3.焊接加压时间

电流停止后,焊接部位熔化的金属开始冷却,凝固的金属形成圆而平的焊点。对焊点施加的压力合适,焊点的结构紧密,有很高的机械强度。加压时间是一个重要因素,时间太短会使金属熔合不够紧密。

电阻点焊基本参数的选择,见表1-2-1。

表 1-2-1 电阻点焊基本参数的选择

板厚(mm)	电极直径(mm)	焊接压力(N)	通电时间(s)	焊接电流(A)
1.0	5	1000～2000	0.2～0.4	6000～8000
1.2	5	1000～2500	0.25～0.5	7000～10000
1.3	6	1500～3500	0.25～0.5	8000～12000
2.0	8	2500～5000	0.35～0.6	9000～14000

4. 其他影响因素

使用电阻点焊焊接时,除了焊机本身的电流、压力、时间等因素影响焊接质量外,还存在以下因素。

(1)焊件表面处理。

焊件表面如果有漆膜、锈迹、灰尘或其他污物,就会降低焊接质量,应把它们清除干净,以使电流畅通,如图 1-2-12 所示。

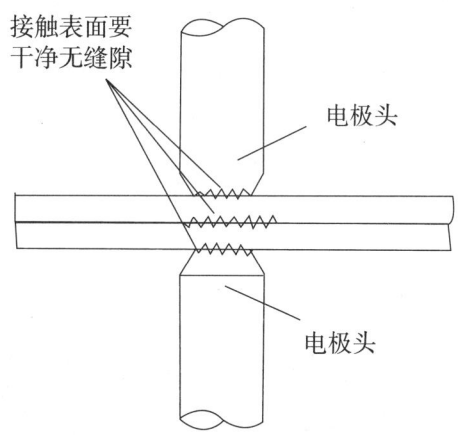

图 1-2-12 焊接表面干净

(2)焊件表面间的间隙。

在焊接之前,应当把焊件表面整平,如图 1-2-13 所示。如果焊件表面之间留有任何间隙,都将导致电流导通不良,尽管不消除这种间隙也能进行焊接,但是焊点面积变小,造成焊接强度不足。消除这一间隙,可用夹钳将焊件牢牢地夹紧。

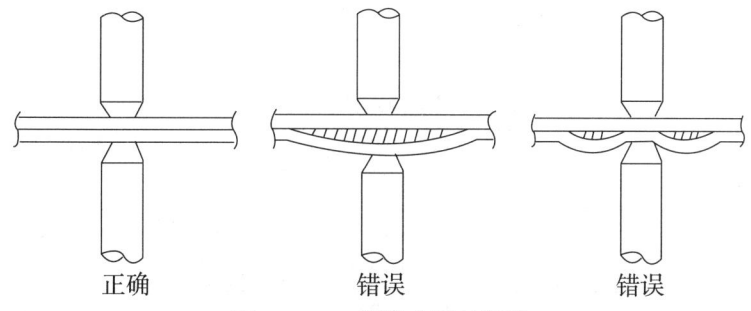

图 1-2-13 焊件表面的间隙

(3) 点焊操作。

使电极头与焊件表面保持垂直,如图1-2-14所示。否则电流会减弱,导致焊接强度不够。对于三层或更多层重叠的点焊,应焊两次。

(4) 焊点数量。

由于汽车修复厂所用的点焊机的功率一般比汽车制造厂所用的小,因此,修复厂用的焊点数量应当比原有焊点多30%,如图1-2-15所示。

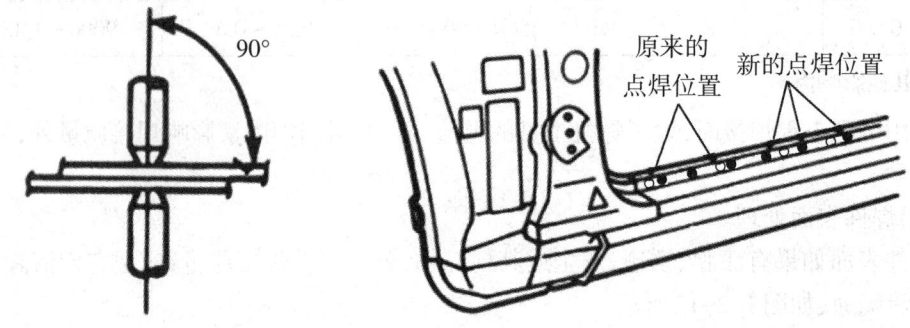

图1-2-14　电极和焊件的夹角　　　图1-2-15　修复时焊点的数量

(5) 焊点间距离。

焊件焊接的强度由焊点间距 s 和边缘距离 p(焊点到板外缘的距离)决定,如图1-2-16所示。焊点间距减小,板件连接强度就增加,但焊点间距小到一定程度后如果再减小,板件的连接强度也不会再增大,因为电流会流向以前的焊点,如图1-2-17所示。

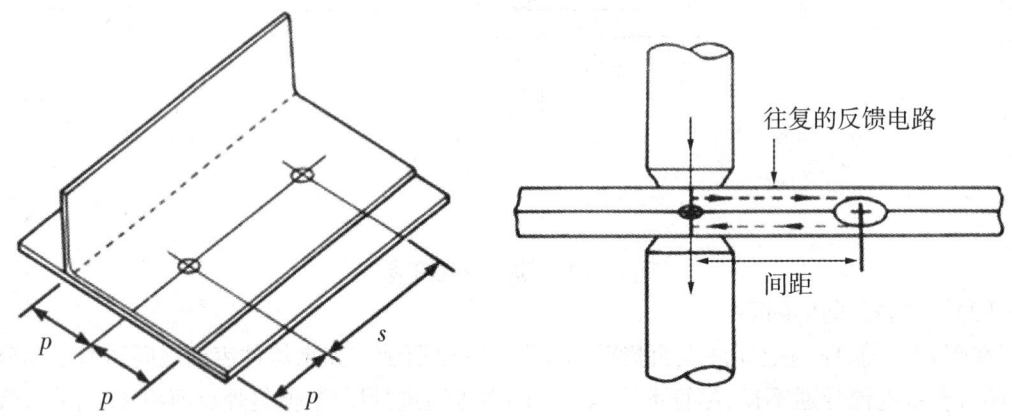

图1-2-16　焊点的距离　　　图1-2-17　焊点的分流

焊点间距的大小应控制在不致形成支路电流的范围内,一般要参照表1-2-2中给出的数值。

表1-2-2　电阻点焊焊点间距的选择

板厚(mm)	焊点间距 s(mm)	边缘距离 p(mm)
0.4	≥11.0	≥5.0
0.8	≥14.0	≥5.0
1.0	≥18.0	≥6.5
1.2	≥22.0	≥7.0
1.6	≥29.0	≥8.0

(6)点焊顺序。

不要只沿着一个方向进行焊接操作,这种方法会使电流产生分流而降低焊接质量,应按正确顺序进行焊接,如图1-2-18所示。当电极头发热并改变颜色时,应停止焊接使其冷却。

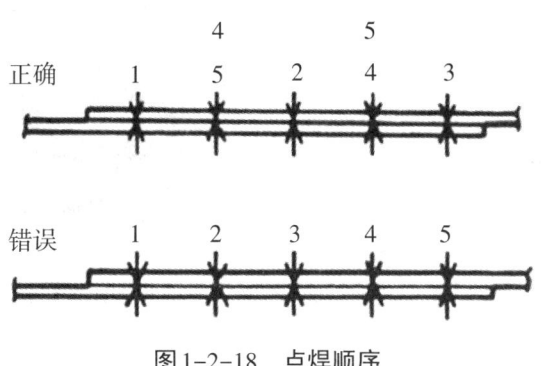

图1-2-18 点焊顺序

(7)角落处的焊接。

不要对角落的半径部位进行焊接,不然会产生应力集中而导致撕裂,如图1-2-19所示。

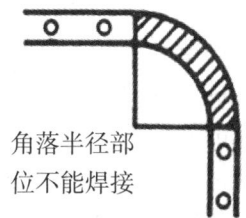

图1-2-19 角落的焊接

(8)电极状况。

选择合适形状的电极臂,对电极臂进行调整,如图1-2-20所示。将两个电极头调整对齐,如图1-2-21所示。

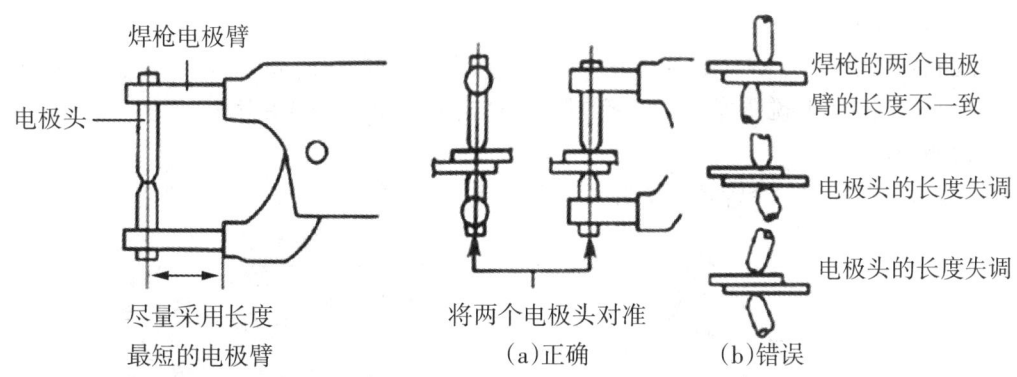

图1-2-20 调节焊枪电极臂　　图1-2-21 电极头的正确调整

选择合适直径的电极头,如图1-2-22所示。用锉刀将电极头锉光,表面应无燃烧生成物和杂物,如图1-2-23所示。

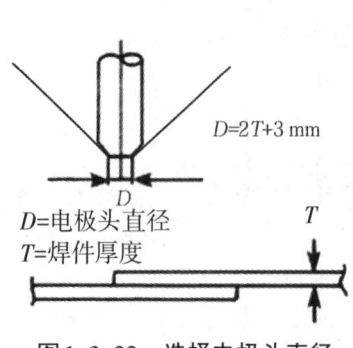

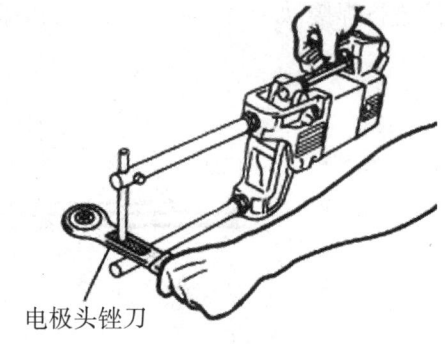

图1-2-22 选择电极头直径　　　　图1-2-23 对电极头端部进行修整

(四)焊接质量的检验

1. 外观检验

(1)焊接位置。焊点应在焊件的中心,不得在原有焊点位置进行焊接。

(2)焊点数量。数量大约是制造厂数量的1.3倍。

(3)焊点间距。间距略小于汽车制造厂的焊点间距,分布均匀。

(4)压痕。压痕深度不能超过焊件厚度的一半。

(5)气孔。不能有肉眼可以看见的气孔。

(6)溅出物。用手套在焊接表面擦过时,不应被绊住。

(7)焊点颜色。一般通过焊点部位的颜色变化就可以判断电流的大小,焊接电流正常时焊点中间电极触头部分的颜色不会发生变化,与未焊接之前的颜色相同。焊接电流过大时焊点中间电极触头接触部分的颜色变深呈蓝色。(本书单色印刷图示不够明显,实际操作时可明显区分)。

2. 破坏性检验

(1)扭曲试验。

扭曲后在其中一个焊片上应留下一个与焊点直径相同的孔,如图1-2-24所示。如果该孔过小或根本没有孔,说明焊点的焊接强度太低,需要重新调整焊接参数。

(2)撕裂试验。

撕裂后应在其中一个焊片上留有一个大于焊点直径的孔,如图1-2-25所示。

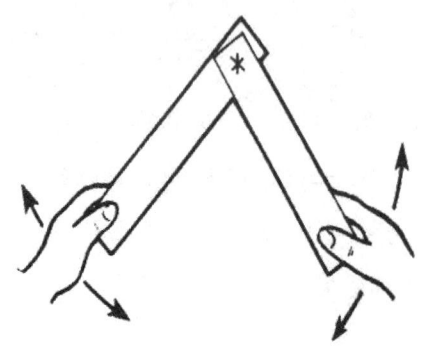

图1-2-24 扭曲试验　　　　图1-2-25 撕裂试验

三、车身惰性气体保护焊

目前,汽车修复中广泛应用惰性气体保护焊,简称MIG。不管是在高强度钢构件及整体式车身的修复中,还是在车身外部覆盖件的修复中,都可以使用惰性气体保护焊。它使用直径为0.6 mm、0.8 mm、1.0 mm的焊丝,对厚度在0.8~4 mm的工件进行对接焊、搭接焊、塞焊等。

惰性气体保护焊使用一根焊丝,焊丝以一定的速度自动进给,在板件和焊丝之间出现电弧,电弧产生的热量使焊丝和板件熔化,将板件熔合在一起,惰性气体对焊接部位进行保护,以免熔融的金属受到空气的氧化,这就是惰性气体保护焊的焊接过程。惰性气体保护焊的工作原理如图1-2-26所示。

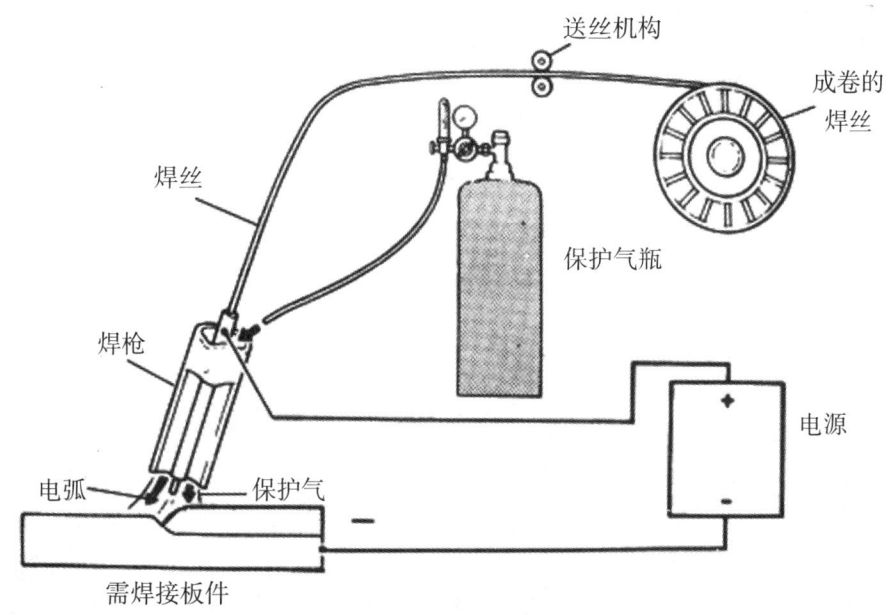

图1-2-26 惰性气体保护焊的工作原理

(一)惰性气体保护焊设备

惰性气体保护焊设备主要由保护气源、送丝机构、焊丝、焊枪、控制面板、焊机电源、搭铁装置组成。

1.带有流速调节器的保护气源

保护气钢瓶。如图1-2-27所示,贮存液态CO_2。气体种类由需要焊接的板件决定,修复车身时焊接一般用CO_2和Ar的混合气(气体的比例为:75%的Ar、25%的CO_2)作为保护气体,许多焊机是既可以使用CO_2(活性气体),又可以使用Ar(惰性气体),只需要更换气瓶和调节器就可以了。

预热器。由于液态CO_2转变成气态时,将吸收大量的热,再经减压后,气体体积膨胀,也会使温度下降。为防止管路冻结,在减压之前要将CO_2气体通过预热器进行预热。预热器一般采用电阻加热式,采用36 V交流供电,功率为100~150 W,如图1-2-28所示。减压器,将高压CO_2气体变为0.1~0.2 MPa的低压气体。气体流量计,用于调节气体流量的大小,常用转子流量计,但其刻度是用空气作为介质,若通过气体为CO_2气体,浮子材料为纯铝。

图1-2-27 液态 CO_2 钢瓶　　图1-2-28 带预热器的 CO_2 减压流量计

2. 送丝机构

送丝机构是将焊丝按要求的速度送至焊接电弧区,以保证焊接的正常进行,如图1-2-29所示。将送丝滚轴上的压力调低一点,以免焊丝弯曲。但压力不能调得过低,防止造成送丝速度不稳定。

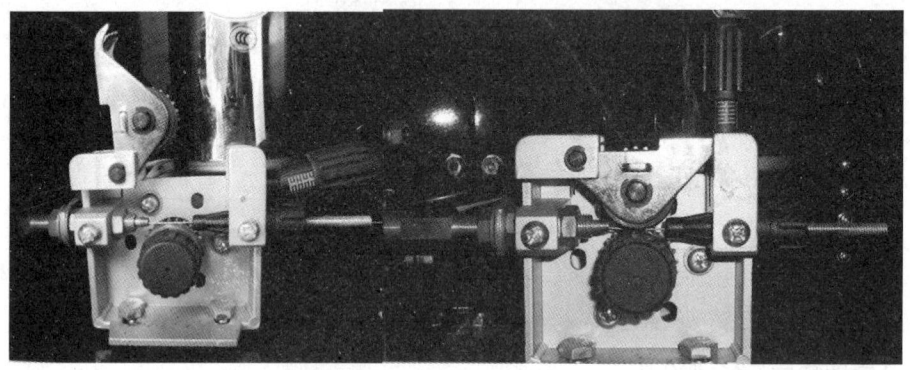

图1-2-29 送丝机构

3. 焊丝

焊丝,如图1-2-30所示,是填充金属又是电极,所以焊丝既要保证一定的化学成分和力学性能,又要保证具有良好的导电性和工艺性能。

车身修复中使用的焊丝直径为 0.6～0.8 mm。为了提高导电性能及防止焊丝表面生锈,一般在焊丝表面采用镀铜工艺,要求镀层均匀,附着力强,总含铜量不得大于0.35%。(最新的技术使焊丝已取消镀铜,改为涂层,效果更好,如锦泰焊丝)。

4. 焊枪

焊枪,如图1-2-31所示,起到导电、导丝、导气的作用。在焊枪上有控制开关,焊枪前部主要有喷嘴和导电嘴等。

图1-2-30 焊丝

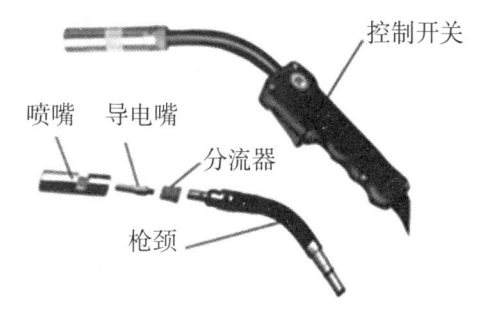

图1-2-31 焊枪

5.控制面板

通过控制面板可进行电压、电流、送丝速度调节,同时可以进行点焊和脉冲点焊功能的控制,如图1-2-32所示。

图1-2-32 控制面板

6.焊机电源

电源的核心是变压器,它把220 V或380 V的电压变成只有10 V左右的低电压,同时电流会变得很大,与搭铁装置连接形成电流回路。焊接电压、电流要稳定,否则会影响焊接质量。

7.搭铁装置

焊接部位与搭铁线连接形成电流回路,如图1-2-33所示。

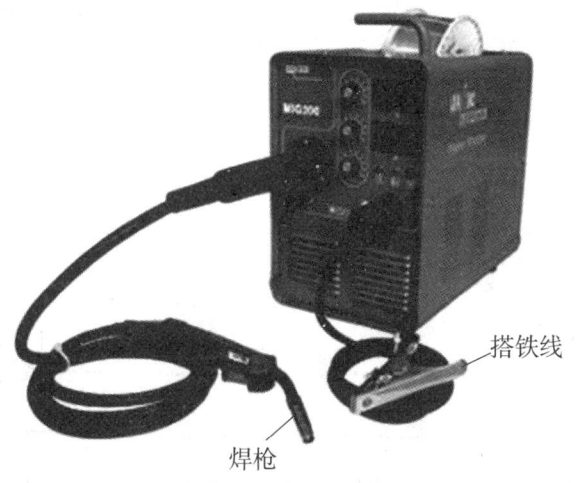

图1-2-33 电缆和搭铁线

(二)惰性气体保护焊焊接参数的调整

修复人员在焊接时,需要对焊接电流、电弧电压、送丝速度、保护气体的流量、焊枪喷嘴、导电嘴到工件的距离、焊接时的焊枪角度、焊接速度进行调整。

1.焊接电流

焊接电流的大小会影响焊件的焊接熔深、焊丝熔化的速度、电弧的稳定性、焊接溅出物的数量;随着电流强度的增加,焊接熔深、剩余金属高度和焊缝宽度也会增大,如图1-2-34所示。不同板厚和不同粗细的焊丝所需要的焊接电流,见表1-2-3。

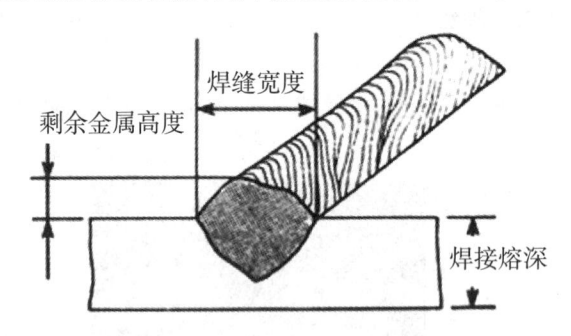

图1-2-34 焊接电流对焊点的影响

表1-2-3 焊接电流的调整

焊丝直径 (mm)	焊件厚度(mm)						
	0.6	0.8	1.0	1.2	1.4	1.6	1.8
0.6	20～30 A	30～40 A	40～50 A	50～60 A	—	—	—
0.8	—	—	40～50 A	50～60 A	60～90 A	100～120 A	—
1.0	—	—	—	—	60～90 A	100～120 A	120～150 A

2.电弧电压

电弧电压是指从导电嘴端部到焊点之间的电压,主要根据焊接电流、焊丝直径等参数来选择,电弧电压必须与焊接电流配合恰当,当电弧电压增大时,则焊缝宽度相应增大,剩余金属高度和焊接熔深减小,反之,当电弧电压减小时,则焊缝宽度相应减小,剩余金属高度和焊接熔深增大,如图1-2-35。

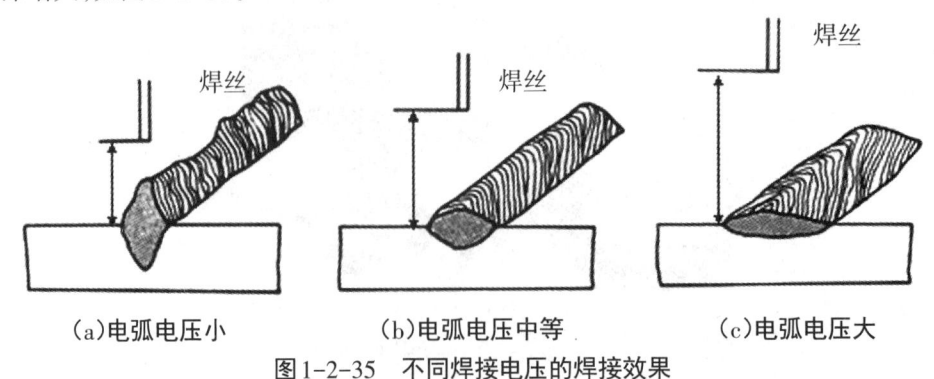

(a)电弧电压小　　(b)电弧电压中等　　(c)电弧电压大

图1-2-35 不同焊接电压的焊接效果

3.送丝速度

送丝速度要根据焊接的电流大小进行调试。

速度正常:焊接噪声连续、均匀、平稳,电弧闪光亮度随着电弧的缩短逐渐减弱,趋于稳定。

速度太慢:可听到嘶嘶声或啪哒声,视觉信号为反光的亮度增强,速度较慢,所形成的焊接接头较平坦。

速度太快:堵塞电弧,焊丝不能充分熔化,熔化成许多金属熔滴,焊接部位产生大量飞溅。视觉信号为频闪弧光。

4.保护气体的流量

细丝焊接时,保护气体流量应调整为 10~15 L/min;粗丝焊接时,保护气体流量应调整为 20~30 L/min。太大,将会形成涡流而降低保护层的效果;太小,保护层的效果也会降低。应根据焊接电流、焊接速度、喷嘴和焊件之间的距离及焊接环境来调整保护气体的流量。

5.焊枪喷嘴

如图 1-2-36 所示,导电嘴到喷嘴的距离大约为 3 mm,焊丝伸出喷嘴 5~8 mm,应剪掉过长或损坏的焊丝,并清除导电嘴上的飞溅物。

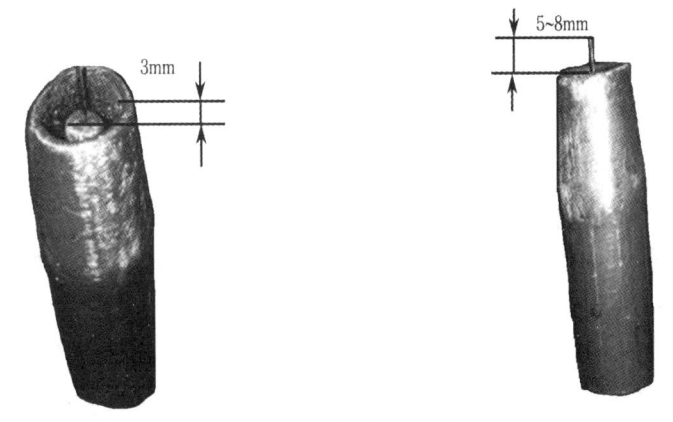

图 1-2-36 喷嘴和导电嘴的调整

6.导电嘴到工件的距离

导电嘴到工件的标准距离为 5~8 mm,如图 1-2-37 所示。过大,焊丝长度增加而产生预热,加快了焊丝熔化的速度,保护气体所起的作用也减小。过小,将难以进行焊接,并会烧毁导电嘴。

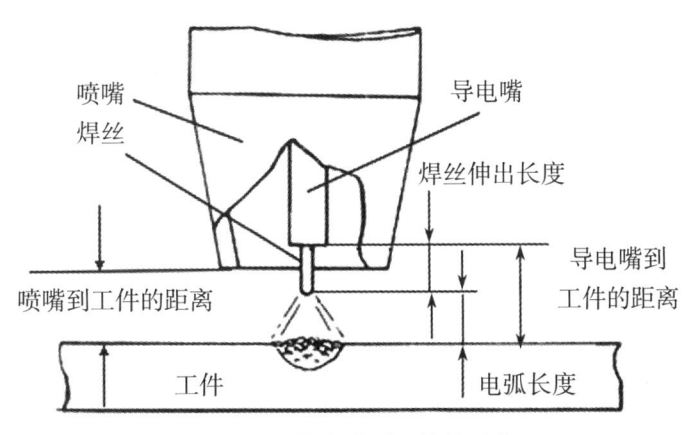

图 1-2-37 导电嘴到工件的距离

7.焊接时的焊枪角度

焊接方法有两种,即正向焊接和逆向焊接,如图1-2-38所示。正向焊接的熔深较小且焊缝较平,逆向焊接的熔深较大,会产生大量的熔敷金属,采用上述两种方法时,焊枪角度都应在10°~15°之间,如图1-2-39所示。

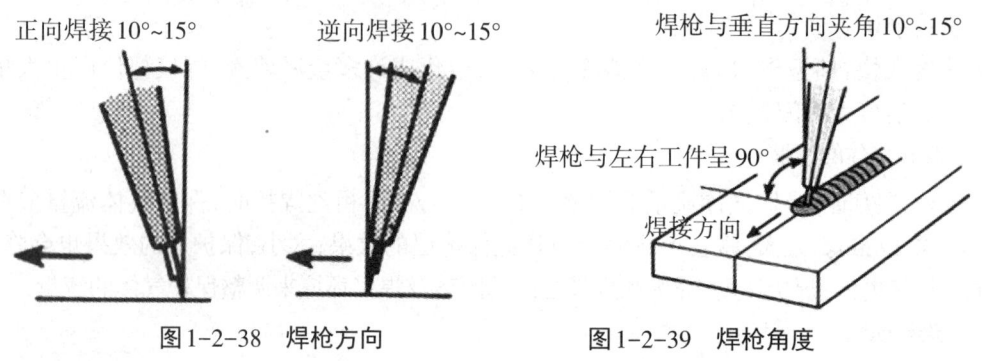

图1-2-38 焊枪方向　　　图1-2-39 焊枪角度

8.焊接速度

焊接时移动速度快,熔深和焊缝的宽度都会减小,焊缝呈圆拱形。移动速度进一步加快,会产生咬边。速度过低则会烧穿孔。一般来说,焊接速度由工件的厚度、焊接电流两个因素决定。

(三)焊接的连接形式

(1)对接焊连接:两块被焊金属板边缘对在一起(中间有小缝),沿着两个金属边缘进行焊接叫对接焊,如图1-2-40(a)所示。

(2)搭接焊连接:搭接焊接就是采用搭接接头进行焊接。即两个分离的工件接头搭在一起(不是对在一起)的焊接,如图1-2-40(b)所示。

(3)角焊连接:角焊用来焊接直角或接近直角的材料,如图1-2-40(c)所示。

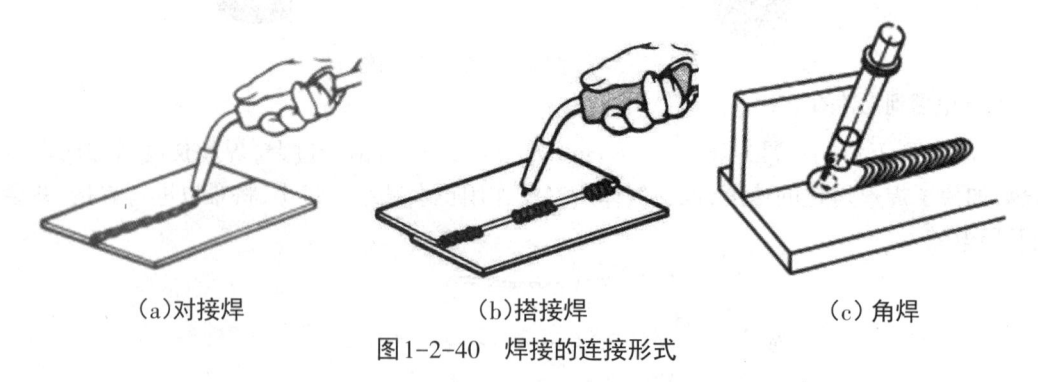

(a)对接焊　　　(b)搭接焊　　　(c)角焊

图1-2-40 焊接的连接形式

(四)板件的焊接位置

(1)平焊:是处于水平上方的焊接位置,是最容易进行的焊接,如图1-2-41(a)所示。
(2)横焊:是水平方向的焊接位置,如图1-2-41(b)所示。
(3)立焊:是垂直方向的焊接位置,如图1-2-41(c)所示。
(4)仰焊:是处于水平下方的焊接位置,是最难进行的焊接,如图1-2-41(d)所示。

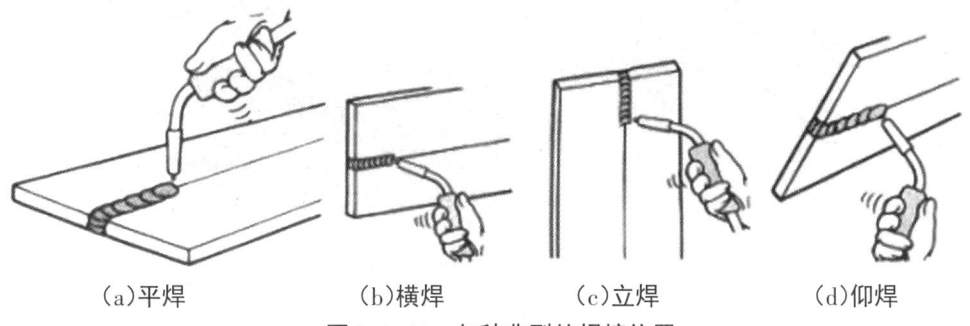

(a)平焊　　(b)横焊　　(c)立焊　　(d)仰焊

图1-2-41　各种典型的焊接位置

(五)基本焊接方法

(1)点焊:当送丝被触发时,电弧引入被焊的两块金属板,和两块金属板熔合焊接在一起,如图1-2-42所示。焊接时间决定焊点的大小,一般点焊焊接的时间可人工控制,也可以调整焊机上的模式进行自动控制。点焊在车身修复中可以用作板件的定位焊。

(2)连续点焊:也称为脉冲点焊,是一系列相连或重叠的点焊,形成连续的焊缝,如图1-2-43所示。连续点焊操作可以看作是焊接—冷却—焊接—冷却的连续过程,在电弧关闭的时间内,刚才焊接过的部位稍有冷却并开始凝固,然后进行下一个部位的焊接。这种间歇方式所产生的变形较小,适用于较薄金属板的焊接,对立焊或仰焊也不易导致熔融金属流淌。

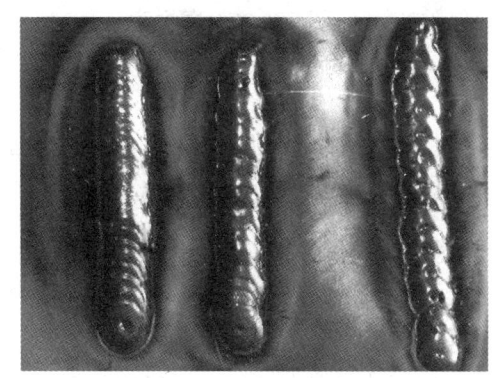

图1-2-42　点焊　　图1-2-43　连续点焊

(3)连续焊:焊枪缓慢、稳定地运动,形成连续的焊缝,如图1-2-44所示。连续焊接时,每段长度最好不超过20 mm,焊缝的宽度和高度要保持一定,焊枪过快或过慢,都将使焊接质量下降。如果薄板厚度为0.8 mm以下,防止烧穿,不采用连续焊焊接。

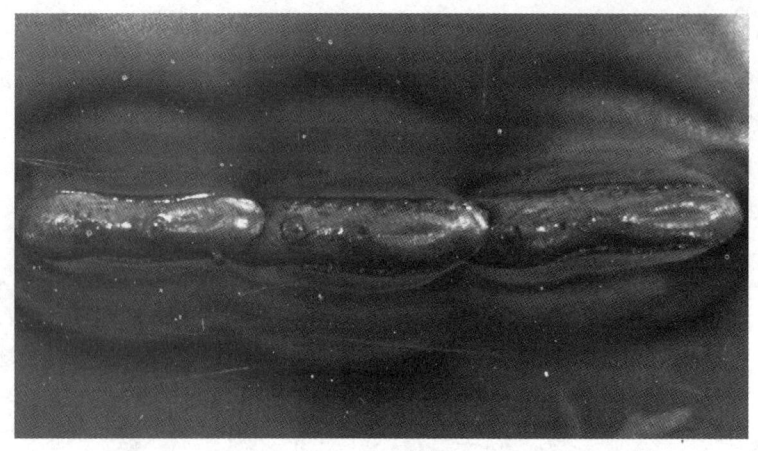

图1-2-44 连续焊

（4）塞焊：进行塞焊时，应在外面的板件上打一个孔（称塞焊孔），如图1-2-45所示，这个孔被熔化的金属填满，板件被焊接在一起，如图1-2-46所示。操作时应从焊孔的边缘开始，按螺旋线逐步进入孔中心，一次完成。一定要让焊接深入下面的金属板，要求薄的金属板应放在上面。

图1-2-45 塞焊孔　　　　　　图1-2-46 塞焊

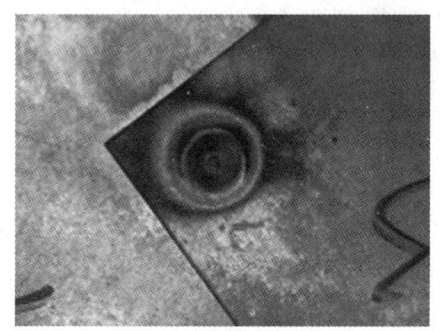

小提示：

一般结构性板件的孔直径为8 mm，装饰性板件上孔的直径为5 mm。

（六）惰性气体保护焊接质量的检查

在对车身板件焊接前，应检查焊接的质量，可以用一些试验板来进行检查，下面是搭接焊、对接焊和塞焊焊接质量的检验标准，试验板件的厚度均为1 mm。

1.搭接焊和对接焊焊缝的检测标准

工件正面长度25～38 mm、宽度5～10 mm，工件背面宽度0～5 mm。

2.塞焊焊缝的检测标准（孔8 mm）

工件正面直径为9～12 mm、金属穿透宽度≥9 mm，板件上不得有焊接缺陷或洞或过多焊渣。

3.焊件焊缝高度检测标准

焊件正面焊缝最大高度不超过3 mm，焊件背面焊缝最大高度不超过1.5 mm。

4.搭接焊和对接焊焊缝的破坏性试验检测标准

搭接焊撕裂与对接焊撕裂破坏后工件上必须有与焊缝长度相等的孔。

5.塞焊焊点的破坏性试验检测标准

塞焊扭曲破坏后工件上必须有直径不小于10 mm的孔。

(七)焊接缺陷及原因分析

1.气孔或凹坑

气体进入焊接金属中会产生气孔或凹坑,如图1-2-47所示。产生的原因有:母材上有锈迹或污物,焊丝上有锈迹或水分,喷嘴堵塞、气体流量过小,电弧过长,焊丝规格不正确,焊接表面不干净等。

2.咬边

过分熔化板件而形成一个沟槽或凹陷,它使板件的横截面减小,严重降低了焊接部位的强度,如图1-2-48所示。产生的原因有:电弧太长,焊枪角度不正确,焊接速度太快,电流太大,焊丝送进太快,焊枪角度不稳定等。

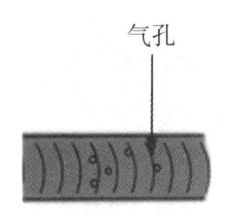

图1-2-47 气孔   图1-2-48 咬边

3.不正确熔化

不正确熔化发生在板件与焊接金属之间,如图1-2-49所示。产生的原因有:焊丝的进给太快,电压过低,焊接部位不干净等。

4.焊瘤

焊瘤,如图1-2-50所示。产生的原因有:焊接速度太慢,电弧太短,焊丝进给太慢,电流太小等。

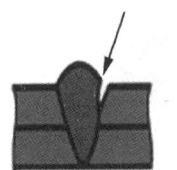

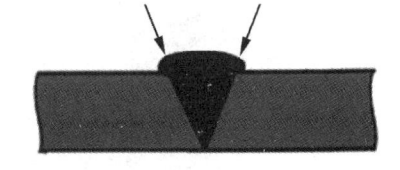

图1-2-49 不正确熔化   图1-2-50 焊瘤

5.熔深不足

熔深不足,如图1-2-51所示。产生的原因有:电流太小,电弧过长,焊丝端部没有对准两层金属板的对接位置,槽口太窄等。

6. 焊接溅出物太多

焊接溅出物太多,如图1-2-52所示。产生的原因有:电弧过长,母材金属生锈,焊枪角度太大等。

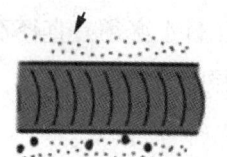

图1-2-51 熔深不足   图1-2-52 焊接溅出物太多

7. 焊缝不均匀

焊缝不均匀,如图1-2-53所示。产生的原因:焊枪喷嘴的孔被损坏或变形,焊丝通过焊枪喷嘴时发生摆动,焊枪不稳定,移动速度不稳等。

8. 烧穿

烧穿,如图1-2-54所示。产生的原因:焊接电流太大,两块金属之间的坡口槽太宽,焊枪移动速度太慢,焊枪到母材之间的距离太短等。

图1-2-53 焊缝不均匀   图1-2-54 烧穿

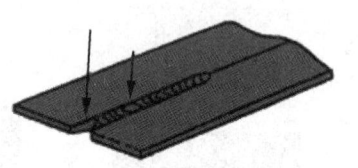

9. 焊缝浅

进行角焊时,在焊缝处容易产生溅出物而且焊缝浅,如图1-2-55所示。产生的原因有:电流太大,焊丝规格不正确等。

10. 垂直裂纹

如图1-2-56所示,裂纹通常只发生在焊缝顶部表面。产生的原因有:焊缝表面有污物(油漆、油、锈斑)。

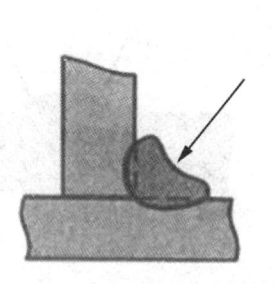

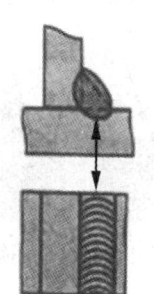

图1-2-55 焊缝浅   图1-2-56 垂直裂纹

【任务实施】

活动一　气体保1护焊——6 mm孔塞焊

一、任务要求

(1)作业前,应检查设备状况。
(2)正式焊接前,应通过试焊验证焊接参数是否合适。
(3)通过感官现象可以判断出丝速度是否符合要求。
(4)6 mm孔塞焊焊接时,手部应保持稳定。
(5)焊接完成后,应摘下防护用品,进行"5S"整理。
(6)焊点直径7~9 mm、焊点高度≤2 mm、背面熔透深度≤1.5 mm。破坏试验:孔的直径≥4 mm。

二、任务准备

二氧化碳保护焊、焊接工作台、大力钳、防护用品、防溅剂、飞溅物清理专用工具、焊片(普通低碳钢钢板、厚度0.8 mm)。

三、任务步骤

步骤	图示
1.戴棉纱手套,清理焊片 提示:将焊片上的油污擦拭干净,以免产生焊接缺陷。如果焊片上有锈迹,应使用研磨机去除。	
2.夹紧焊片 提示:用大力钳夹住待焊接的塞焊孔附近。	
3.调整支架高度,夹紧焊片 提示:焊接支架大约与眼睛等高,以便焊接时观察熔池。	

4.打开焊机电源开关,选择"半自动连续焊接模式" 提示:焊接模式主要有连续焊接模式、半自动连续焊接模式、脉冲焊接模式等。车身修复时,选择半自动连续焊接模式即可满足需求。	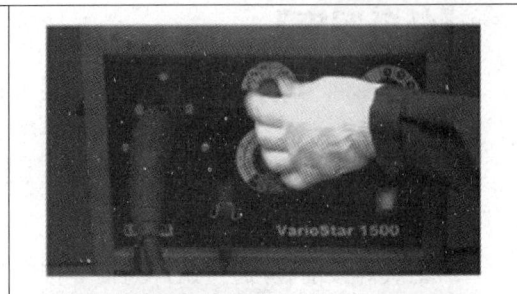
5.调整焊接电流 提示:焊接电流应根据钢板厚度、焊接位置、焊丝直径等情况而定。焊接前,可根据焊接使用说明书进行大致调整,最终需要通过试焊验证。	
6.打开气瓶阀门,开启减压阀阀门,启动焊枪开关,调整气体流量 提示:气体流量应控制在10~15 L/min范围内。	
7.根据说明要求,调整出丝速度 提示:出丝速度可根据焊机使用说明书进行大致调整,最终需要通过试焊进行验证。	
8.夹持搭铁 提示:夹持部位离焊机部位距离不可过远,以免电流减弱。	

9.清理焊枪喷嘴内飞溅物 提示:可选用专用工具进行清理。清理时,严禁撬动导电嘴,以免造成损坏。	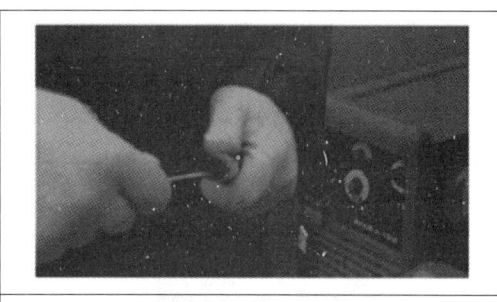
10.检查导电嘴到喷嘴的距离是否正常 提示:导电嘴到喷嘴的正常距离为3 mm。如果距离有较大偏差,应检查喷嘴、导电嘴是否安装到位,或者型号、规格是否匹配。	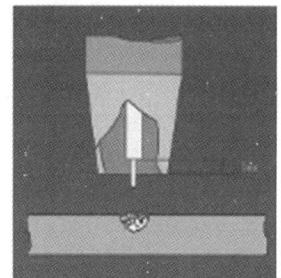
11.减掉多余焊丝,留出5~8 mm的长度 提示:剪焊丝时,焊枪头部应该朝下,以免造成身体伤害。	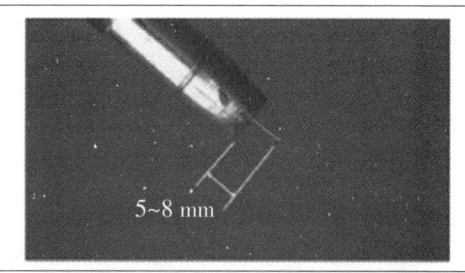
12.放下焊枪,摘棉纱手套,穿戴焊接防护用品 提示:焊接时,应穿戴焊接服、护腿、口罩、焊接面罩、焊接手套。正确穿戴防护用品,可有效减少身体伤害。	
13.左手轻轻贴住焊片,焊枪自然搭在食指上,保持垂直度角 提示:左手轻轻贴住焊片,焊枪自然搭在食指上,焊接时可以起到稳定的作用。	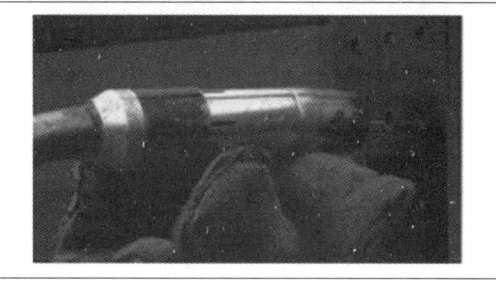

14. 焊丝头部对准孔中心,喷嘴与钢板保持 5~8 mm 距离 提示:喷嘴至底层钢板的距离过近,无法观察熔池;距离过远,气体保护不良,直接影响焊接质量。	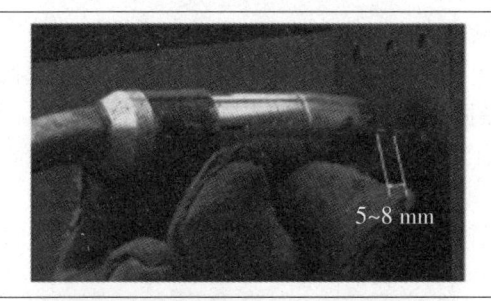
15. 启动焊枪开关,进行试焊,调整焊接面罩光感旋钮 提示:根据焊接时熔池的清晰度调整。	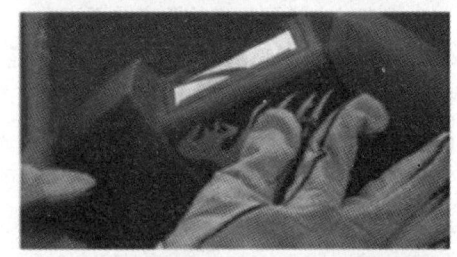
16. 调整出丝速度 提示:(1)如果电弧非常明亮,或者焊丝出现回烧现象,应当增加出丝速度。 (2)如果飞溅物增多,应适当减小出丝速度。 (3)出丝速度正常时,将发出均匀、清脆的"沙沙"声音。	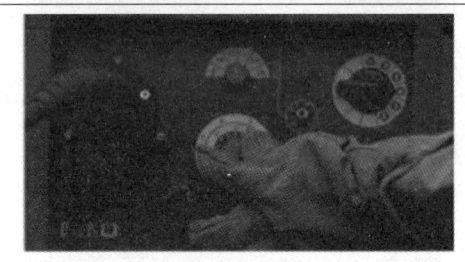   

步骤	图示
17. 剪掉焊丝头部较大的焊瘤 提示：焊丝熔化后，残留在焊丝头部，焊瘤较大时，将会影响焊接质量。	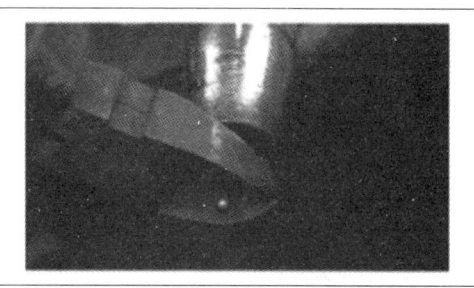
18. 喷嘴在热的状态下插入防溅膏内，迅速取出 提示：取出后，应清洁焊枪头部。	
19. 焊枪对准一个新的孔进行焊接 提示：（1）焊接时，焊枪保持不动。 （2）当填料填满整个孔，并且已覆盖孔的四周时，停止焊接。	 
20. 利用惰性气体保护熔池，以免产生氧化现象 提示：收弧后，焊枪不要立即移开。	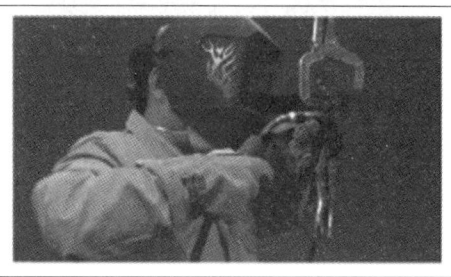
21. 目测检查焊点外观质量是否符合要求	

(1)如果焊点直径大,熔池较平甚至塌陷,应适当调低电流挡位及出丝速度。	
(2)如果焊点较高,熔透性差,应适当调高电流挡位。	
22.在新的焊片上焊接一个焊点 提示:两块焊片垂直夹在一起,以方便进行破坏试验。	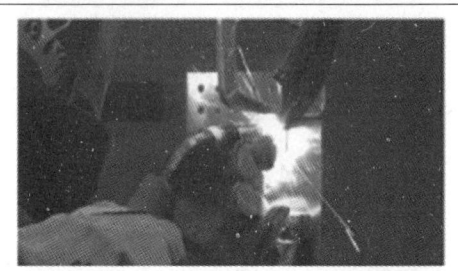
23.放在台虎钳上夹紧,进行扭曲破坏试验 提示:撕裂孔的直径应≥5 mm。	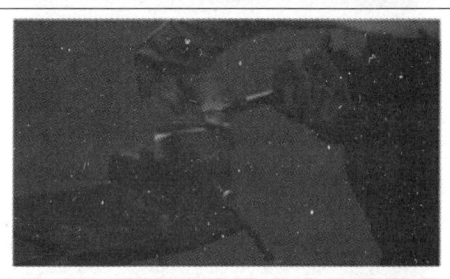
24.在新的焊片上正式焊接 提示:焊接过程中,应及时调整大力钳的夹持位置,以免两块焊片之间出现间隙。	
25.焊枪、搭铁装置归位,关闭气瓶总阀、加压阀 提示:焊枪线、搭铁线应该理顺,不可出现缠绕、打结现象。	

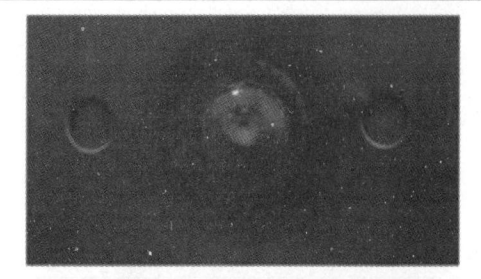

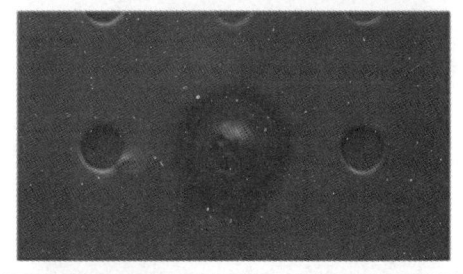

26. 摘下焊接面罩,放回原位 提示:口罩放入垃圾桶。	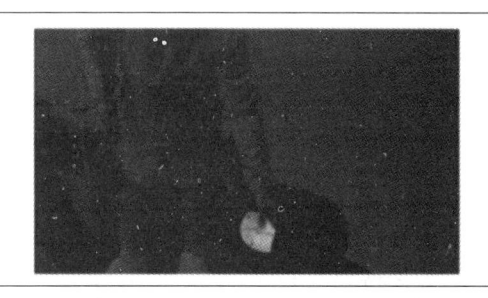
27. 戴棉纱手套,焊接电流、出丝速度归零,焊接模式归位,关闭电源开关 提示:焊接完成后,焊接模式、参数应该复位。	
28. 取下焊片,清理飞溅物,清洁焊片 提示:取下焊片前,应使用吹枪冷却焊片,以免烫伤。	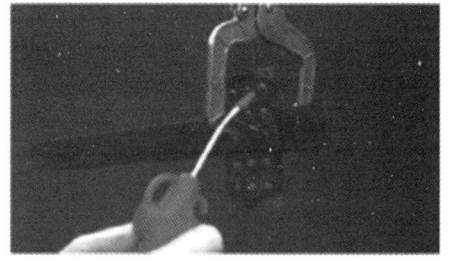
29. 整理、清洁焊接工作台,松开焊接支架,放回原位 提示:工具清洁后,摆放到原位置。	
30. 清扫工位场地 提示:清扫后倒入垃圾桶。	

活动二　气体保护焊——连续点焊

一、任务要求

(1)连续点焊时保证焊片间隙符合要求。
(2)焊接时,以缝隙为参照,以保证焊缝直度。
(3)保持适当的焊珠间距。焊珠之间距离较远时,将会导致气孔或漏气焊缺陷。
(4)通过增减焊接时间,以控制焊缝宽度。
(5)焊缝宽度3~5 mm。焊缝高度≤2 mm。背面熔透深度≤1.5 mm。破坏试验:撕裂长度与焊缝长度相等。

二、任务准备

二氧化碳保护焊、焊接工作台、大力钳、台虎钳、防护用品、防溅剂、飞溅物清理专用工具、焊片(普通低碳钢钢板、厚度1 mm)。

三、任务步骤

1.清洁焊片 提示:将焊片上的油污擦拭干净,以免产生焊接缺陷。如果焊片上有锈迹,应使用研磨机去除。	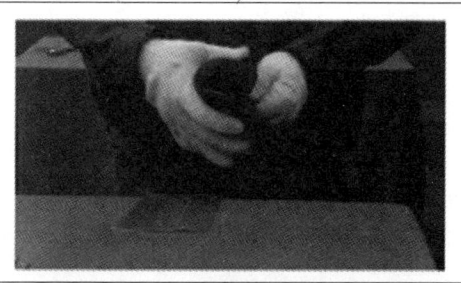
2.组装焊片,中部留出一定间隙 提示:两块焊片间隙为(1±0.5) mm,让熔化金属融入金属。	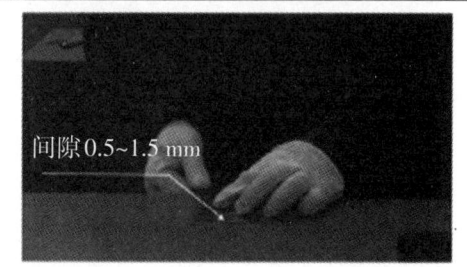 间隙0.5~1.5 mm
3.调整支架高度,夹紧焊片 提示:焊接支架大约与眼睛等高,以便焊接时观察熔池。	
4.打开焊机电源开关,选择"半自动连续焊接模式" 提示:焊接模式主要有连续焊接模式、半自动连续焊接模式、脉冲焊接模式等。车身修复时,选择半自动连续焊接模式即可满足需求。	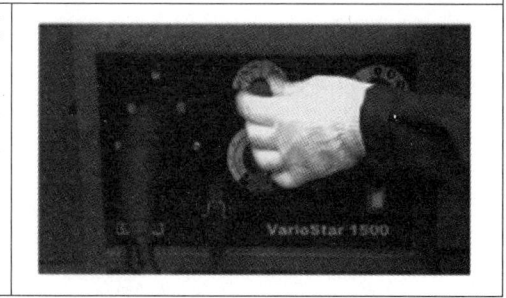

5.调整焊接电流 提示:焊接电流应根据钢板厚度、焊接位置、焊丝直径等情况而定。焊接前,可根据焊接使用说明书进行大致调整,最终需要通过试焊验证。	
6.打开气瓶阀门,开启减压阀阀门,启动焊枪开关,调整气体流量 提示:气体流量应控制在10~15 L/min范围内。	
7.根据说明要求,调整出丝速度 提示:出丝速度可根据焊机使用说明书进行大致调整,最终需要通过试焊进行验证。	
8.夹持搭铁 提示:夹持部位离焊机部位距离不可过远,以免电流减弱。	
9.清理焊枪喷嘴内飞溅物 提示:可选用专用工具进行清理。清理时,严禁撬动导电嘴,以免造成损坏。	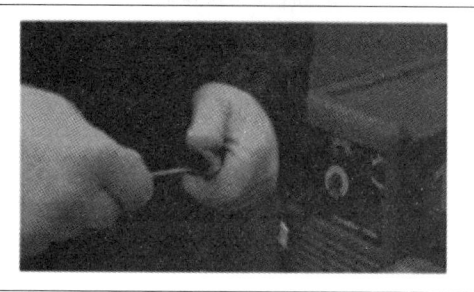

10.检查导电嘴到喷嘴的距离是否正常 　　提示:导电嘴到喷嘴的正常距离为3 mm。如果距离有较大偏差,应检查喷嘴、导电嘴是否安装到位,或者型号、规格是否匹配。	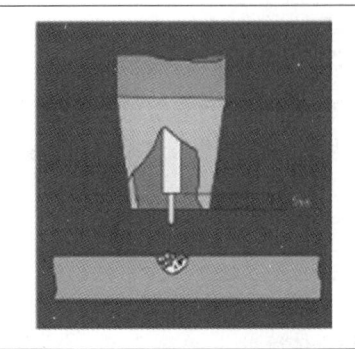
11.减掉多余焊丝,留出5~8 mm的长度 　　提示:喷嘴到钢板的距离一般也为5~8 mm。留下的焊丝如果较长,焊接时需要再次剪断。合适的长度可以方便对准焊缝或焊点。	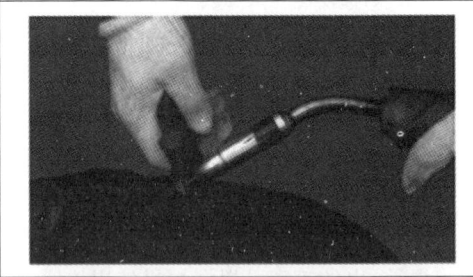
12.左手轻轻贴住焊片,焊枪自然搭在食指上,保持45°~60° 　　提示:焊枪角度过大或者垂直,焊接时容易击穿钢板。焊枪角度过小,容易造成焊接飞溅物增多,气体保护不良等缺陷。	
13.喷嘴与钢板留出5~8 mm,焊丝对准焊缝间隙,左手上下匀速滑动,检查运行轨迹是否顺畅 　　提示:焊接前检查运行轨迹,可以避免焊接过程中焊枪失去控制。	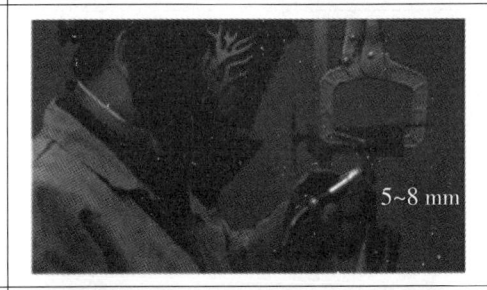 5~8 mm
14.进行试焊,根据焊接时的感观现象,适当调整出丝速度 　　提示:可根据焊接时的声音及握持焊枪的手的感觉微调出丝速度。	

15. 再次试焊,目测检查焊缝质量 提示:(1)如果出现熔穿现象,或焊缝较宽、熔池塌陷,应适当调低电流挡位及出丝速度。(2)如果熔池较高,焊接湿润性差,应适当调高电流挡位及出丝速度。	
16. 在新的焊片上焊接一段焊缝,长度为20~30 mm 提示:将焊片放在台虎钳上夹紧,进行破坏试验。撕裂长度与焊缝长度应该相等。	
17. 在焊片上间隙20~30 mm距离做出标记 提示:焊片与焊片之间留出合适的间隙。	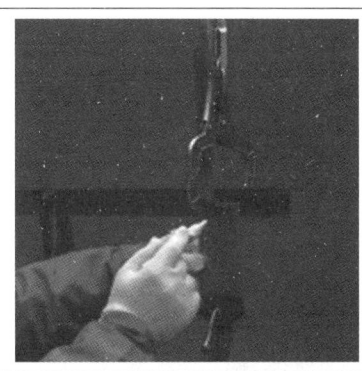
18. 进行定位点焊 提示:在标记处区域焊接临时定位焊点,以防止焊接时焊片产生变形。	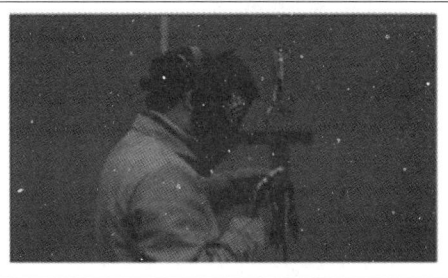
19. 穿戴防护用品,研磨焊点 提示:临时焊点应进行研磨,以免焊缝堆高。	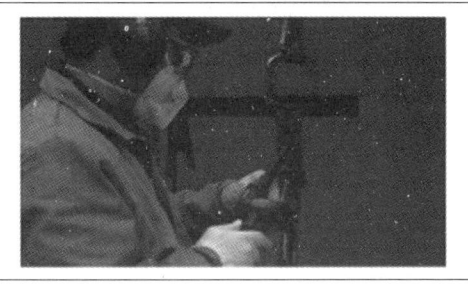

20.焊丝对准定位点,进行焊接 提示:由于钢板是冷板,第一枪的焊接时间应适当延长,以增加焊珠直径。	
21.焊丝对准第一个焊珠下部约六分之一处,当焊珠冷却至暗红色时,再次进行焊接,焊珠正好覆盖上一个焊珠中部气孔 提示:(1)如果焊珠之间距离过远,将会出现气孔,甚至断焊现象。 (2)焊珠之间距离过近,将会堆高焊缝。	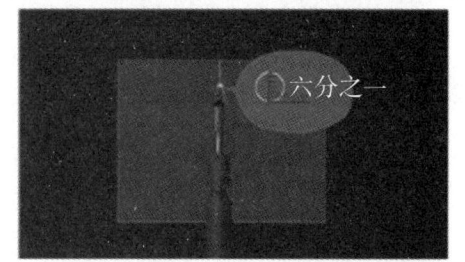 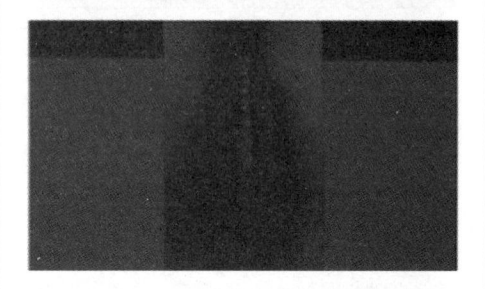
22.依次向下焊接,随着热量逐渐积累,焊接时间应适当减少。达到稳定温度后,每个焊珠的焊接时间将会基本一致,焊接声音长短、节奏均匀 提示:应保证焊珠直径大小基本均匀,从而使焊缝宽窄一致。	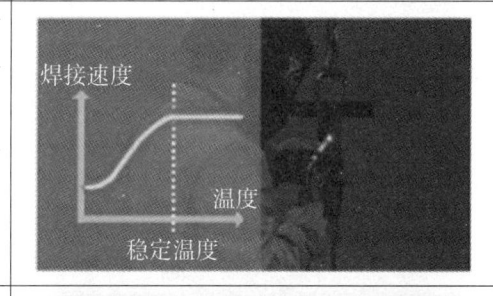
23.收弧时,焊枪保持不动,利用延时气体保护熔池,以免熔池氧化 提示:收弧时,焊枪可以做轻微圆周运动,以搅动熔池,以免形成气孔。	
24.焊枪、搭铁归位,关闭气瓶总阀、减压阀,摘下防护用品 提示:防护用品应放回原位,口罩放入垃圾桶。	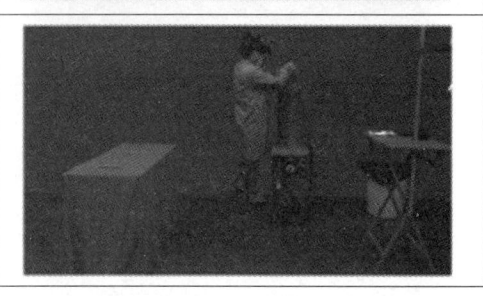

25.焊接电流、出丝速度归零,焊接模式归位,关闭电源开关 提示:焊接完成后,焊接参数应该复位。	
26.取下焊片,清理飞溅物,清洁焊片 提示:焊片取下前,应该使用吹枪冷却,以免烫伤。	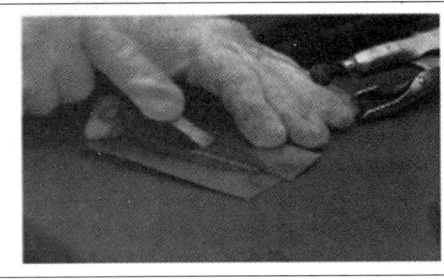
27.松开焊接支架,归位。清洁焊接工作台,清洁工位场地 提示:工具清洁、整理后应该放回原位。	

【任务拓展】

铝合金板的焊接

铝合金的工艺性能和钢制的有很大差异,这导致铝合金车身焊接工艺与钢制车身焊接工艺有较大差别,铝合金的焊接要求能量密度大、焊接热输入小、焊接速度快的高效焊接方法,需要用专用的铝焊机,如图1-2-57所示。使用铝焊丝,如图1-2-58所示。根据铝合金的种类和材料的厚度,分别采用氩气或氩、氮混合气进行保护。

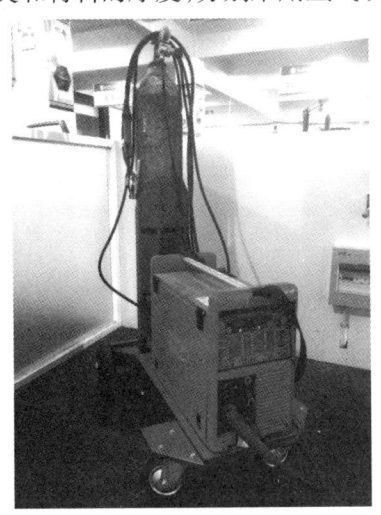

图1-2-57 铝焊机 　　　　　　　　　图1-2-58 铝焊丝

在焊接之前要清除焊接区域的氧化层,因为氧化层的存在会导致焊缝夹渣或裂纹。用钢丝刷或钢丝球清洁去除杂质、油污和氧化物,2小时内未焊接,需重新清洁。如图1-2-59所示。

图 1-2-59　用钢丝刷清洁铝板

焊接铝板时,焊枪应更加接近垂直位置。焊接方向只能从垂直方向倾斜5°～15°。如图1-2-60所示。焊接铝板时,保护气体的数量要比焊接钢板时增加约50%。

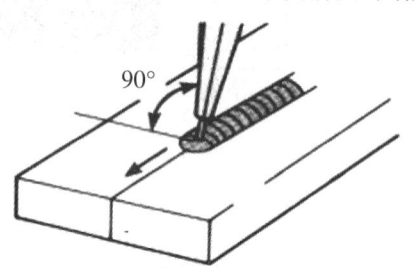

采用正向(即推动焊炬)焊接法
和焊接钢板相比,焊接铝板
时焊枪角度更加垂直

图 1-2-60　焊接方法

随着各汽车开发、设计、生产部门的不断探索、创新和实践,全铝车身的生产工艺和流程将会得到进一步提升和完善,全铝乘用汽车车身有可能在不久的将来会取代或部分取代钢制乘用汽车车身。

【任务检测】

一、填空题

1. 在车身生产中应用最多的焊接方式是_____。
2. 气体保护焊焊枪导电嘴到工件的标准距离是_____。
3. 对电阻点焊质量进行外观检查时要检查_____。
4. 在1 mm钢板上进行塞焊时,一般的塞焊孔直径是_____。
5. 惰性气体保护焊基本的连接方式是_____。

二、判断题

1. 焊接接头的强度受操作者水平的影响不大。（　）
2. 对于薄金属板防止焊接熔穿的方法是控制焊接接头附近的热量。（　）
3. 使用气体保护焊后要做好防腐工作,而电阻点焊焊接后不用。（　）
4. 电阻点焊时焊点的密度越大,焊接后强度越高。（　）
5. 经气体保护焊焊接过的位置可修平和打磨到与表面同样的高度,不会降低强度。（　）

三、选择题

1. 气体保护焊焊接的优点是(　　)。
   A. 焊接质量受操作人员影响大　B. 不受板件形状限制　C. 产生热量多,板件会变形
2. 在电阻点焊进行焊接时,防腐工作是在(　　)。
   A. 焊接全车身后一起进行　　B. 焊接后马上进行　　C. 焊接之前进行
3. 用气体保护焊进行焊接时,随着电流的增大,焊缝的变化是(　　)。
   A. 焊缝变宽,熔深加大　　B. 焊缝变宽,熔深减小　　C. 焊缝变窄,熔深加大
4. 在车身外覆盖件上可以使用的焊接方法有(　　)。
   A. 脉冲点焊　　B. 塞焊　　C. 连续焊　　D. 对接焊
5. 惰性气体保护焊焊接时,会使板件变形的操作有(　　)。
   A. 使用大电流　　B. 使用分段焊接　　C. 使用脉冲点焊　　D. 放慢焊接速度

【任务评价】

一、小组过程评价

序号	考核项目	分数	考核内容	配分	考核标准	得分
1	出勤、纪律	5分	出勤	2分	违规一次不得分	
			行为规范	3分	违规一次不得分	
2	安全、防护、环保	20分	着装	2分	违规一次不得分	
			个人防护	3分	违规一次不得分	
			"5S""EHS"	5分	违规一次不得分	
			设备使用安全	5分	违规一次不得分	
			操作安全	5分	违规一次不得分	
3	任务检测	20分	任务测验成绩	20分	测验成绩的20%	
4	技能考核	35分	技能测验成绩	35分	测验成绩的35%	
5	学习能力	10分	工单填写,工艺计划制订	4分	未做不得分	
			组内活动情况	4分	酌情扣分	
			资料查阅和收集	2分	未做不得分	
6	任务拓展	10分	知识拓展任务	2分	未做不得分	
			技能拓展任务	8分	未做不得分	
	总分	100分				

二、教师评价

序号	优点	存在问题	解决方案

教师签字:

三、个人小结

_____

_____

_____

项目二　车身结构与材料

任务一　识别车身结构

【任务目标】

目标类型	目标要求
知识目标	(1)能描述汽车车身的类型 (2)能叙述车架式车身和整体式车身的结构 (3)能阐述轿车车身结构的特点
技能目标	(1)能识别车身的类型 (2)能识别车身各个部位的名称 (3)能对车身板件的结构特点进行分析
情感目标	(1)培养良好的学习和工作习惯 (2)培养主动学习、自我发展、开拓创新的能力

【任务描述】

某"4S"店接待了一辆事故车,该车前部经碰撞后已严重变形,维修技师陪同保险公司定损员对事故车辆进行定损,确定需要更换或需要维修的板件,修复人员必须掌握车身的结构、板件的装配工艺,观察损伤变形程度,分析确定维修方法。

【知识准备】

一、车身尺寸

一部车除了好开顺畅外,还有很多其他因素是消费者在买车时会考虑的,例如空间、外观,而车身尺寸直接与此相关。除此之外,车身尺寸或车身质量也会一定程度地影响车辆的行驶,如图2-1-1所示。

车身长度:从汽车前保险杠最凸出的位置量起,直到后保险杠最凸出的位置,两点之间的距离。

车身宽度:绝大多数车型的宽度数据,都是车身左、右最凸出位置的距离,有的车型还包括左、右后视镜伸出的宽度。

车身高度:车身高度是从地面算起,直到车身顶部最高位置,但不包括天线的长度。

轴距:从前轮中心点到后轮中心点之间的距离,也就是前轮轴与后轮轴之间的距离,称为轴距。

轮距:左、右车轮中心的距离。较宽的轮距有助于横向的稳定性与较好的操纵性能。

整备质量:汽车的整备质量也就是人们常说一辆汽车的自重。规范的定义是指汽车的质量加上冷却液和燃料(不少于油箱容量的90%)及备用车轮和随车附件的总质量。

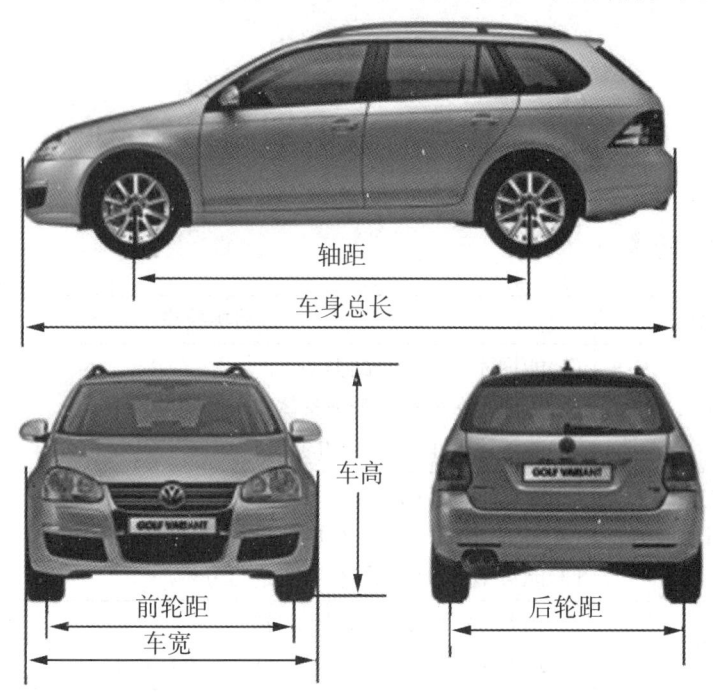

图 2-1-1　车身尺寸

小提示:如图2-1-2所示,奥迪A4L2017款40TFSI进取型的车身数据,整备质量1565 kg、车长4818 mm、车宽1843 mm、车高1432 mm、轴距2908 mm。

图 2-1-2　奥迪A4L的车身

查一查:

根据车身尺寸级别标准,汽车划分为A、B、C、D级分别代表什么意思?

二、汽车车身的分类

(一)按用途分类

汽车车身按用途可分为轿车车身、客车车身、货车车身三大类。

(1)轿车车身。轿车车身种类繁多,根据功能(如座椅的位置和数量、车门的数量、顶盖的变化,以及发动机、后备厢、燃料箱、备胎的位置等)不同,形成了造型各异的车身外形,主要有折背式、舱背式、直背式、短背式、两厢式旅行车、两门车、三排座轿车、一厢式旅行车、运动车、敞篷车及赛车等。

(2)客车车身。客车车身按大小可分为微型客车、小型客车、中型客车、大型客车。根据其用途不同可分为城市客车、长途客车、旅游客车和专用客车。它们的区别主要在于车身外形尺寸和内部设施,如座椅结构、座位排列形式、乘客门数及装备装饰等。

(3)货车车身。货车车身结构类型依车型、种类、用途、发动机的位置、行驶方式、车轮数和驱动形式的不同而各种各样。按驾驶室外形不同,货车车身一般分为长头式、短头式和平头式三种。按货箱不同,货车车身可以分为传统货箱、封闭式货箱、自卸式货箱、专用车货箱以及特种车货箱等多种。货车车厢因装载的货物不同,有平板式、栏板式和集装箱式三种。

(二)常见汽车车身分类

普通轿车:封闭式车身,有侧窗中柱。车顶为固定式,硬顶,有的顶盖一部分可以开启。5个座位,两排,4个侧门,一个后备厢门,后座椅可折叠或移动,以形成装载空间,如图2-1-3所示。

图2-1-3 普通轿车

敞篷车:敞篷车是指带有折叠式可开启车顶的轿车。敞篷车按照车顶的结构可以分成硬顶车和软顶车,如图2-1-4所示。

图2-1-4 敞篷车

旅行车：大多数旅行车是以轿车为基础，把轿车的后备厢加高到与车顶齐平，用来增加放行李的空间。旅行车的魅力在于它既有轿车的舒适，也有相当大的存放行李空间，外形也相当稳重，有成熟的魅力，如图2-1-5所示。

图2-1-5　旅行车

多功能车（SUV）：又称为运动型多用途汽车，现在的SUV一般指那些以轿车平台为基础、在一定程度上既具有轿车的舒适性，又具有一定越野性的车型。离地间隙比轿车高，比越野车低，如图2-1-6所示。

图2-1-6　多功能车（SUV）

越野车：越野车是一种为越野而特别设计的汽车。主要特点是四轮驱动，较高的底盘、较好抓地性的轮胎、较高的排气管、较大的马力和粗大结实的保险杠。越野车不但可以在野外适应各种路面状况，而且给人一种粗犷豪迈的感觉，在城市里，也有很多的人喜欢开越野车，如图2-1-7所示。

图2-1-7　越野车

(三)轿车车身的分类

三厢式轿车:是由发动机室、乘员室、后备厢分段隔开形成相互独立的三段布置,故称之为三厢式轿车。

两厢式轿车:后部形状按较大的内部空间设计,乘员室与后备厢同为一段布置,故称之为两厢式轿车,如图2-1-8所示。

图2-1-8 两厢、三厢式轿车

(四)按车身壳体的结构形式分类

(1)车架式:如图2-1-9所示,具有完整的车架,车身安装在车架上,也称非承载式车身,在货车或越野车上使用。

(2)整体式:如图2-1-10所示,没有骨架,而是将钢板压制成形状各异的板件,然后点焊成一个整体,也称承载式车身,在轿车或一些SUV车型上使用。

图2-1-9 车架式车身 图2-1-10 整体式车身

三、车架式车身的结构

(一)结构特点

(1)由于车身壳体不参与承载或很少承载,车架有足够的强度和刚度,抗颠簸能力强,对于载重车和越野车来说这一点非常重要。

(2)车身用螺栓固定在车架上,车身与车架之间放置橡胶垫块、减震器,减少乘员室内的噪声和震动。

(3)当汽车发生碰撞事故时,冲击能量的大部分由车架吸收。

(4)车身、车架、底盘是分开制造,然后组装到一起的,工艺比整体车身简单。

(5)车架本身就很重,而车身和车架又是两个独立的部件,所以整体质量就更大了。

(6)由于车架介于车身主体与底盘之间,给降低整车高度带来困难。

小提示:

我们现在接触的非承载式车身车型比较少,多数是卡车、专业越野车之类。布置在车身的最底部,我们平时是看不到的,如图2-1-11所示。

图2-1-11 车架

(二)车架

(1)梯形车架:梯形车架是两根纵梁与一些横梁相连接,如图2-1-12所示。梯形车架的强度好,在货车上能看到,但是它的舒适性差,轿车上不使用。

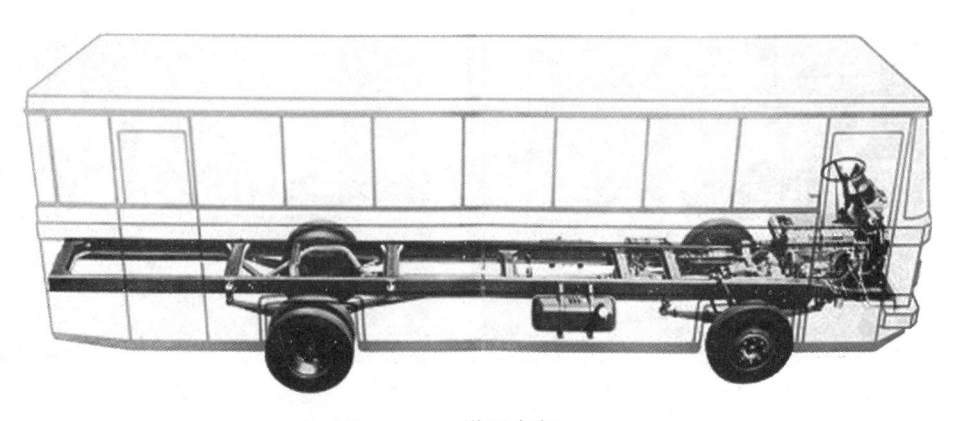

图2-1-12 梯形车架

(2)框式车架:前后面碰撞时,前后段区域可以吸收大部分的能量。在侧向碰撞,关键区域有横梁加强,使乘员室受到保护。乘员室地板低,重心降低,空间加大,目前大多数越野车车架是框式车架,如图2-1-13所示。

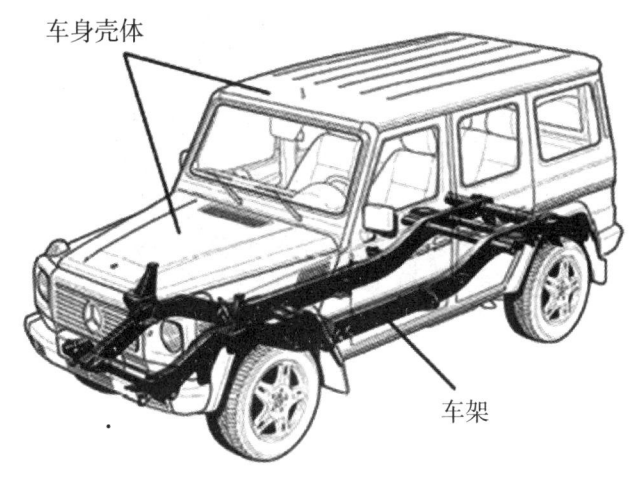

图2-1-13 框式车架

四、整体式车身的结构

(1)承载式车身的整个车身为一个整体结构。有两大部件,车身覆盖件和车身结构件,如图2-1-14所示。

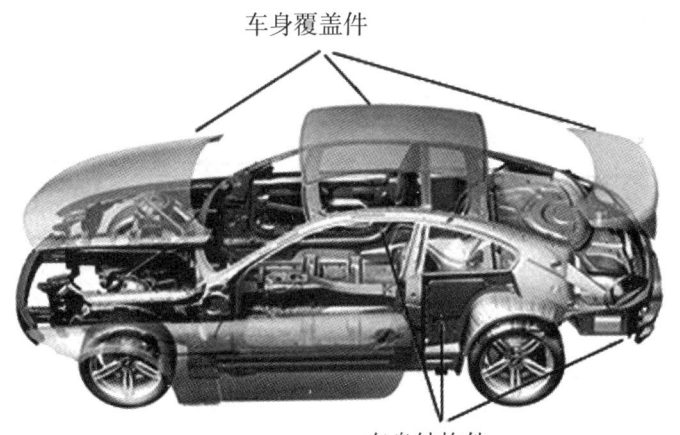

图2-1-14 整体式车身结构

承载式车身的覆盖件在车身表面的部位,我们从外面看到的部分就是属于覆盖件,例如车门、车顶、翼子板等,它们通常起到装饰美观和遮风挡雨的作用,一般用厚度不超过1 mm的钢板冲压而成。我们平时所说的某车辆钢板的厚薄就是指这些部位。实际上这些部位对于车身强度的影响很有限,所以我们已经不能从车身覆盖件的薄厚来判断一辆车的碰撞安全性了。

(2)车架、车身为一个整体结构,如图2-1-15所示。悬架直接安装在车身上,结够紧凑,不影响车厢内部空间。

散热器支架　减震器座　前围板　A柱　B柱　车顶横梁　车顶纵梁　C柱　D柱

前横梁　吸能区　纵梁　地板　地板横梁　车门防撞杆　门槛　后挡泥板

图2-1-15　整体式车身

(3)质量轻,相对省油,重心较低,高速行驶平稳。

(4)碰撞时向整个车身传递和分散冲击能量,这个特点有助于在碰撞时保护车内乘员。

(5)当碰撞程度相同时,整体式车身的损坏要比车架式车身的损坏更为复杂。

(6)将车身结构设计分为乘员安全区、缓冲吸能区,如图2-1-16所示,乘员安全区有足够的刚度,不允许发生较大的碰撞变形,以保证乘员的生存空间,且发动机、变速箱等刚性机构不得因碰撞侵入乘员室。缓冲吸能区在车辆碰撞时允许有较大的变形,以便合理地吸收撞击能量。车身前部结构分为低速碰撞与行人保护区、碰撞能量吸收区和自我保护区,如图2-1-17所示。

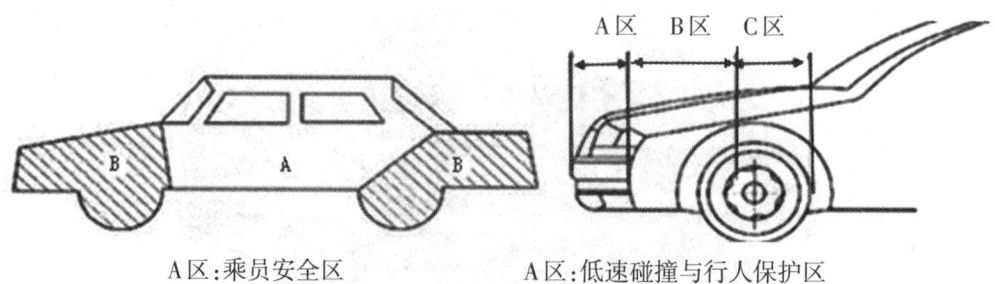

A区:乘员安全区
B区:缓冲吸能区

图2-1-16　车身强度设计

A区:低速碰撞与行人保护区
B区:碰撞能量吸收区
C区:自我保护区

图2-1-17　车身结构分区

小提示:

车体的刚性和载重能力相对较弱,所以一般专业越野车和货运车辆不采用这种结构。如今承载式车身通过不同强度钢材的运用,发生碰撞时通过吸能等方式保证车内人员安全,与非承载车身相比,安全性并不差。

五、轿车车身结构

通常将三厢式车身壳体按强度等级分为三段,分别代表车身前部、中部及后部,如图2-1-18所示。车身设计时,使乘员室尽可能具有最大的刚度,车身前部、后部相对于乘员室则应具有较大的韧性。

图2-1-18 车身前部、中部、后部

(一)前车身

前车身主要有前保险杠、前翼子板、机舱盖、前围板、前纵梁、前横梁、挡泥板、悬架支座、散热器支架、缓冲块等部件,如图2-1-19所示。

图2-1-19 前车身

1. 前保险杠

前保险杠位于车辆的最前端，是由外板、缓冲材料和横梁三部分组成，其中外板和缓冲材料用塑料制成，横梁用钢板冲压而成U形槽；外板和缓冲材料附着在横梁上，横梁与车架纵梁用螺栓连接，可以随时拆卸。前保险杠不仅具有装饰功能，更重要的是具有吸收和缓和外界冲击力、保护车身及乘员安全的功能，如图2-1-20所示。

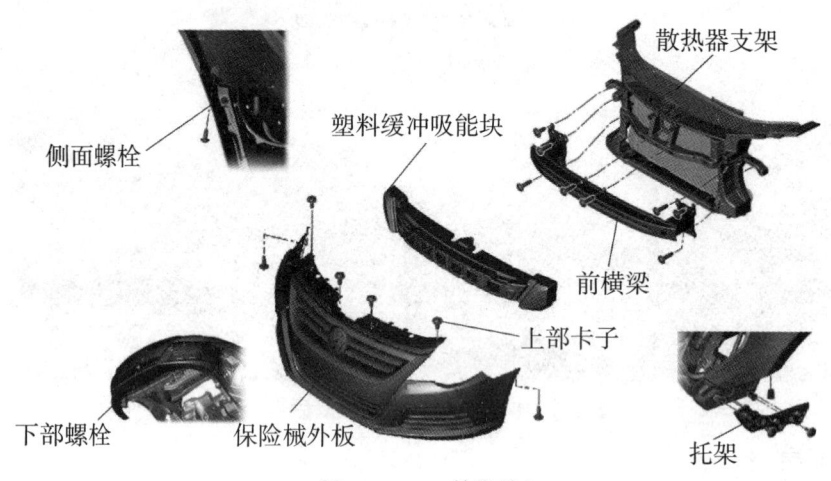

图2-1-20 前保险杠

2. 前翼子板

翼子板是遮盖车辆的车身外板，因旧式车身该部件形状及位置似鸟翼而得名。普通轿车的前翼子板主要由翼子板、翼子板衬板等组成，部分轿车还装有翼子板轮边装饰条，如图2-1-21所示。

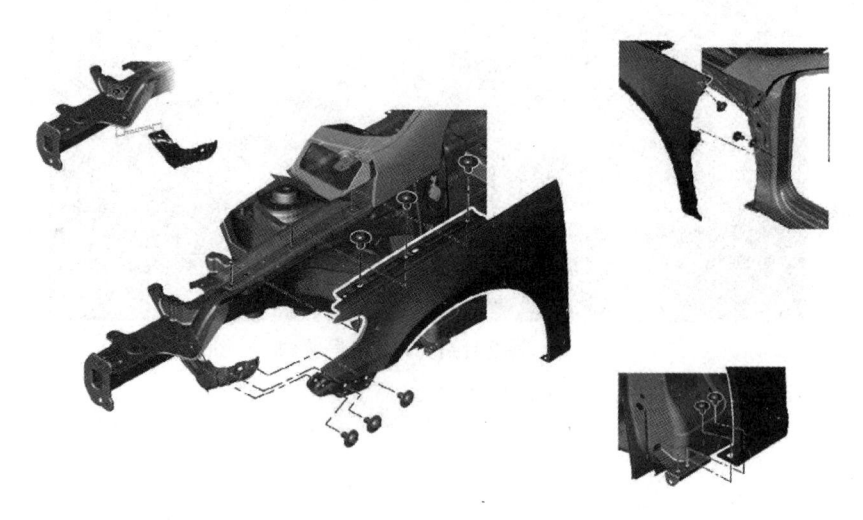

图2-1-21 前翼子板

3. 机舱盖

机舱盖位于车辆前上部,是发动机室的盖板。轿车的机舱盖主要由机舱盖板、机舱盖隔热垫、机舱盖铰链、机舱盖支撑杆、机舱盖锁、机舱盖锁开启拉索、机舱盖密封条等零件所组成。机舱盖多由高强度板冲压成的网状骨架和蒙皮组焊而成,机舱盖都有碰撞吸能区设计,如图2-1-22所示。

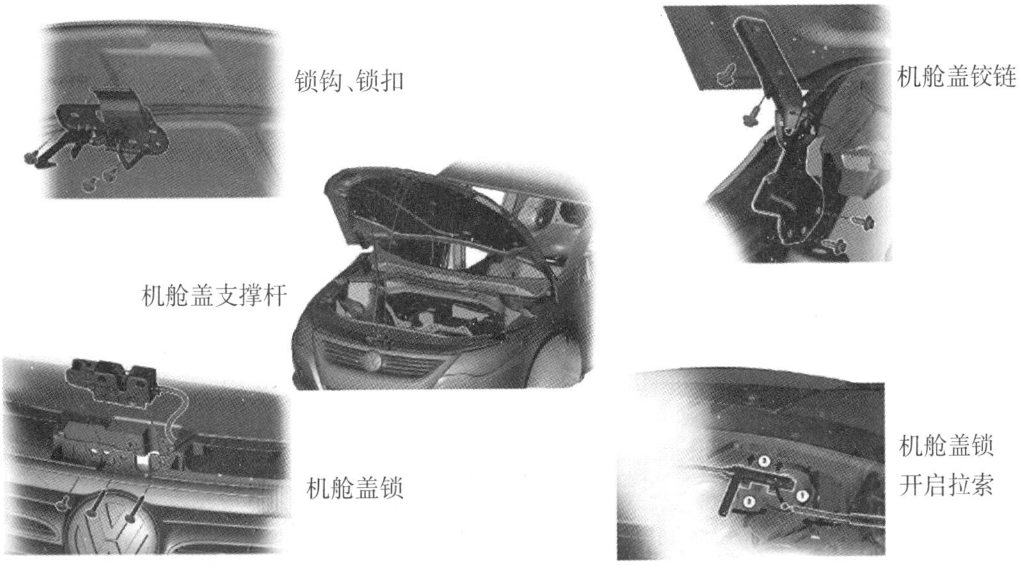

图 2-1-22 机舱盖

机舱盖前端要有保险锁钩装置,开关设置在车厢仪表板下面,当车门锁住时机舱盖也应同时锁住。

4. 前围板

前围板是指发动机室与车厢之间的主要隔离构件,它和底板、前立柱连接。前围板上有许多孔,作为操纵用的拉线、拉杆、管路和电线线束通过之用,还要配合制动器和离合器踏板、转向柱等机件安装,如图2-1-23所示。

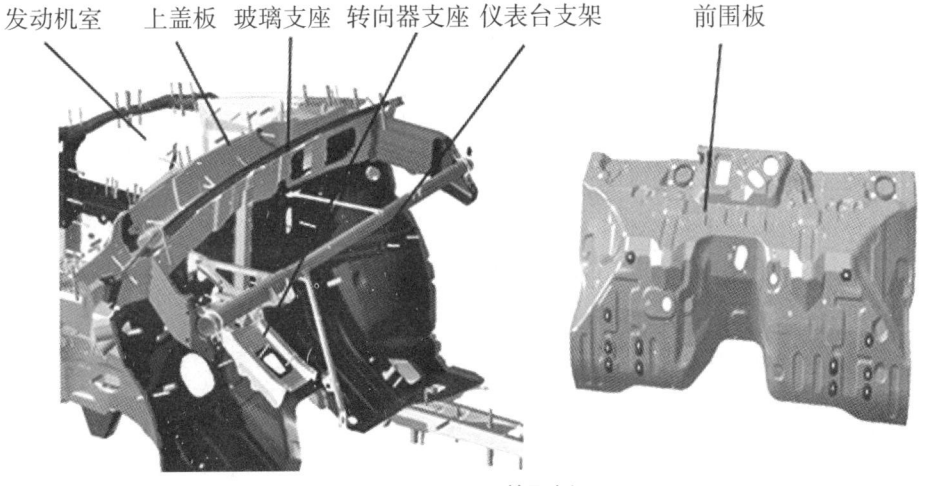

图 2-1-23 前围板

前围板的两端与前立柱和前纵梁组焊成一体,在发生意外事故时,具有足够的强度和刚度。为防止发动机室的高温、噪声窜入车厢,前围板上还要有密封措施和隔热装置。它的隔热、隔音性能往往反映车辆运行的质量,对轿车的舒适性有非常大的影响。

5.前纵梁

前纵梁是前车身的主要强度件,直接焊接在车身下部,其上再焊接轮罩等构件。为了满足承载和对前悬架、转向系统支撑力的受力要求,并使载荷分布均匀,前纵梁应做成前细后粗截面不等,如图2-1-24所示。

以车身前部构造为例,前纵梁的前端属于第一变形区,因此会设置易溃缩的结构,即我们常说的吸能盒。

前纵梁的余下部分中部则属于第二变形区,这部分前纵梁会被设计得很直,并且采用不等厚钢板材质和大截面设计,有利于更高效地逐级吸能,即在中速碰撞过程中能量比较均匀地被吸收。

前纵梁的后部则属于第三变形区,并且采用更高强度的钢板,增加板厚,并且为了局部加强控制弯曲变形,还会在弯曲部位设置加强筋,阻止变形扩展到乘员室,而且要求在这个碰撞过程中,必须通过相应的结构措施使汽车动力总成向下移动,而不致挤入乘员室。该区段主要体现在高速碰撞时使汽车乘员室具有自身保护能力。

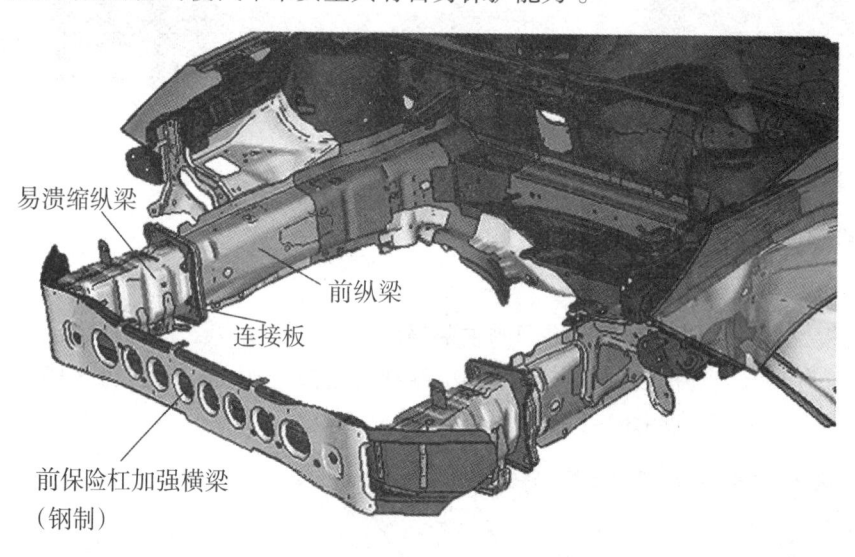

图2-1-24 前纵梁

(二)中间车身

中间车身设有车门、侧体门框、门槛及沿周采用高强度钢制成的抗弯曲能力较高的箱形断面,中间车身侧体框架的中立柱、边框、车顶边梁、侧体下边梁等结构件也采用封闭型断面结构。车顶、车底和立柱等构件,均以焊接方式组合在一起。立柱、车门槛板、车顶纵梁、车顶板和底板等共同构成乘员室,如图2-1-25所示。

图 2-1-25　中间车身

1. 立柱和车门槛板

立柱、车门槛板是构成车身侧框架的结构件,是车身非常重要的支撑件,用来固定车门、支撑顶棚等。一般下部做得粗大,上部的截面尺寸需要考虑驾驶视野而缩小。立柱包括前立柱(A柱)、中立柱(B柱)、后立柱(C柱)三种,如图2-1-26所示。

2. 地板

地板是车辆用来承载乘客、货物的基础件,是车身的主要支承部分,其强度会影响整车的强度及刚度。车身地板由前地板、后地板和后备厢地板组成,地板经过冲压,得到前段有凸起的凸包,可以用来装置轿车传动系统的传动轴等一些总成或部件,后段冲压凸起安装后排座的坐垫框,同时坐垫框的下部还可以安放燃油箱。同时,地板的纵梁和横梁能增加地板的刚度。地板结构对防震、隔音和防腐蚀性能要求很高,同时对舒适性也有相当高的要求。如图2-1-27所示。

图 2-1-26　立柱和门槛　　　图 2-1-27　地板

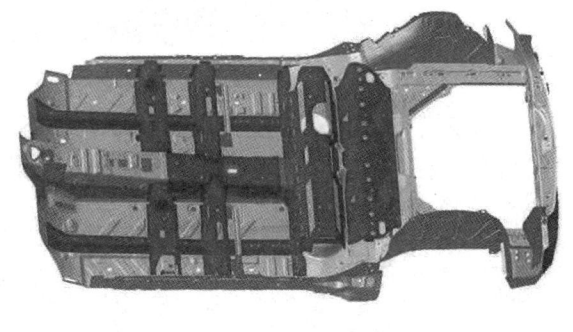

3. 车顶

车顶是车厢顶部的盖板,其上可能装备有天窗或天线等,为了安全,车顶盖还应有一定的强度和刚度,一般在顶盖下增加一定数量的加强梁,从设计角度来讲,重要的是它如何与前、后窗框及支柱交界点平顺过渡,以求得最好的视觉感和最小的空气阻力。有的车型还备有车顶行李架。顶盖内层敷设隔热衬垫材料,以阻止外界温度的传递及减少震动时噪声的传递,如图2-1-28所示。

图2-1-28 车顶

4.车门

轿车车门由门外板、门内板、门窗框、门玻璃导槽、门铰链、门锁及门窗附件等组成,门内板装有玻璃升降器、门锁等附件。为了装配牢固,门内板局部还要加强。为了增强安全性,门外板内侧一般安装了防撞杆。门内板与门外板通过翻边、黏合、焊接等方式结合,针对承受力不同,要求门外板质量轻而内板刚性强,能够承受较大的冲击力,如图2-1-29所示。

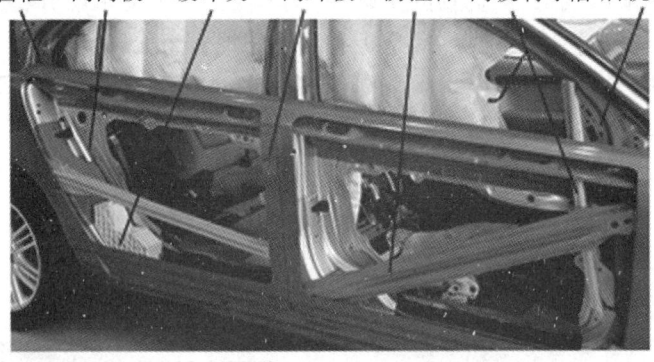

图2-1-29 车门

车门铰链是由铰链座和铰链轴组成,它应当转动灵活,不滞涩,不会发出杂音。车门的开启角度由限位器控制,不应当与车身有任何干涉,如图2-1-30所示。

图2-1-30 车门铰链、限位器

车门要求密封性好、防尘、防水、隔音。除了车门与车身之间尺寸配合要合理外,重要的还有镶嵌或粘贴在车框与车门上的密封条。密封条是一种截面呈中空形状的橡胶制品,它的柔软性使得它具有填塞大小不一间隙的作用,当间隙大时对密封条挤压小,当间隙小时对密封条挤压大,密封条的质量直接影响车门的密封性,如图2-1-31所示。

图2-1-31　车门密封条

小提示:

从开关车门可以大致判断出车门的质量,一个质量比较好的车门,它使用的材料、制作工艺是有严格要求的,反映到使用上,就感觉出一种沉甸感、厚实感、关闭时有一种低沉的"嘭"声发出来,好像车厢里的空气被挤压缩似的。如果车门比较单薄,则有一种轻盈感,关闭时会发出清脆的"嘭"声,与前一种明显不一样。

(三)后车身

轿车后车身是用于放置物品的部分,三厢式车身的乘员室与后备厢是分开的,而两厢车的后备厢则与乘员室合二为一。

1.后纵梁

后纵梁在后备厢下面,后备厢地板焊接在后纵梁上,后纵梁是后车身的基础部件,后悬挂系统通过螺栓安装在后纵梁上,能承受车身载荷,后纵梁有后部碰撞吸能缓冲区设计,如图2-1-32所示。

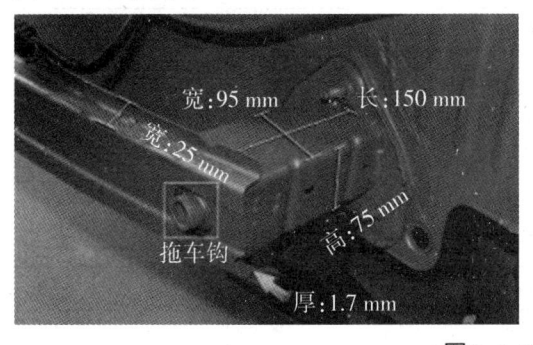

图2-1-32　后纵梁

2.后备厢和后备厢盖

后备厢是装载物品的空间,是由后备厢组件与车身地板件构成。后备厢基本位于轿车车身的后部,如图2-1-33所示。

后备厢盖要求有良好的刚性,结构上基本与发动机盖相同,也有外板和内板,内板有加强筋。

3.后围板和后保险杠

轿车后围板是指后备厢的后挡板;后保险杠位于车辆车身的尾部,起到装饰、防护车辆后部零件的作用,如图 2-1-34 所示。

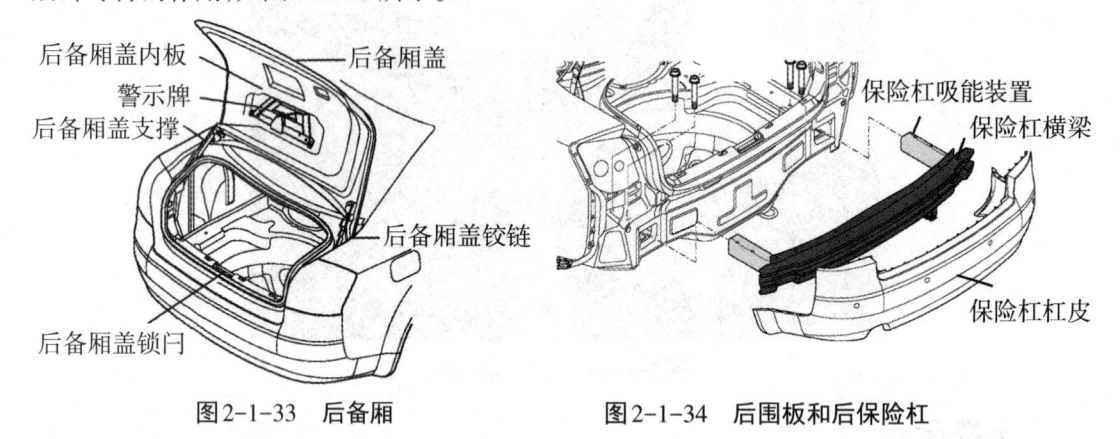

图 2-1-33　后备厢　　　　　　　图 2-1-34　后围板和后保险杠

【任务实施】

一、任务要求

要求遵规守纪,安全第一,仔细观察,诚恳交流,认真思考。

二、任务准备

实训车辆,笔,任务单,照相机。

三、任务步骤

根据任务单的作业项目,通过观察实训车辆的结构,进行记录,完成表 2-1-1 的填写。

表 2-1-1　实训车辆的结构

序号	项目	作业项目	现场(√/×)	图片(√/×)
一	外部覆盖件	前车门		
		后车门		
		前翼子板		
		后翼子板		
		前保险杠		
		后保险杠		
		机舱盖		
		车顶		
		后备厢盖		

续表

序号	项目	作业项目	现场(√/×)	图片(√/×)
二	车身结构件	前横梁		
		前纵梁		
		前挡泥板		
		前减震器支座		
		前挡泥板上部加强板		
		前纵梁缓冲吸能区		
		散热器支架		
		前围板		
		前立柱		
		中立柱		
		后立柱		
		门槛		
		地板横梁		
		地板纵梁		
		地板		
		车顶横梁		
		车顶纵梁		
		后纵梁		
		后横梁		
		后纵梁缓冲吸能区		
		后围板		
		后备厢隔板		
三	内部覆盖件	前立柱装饰板		
		中立柱装饰板		
		后立柱装饰板		
		车门装饰板		
		车顶装饰板		
		仪表板		
		门槛装饰板		
		侧围装饰板		
		地毯		
		后备厢上置物板		
		后备厢内侧板装饰板		
		后围板装饰板		
		后备厢盖装饰板		

续表

序号	项目	作业项目	现场(√/×)	图片(√/×)
四	其他附件	车门防撞杆		
		车门铰链		
		车门限位器		
		车门锁扣		
		车门锁		
		车窗玻璃升降器		
		车窗玻璃导轨		
		车窗玻璃防水条		
		车门密封条		
		机舱盖铰链		
		机舱盖支撑杆		
		机舱盖锁		
		后备厢盖铰链		
		后备厢盖锁		
		后视镜盖		
		后视镜座		
		油箱盖		
		保险杠塑料缓冲吸能块		
		拖车钩装饰盖		

【任务拓展】

车身结构分析

一、车身前段组件

发动机、悬架和转向装置都安装在前挡泥板和前车身的前纵梁上,它的制造和修复精度直接影响前轮的定位和传到乘员室的震动与噪声,因此它在制造和修复中应确保精度并具有极高的强度,前挡泥板、前纵梁焊接在一起,汽车前部承受较大的载荷。车身前端结构,如图2-1-35所示。

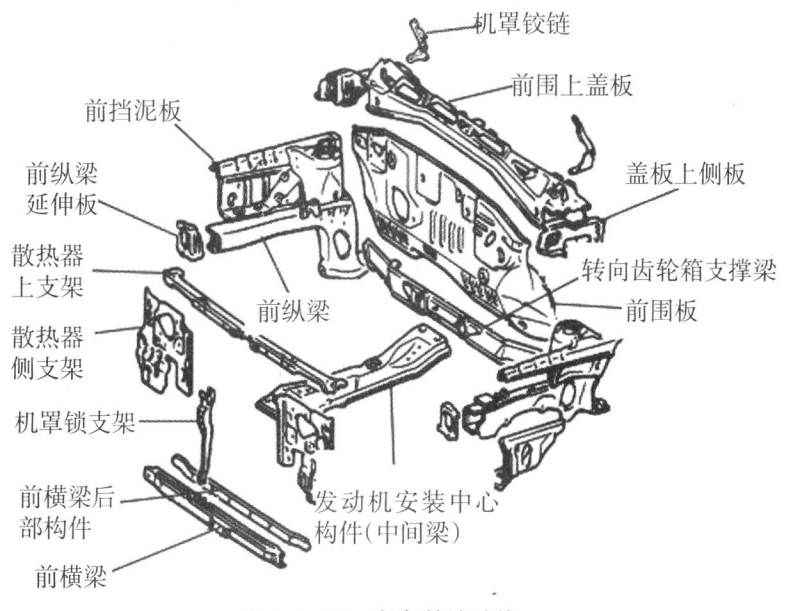

图 2-1-35 车身前端结构

二、车身侧板组件

侧面车身的前柱、中柱、车门槛板、车顶纵梁等部位都采用三层板设计，应用了大量的高强度钢，采用非常强固的箱形结构，以防止来自前方、后方、侧面的碰撞引起的中部车身变形。车身侧板机构如图2-1-36所示。

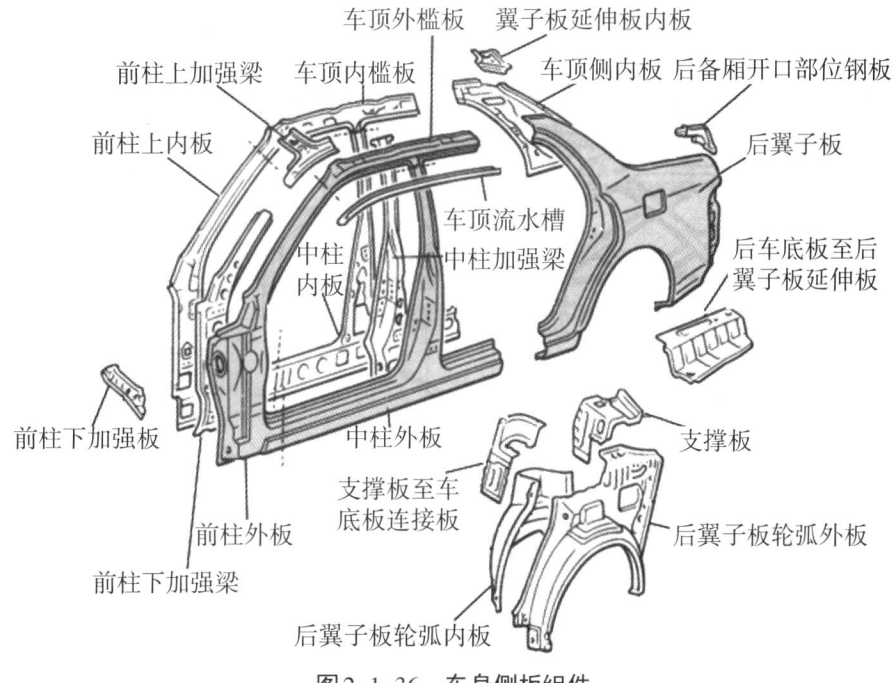

图 2-1-36 车身侧板组件

三、车身底部组件

底部车身主要由前后纵梁、地板纵梁、地板及横梁构成，车身底部结构如图2-1-37所示。

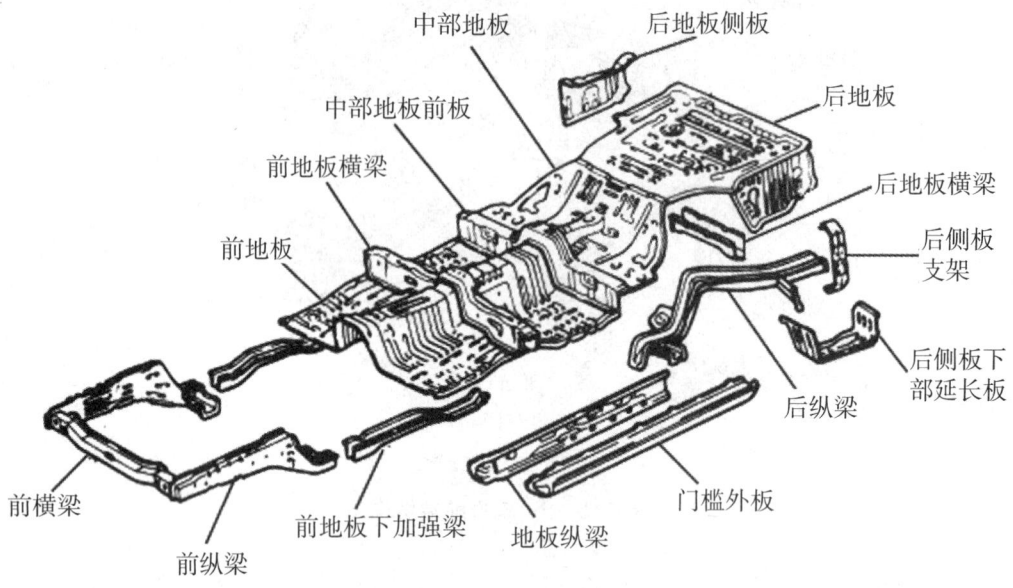

图2-1-37 车身底部组件

底部车身前段由前纵梁、前横梁构成，用高强度钢制成箱形截面，前纵梁均为上弯式，有加工的预应力区，如图2-1-38所示。

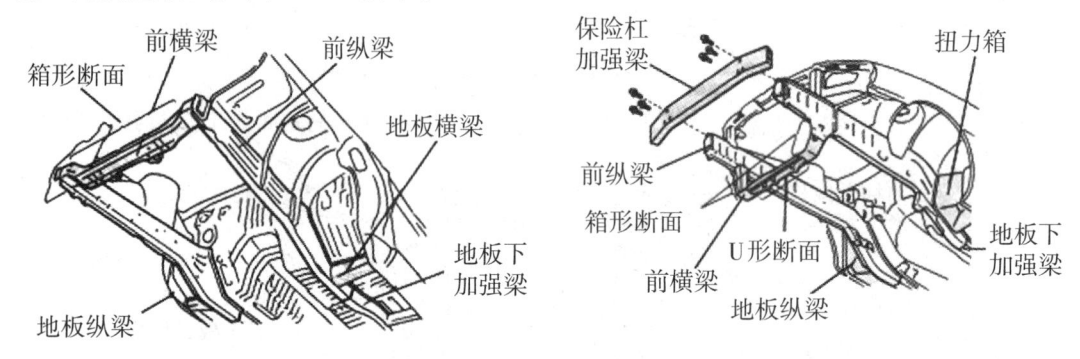

图2-1-38 底部车身前段

底部车身中段由地板、地板横梁和地板纵梁等构成,前置前驱(FF)和前置后驱(FR)车辆的中部车身地板最大差别在于车底板拱起空间,如图2-1-39所示。

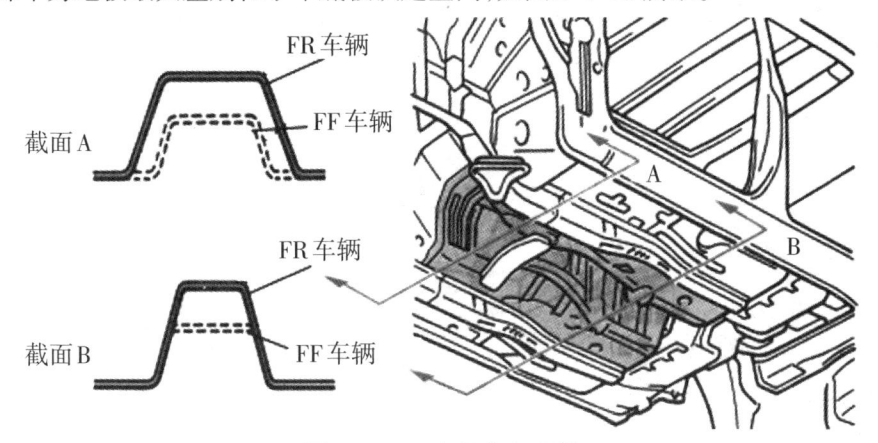

图2-1-39 底部车身中段

乘员室通常不作为溃缩吸能区,地板纵梁用高强度钢板制成,如图2-1-40所示。所以它要足够坚固以确保车内乘员的安全,同时在几乎无溃缩区的侧面碰撞中,乘员室的坚固程度往往也决定了车内乘员的生还希望。

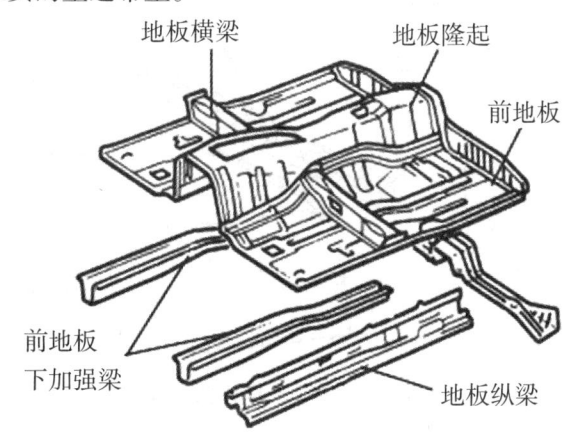

图2-1-40 乘员室车身加强区

后纵梁从后排座下边延伸到接近后桥,并上弯延伸到后地板。燃油箱固定于地板下面(悬浮式),后地板纵梁后半部具有强韧而不易弯曲的特性,不过在弯角区域(向上弯曲)设计成容易发生折损变形,当发生后面碰撞时可保护燃油箱,如图2-1-41所示。

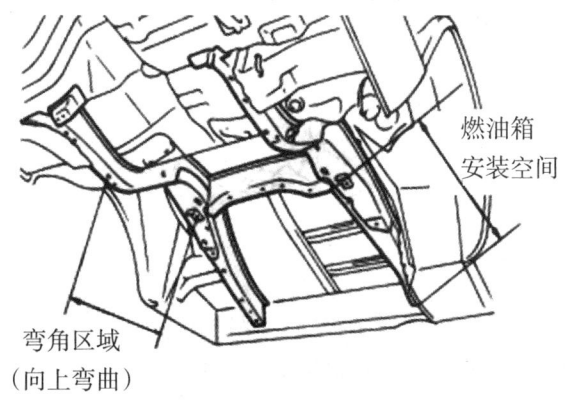

图2-1-41 底部车身后段

四、车身覆盖件

汽车车身覆盖件是指覆盖发动机、底盘，构成驾驶室、车身的金属薄板制成的空间形状的表面或内部零件。按功能和部位可分为外部覆盖件、内部覆盖件和骨架覆盖件三类，如图2-1-42所示。

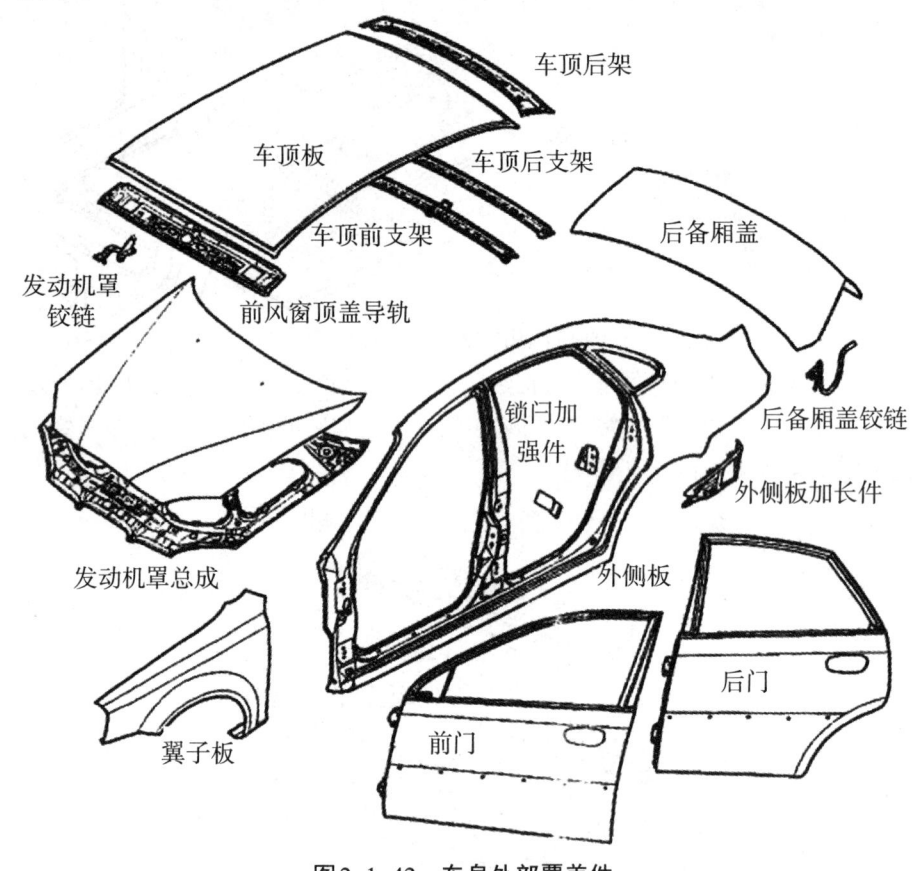

图 2-1-42 车身外部覆盖件

【任务检测】

一、填空题

1. 汽车按车身壳体结构分类分为_____。
2. 目前轿车使用的车架是_____。
3. 整体式车身上刚性最大的部分是_____。
4. 整体式车身上有吸能区设计的部件有_____。
5. 车身外部覆盖件有_____。

二、判断题

1. 汽车车身中部强度很高，也设计了吸能区保护乘员。（   ）
2. 常见的车身结构主要分为车架式和整体式两种。（   ）

3.发动机罩没有吸能区设计。（　　）
4.当碰撞程度相同时,整体式车身的损坏要比车架式车身的损坏小。（　　）
5.整体式车身前部结构比车架式车身复杂得多。（　　）
6.整体式车身采用了轻型、高强度合金钢,在修复时的校正和焊接要求与车架式车身不同。
（　　）

三、选择题

1.整体式车身上由高强度钢制造的部件有（　　）。
　A.翼子板　　　　B.中立柱　　　　C.车顶板　　　　D.前立柱
2.与前纵梁焊接在一起的部件是（　　）。
　A.挡泥板　　　　B.前横梁　　　　C.翼子板
3.整体式车身在受到侧面碰撞时主要吸收能量的部件有（　　）。
　A.车门槛板　　　B.中立柱　　　　C.前纵梁　　　　D.车顶纵梁
4.车架式车身在碰撞时主要由（　　）吸收能量。
　A.主车身　　　　B.车架　　　　　C.横梁
5.下面不是车身结构性部件的是（　　）。
　A.前立柱　　　　B.后纵梁　　　　C.前翼子板

【任务评价】

一、小组过程评价

序号	考核项目	分数	考核内容	配分	考核标准	得分
1	出勤、纪律	5分	出勤	2分	违规一次不得分	
			行为规范	3分	违规一次不得分	
2	安全、防护、环保	20分	着装	2分	违规一次不得分	
			个人防护	3分	违规一次不得分	
			"5S""EHS"	5分	违规一次不得分	
			设备使用安全	5分	违规一次不得分	
			操作安全	5分	违规一次不得分	
3	任务检测	20分	任务测验成绩	20分	测验成绩的20%	
4	技能考核	35分	技能测验成绩	35分	测验成绩的35%	
5	学习能力	10分	工单填写,工艺计划制订	4分	未做不得分	
			组内活动情况	4分	酌情扣分	
			资料查阅和收集	2分	未做不得分	
6	任务拓展	10分	知识拓展任务	2分	未做不得分	
			技能拓展任务	8分	未做不得分	
	总分	100分				

二、教师评价

序号	优点	存在问题	解决方案

教师签字:

三、个人小结

任务二　识别车身材料

【任务目标】

目标类型	目标要求
知识目标	(1)能描述汽车车身材料的种类 (2)能叙述车身不同部位所应用的材料 (3)能简述车身各种材料的特性
技能目标	(1)能对车身各部位的材料进行分析 (2)能说出车身不同材料的修复要求
情感目标	(1)培养良好的学习和工作习惯 (2)培养主动学习、自我发展、开拓创新的能力

【任务描述】

随着汽车的发展和环保的要求,车身的质量越来越轻,安全性能越来越高,普通的钢材已不能适应汽车发展的需要。在车身上开始大量应用不同种类的新材料,如高强度钢、超高强度钢、铝合金、塑料件等,传统的修复方法已经不能很好修复已损坏的车身板件。所以要识别车身上主要材料的种类和性能,才能有针对性地对新型车身进行高质量的修复。

【知识准备】

一、车身钢材

钢是以铁为主要元素、含碳量介于0.02%至2.11%之间,并含有其他元素的材料。

(一)按品质分

普通钢(P≤0.045%,S≤0.050%);优质钢(P、S均≤0.035%);高级优质钢(P≤0.035%,S≤0.030%)。

(二)按化学成分分

碳素钢:低碳钢(C<0.25%);中碳钢(0.25%≤C≤0.60%);高碳钢(C>0.60%)。

合金钢:低合金钢(合金元素总含量≤5%);中合金钢(合金元素总含量处于5%~10%之间);高合金钢(合金元素总含量≥10%)。

二、车身常用钢板

(一)热轧钢板

热轧钢板是在800 ℃以上的高温下轧制的,它的厚度通一般在1.6~8 mm之间。用于制造车身上强度要求高的零部件,如车身、横梁、纵梁、车身内部钢板、底盘零件等。

(二)冷轧钢板

冷轧钢板是由热轧钢板经过酸洗后冷轧变薄,并经过退火处理得到的(因为滚轧的关系,内部结构变硬,要实施退火处理使它软化)。由于冷轧钢板是在较低的温度下轧制的,它的厚度精度高,一般厚度为 0.4~1.4 mm。冷轧钢板的表面质量好,具有良好的焊接性能。大多整体式车身采用冷轧钢板制成。

(三)低碳钢

含碳量低的钢材很软,便于加工,可以很安全地进行焊接、热收缩和冷加工,它的强度不会受到严重影响。但是低碳钢容易变形,所以要用较厚的板件才能达到足够的强度,导致汽车质量增加。为了达到环保和节能的要求,汽车车身的质量既要轻又要有足够强度,现在基本都用高强度钢来制造汽车上需要承受载荷的零部件。

(四)高强度钢

高强度钢泛指强度高于低碳钢的各种类型的钢材,一般强度为 200 N/mm^2 以上。相同的强度,高强度钢板的厚度比一般钢板薄。汽车车身上大部分用高强度钢板,以提高车身强度,并降低车辆质量。

1. 高强度、低合金钢板(HSLA)

又称回磷钢,通过在低碳钢中加入磷来提高钢的强度,以低碳(≤0.1%)和低硫(≤0.015%)为主要特征,加入 Mn、Si、Al、Cr、Ni、Mo、Cu、Nb、V、Ti,具有低碳钢类似的加工特性,为汽车外部面板和车身提供更高的抗拉强度,用于制造前后纵梁、车门槛板、保险杠加强筋和车门立柱等。

2. 高抗拉强度钢(HSS)

又称沉淀淬硬钢,增加了 Si、Mn、C 的含量,使抗拉强度得到提高,过去被用来制造与悬架装置有关的构件和车身。

沉淀淬硬钢是高抗拉强度钢,具有优异的加工和冲压性能,用于车门边护板、保险杠加强筋等。

3. 超高强度钢(UHSS)

这种钢没有合金元素,但它的抗拉强度可达普通低碳钢的 10 倍,其高强度来源于在成型和加工过程中产生的特殊微粒(马氏体、贝氏体、铁素体组织构成)。有些超高强度钢内部加入其他金属元素(如硼合金钢),强度可达 1350~1400 N/mm^2。

如图 2-2-1 所示,VOLVO XC90 型车的中柱就是用硼合金钢来制造的,在侧面碰撞时它可保护车内乘员免受或少受伤害。

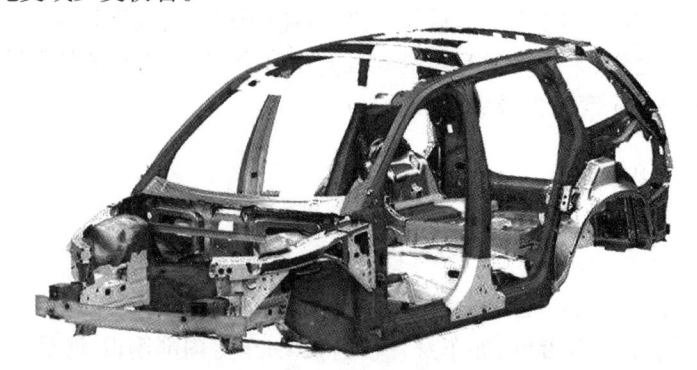

图 2-2-1　VOLVO XC90

(五)钢材在现代车身上的应用

有关车身用钢材变化的资料,见表2-2-1,与2000年前相比,现在车身采用低碳钢的比例大幅度降低,而高强度钢和超高强度钢的采用比例却大幅升高。

表2-2-1 车身用钢材的变化

车身钢板类型	2000年前	现在	变化趋势
低碳钢	70%	30%	↓
高强度钢	20%	50%	↑
超高强度钢	10%	20%	↑

三、特殊处理钢

防锈钢板的表面有一镀层,镀层的种类有镀锌、镀铝、镀锡。在这三种镀层中,镀锌和镀铝比钢板容易腐蚀,而镀锡防腐蚀能力比钢板好。镀锌钢板对碱性环境的防腐蚀性能要好于酸性环境,一般用于车身钢板;而镀铝钢板对酸性环境的防腐蚀性能要好于碱性环境,一般用于排气管护板;镀锡钢板则用于燃油箱,见表2-2-2。

表2-2-2 车身防锈钢板的种类与用途

防锈钢板的种类		用途
镀锌钢板	单面镀锌	车身钢板
	双面镀锌	车门、发动机等
镀锡钢板		燃油箱
镀铝钢板		排气管护板

在车身中应用最广泛的是镀锌钢板。由于钢板的表面有锌,空气不能直接和钢板接触。当腐蚀情况出现时,锌先于钢板生锈,且只在表面形成薄薄的锈层,不向内部延伸,钢板不能直接与空气接触,从而得到保护。车身用的镀锌钢板有单面镀锌和双面镀锌两种,如图2-2-2所示。双面镀锌钢板一般用在车身的下部板件,如车身地板、挡泥板、发动机罩等部位,这些部位经常接触腐蚀性物质,需要重点防护。单面镀锌一般用在不经常接触腐蚀性物质的部件,如车身上部的板件。

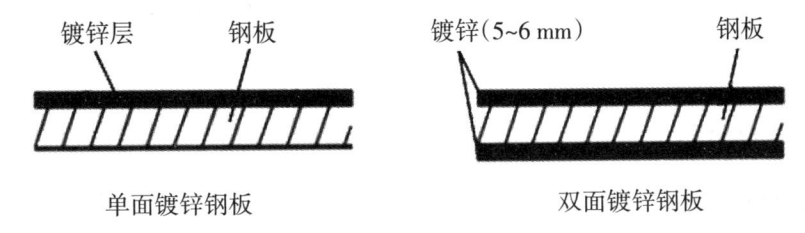

图2-2-2 镀锌钢板

四、车身用铝合金

(一)铝合金车身的特点

(1)经济性。采用铝合金使汽车总质量减轻,从而降低燃油的消耗。

(2)环保性。由于油耗低、质量轻,汽车的废气排放就少,污染程度就下降。铝合金是非常易回收再造的一种材料,废旧汽车的回收率高,并且铝可以多次循环使用,也更加环保。

(3)防腐蚀性。铝暴露在空气中很快在表面形成一层氧化物,这层氧化物是三氧化二铝,使金属铝和空气隔绝开,使它具有优良的抗氧化腐蚀性能。

(4)加工特性。铝有良好的塑性和刚性,一定厚度的板件可以制造整车的有关板件,如图2-2-3所示。铝材的塑性要比钢材好,它能够很好地通过冲压或挤压加工成型。

(5)安全性。铝材具有高的能量吸收性能,如图2-2-4所示,可作为一种制造车身变形区的理想材料,以增加车身的被动安全性。

图2-2-3　铝材车身结构件　　图2-2-4　铝合金吸能部件

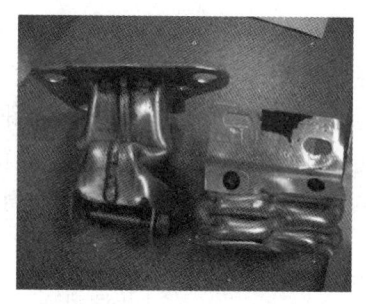

(二)汽车用铝合金在车身上的应用

以前铝合金仅应用在汽车的发动机、轮毂等部位,但现在一些新型的车身上开始应用铝合金。最初铝合金只应用于车身外部装饰件和覆盖件,例如奥迪A6、沃尔沃C30、标致307等发动机罩用铝合金制造,现在车身结构件也可以全部用铝合金来制造,如图2-2-5(奥迪A8)、图2-2-6所示(宝马5系)等。

图2-2-5　奥迪A8全铝车身　　图2-2-6　宝马5系前部铝车身

五、非金属材料

(一)车身用塑料

1.塑料的分类

按其热性能不同,分为热固性塑料和热塑性塑料两大类。

(1)热固性塑料:是指经过一次固化后,不再受热软化,只能塑制一次的塑料。这类塑料耐热性好,受压不易变形。

(2)热塑性塑料:是指受热时软化,冷却后变硬,可反复多次加热塑制的塑料。这类塑料加工成型方便,但耐热性相对较差,容易变形。

2.塑料车身的特点

(1)可以大幅度减轻汽车质量,降低油耗。

(2)塑料有良好的耐腐蚀性。

(3)热塑性塑料受热时软化,冷却后又变硬,维修时可反复多次加热。

(4)与钢材相比其力学性能较低,耐热性较差,容易吸水、老化、燃烧,温度变化时尺寸稳定性差。

3.塑料在车身上的应用

(1)VOLVO S60采用塑料材料的有前后保险杠、后视镜壳、车门拉手、内饰板等部件,如图2-2-7所示。

(2)smart采用塑料材料的有前后保险杠、翼子板、车门、机舱盖、内饰板等部件,如图2-2-8所示。

图2-2-7　VOLVO S60　　　　　　　图2-2-8　smart

(二)车身用玻璃

1.车用玻璃的类型

(1)夹层玻璃。

夹层玻璃是在两片或多片玻璃之间夹上一层或多层有机聚合物中间膜,如PVB、SGP等,经过高温、高压处理后的一种深加工玻璃,如图2-2-9所示。玻璃破损时,碎片黏附在中间层,不会到处飞溅,如图2-2-10所示。夹层玻璃还具有难以穿透的效果,是具有良好安全性能和防盗性能的玻璃。

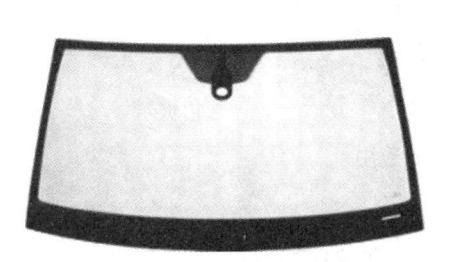

图2-2-9　夹层玻璃　　　　　　　图2-2-10　夹层玻璃破损后是放射性破裂状

(2)钢化玻璃。

钢化玻璃是普通玻璃经过高温淬火处理的特种玻璃,其特点是具有抗弯和抗冲击的性能,如图2-2-11所示。钢化玻璃被破坏后会迅速地变成小颗粒,便于逃生,如图2-2-12所示。

图2-2-11　钢化玻璃　　　图2-2-12　钢化玻璃破坏后变成小颗粒

(3)区域钢化玻璃。

由于钢化玻璃破损后会呈小碎块,即使玻璃不掉落,也会因碎片太小而无法透过破损玻璃看到前方,因此出现了区域钢化玻璃。这种玻璃破碎后局部区域碎片呈鸡蛋大小,不掉落的话,可以透过它看到前方。但由于有较大碎块,安全性不是很好。

(4)特殊功能的玻璃。

单面透视玻璃、雨点感应玻璃、遮挡紫外线玻璃、导电玻璃、显示器系统玻璃、防弹玻璃等。

2.玻璃在车上的应用

目前国内的汽车前挡风均采用夹层玻璃,车窗、边窗及后挡风、天窗大部分选用钢化玻璃,如图2-2-13所示。前挡风破损后还可以采用汽车玻璃修复技术,而钢化玻璃则是粉碎性的破坏,只能更换玻璃。

图2-2-13　玻璃在车上的应用

(三)橡胶

橡胶是一种有机高分子弹性化合物,具有良好弹性和抗压缩变形、耐老化性能,橡胶制品在汽车工业中应用很广泛,汽车上的橡胶制品很多,不仅用来制造轮胎,还应用在车门门框、侧面车窗、前后挡风玻璃、发动机盖和后备厢盖上,如图2-2-14所示,起到防水、密封、防尘、隔音、隔温、减震、装饰等作用。

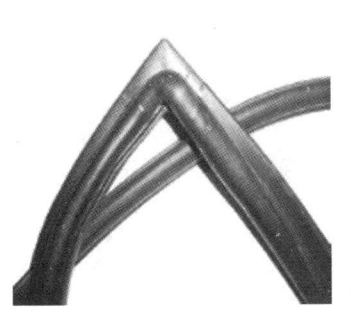

图 2-2-14　密封条

六、复合材料

(一)玻璃钢板件

玻璃钢(FRP)是由合成树脂和玻璃纤维经过硬化增强的材料,又称为玻璃纤维增强材料。

1.玻璃钢板件的特点

(1)采用玻璃钢材料制造车身部件可减轻车身质量。

(2)玻璃钢是一种复合材料,其抗拉强度水平(材料抵抗把它拉断的能力)可以与钢相当。

(3)但它不耐冲击,抗冲击强度不高,剪切强度(材料承受剪切力的能力)低。

(4)耐腐蚀性能高于一般钢材。

2.玻璃钢在车身上的应用

如图2-2-15所示,VOLVO XC60后备厢盖,为了设计成电动尾门,就采用玻璃钢材料来制造,减轻了后备厢盖的质量。

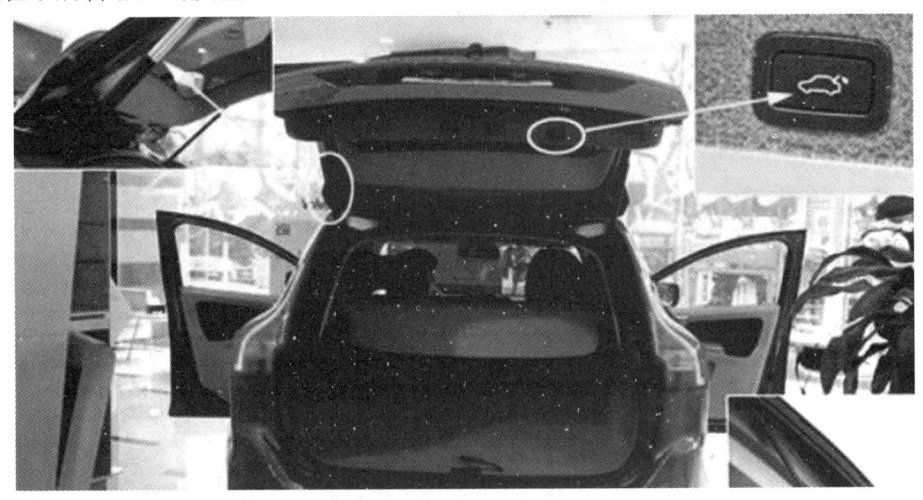

图 2-2-15　VOLVO XC60玻璃钢后备厢盖

(二)碳纤维车身

碳纤维是一种含碳量在95%以上的高强度、高模量的新型纤维材料,碳纤维的比重小于合金,可以减轻车身质量,增加车体的性能(如加速、油耗、弯道性能等),碳纤维的强度较高,车体更加结实、坚固。在一些跑车上应用,如图2-2-16所示。

图 2-2-16　碳纤维车身

七、汽车用密封胶

(一)车身密封胶

用于填充车身板件以及车架间的缝隙,起到防水作用,还能起到提高刚性并防止震动和噪声的作用,如图 2-2-17 所示。

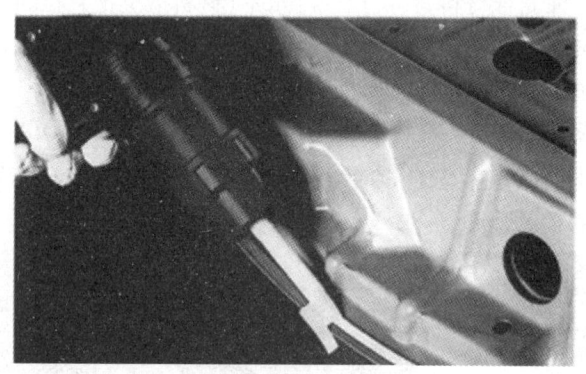

图 2-2-17　车身密封胶

(二)玻璃密封胶

粘接汽车上的挡风玻璃和后视窗,使其能同车身牢靠地粘成一体。玻璃密封胶具有强度好、富于弹性、抗压抗震、防水等性能,如图 2-2-18 所示。

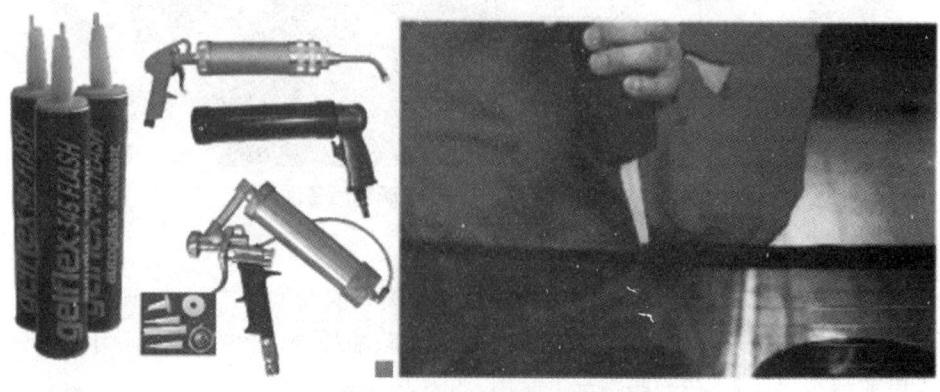

图 2-2-18　玻璃密封胶

(三)隔音泡沫

由于汽车的支柱立柱内部是空的,会引起震动,在支柱立柱内部填上隔音泡沫这种材料,有助于吸音和吸震的效果,如图2-2-19所示。

图2-2-19 隔音泡沫

(四)汽车防撞胶

防撞胶通常用于喷涂汽车底盘,起到防腐蚀、防砂石、隔音的效果,如图2-2-20所示。

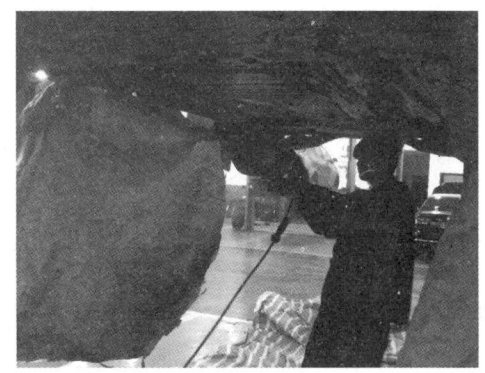

图2-2-20 底盘防撞胶

八、车身材料的性质

(一)弹性变形

金属材料在载荷作用下发生变形,当卸掉载荷后,变形也完全消失,如图2-2-21所示。这种随载荷的卸掉而消失的变形称为弹性变形,它是金属材料的一种特性。

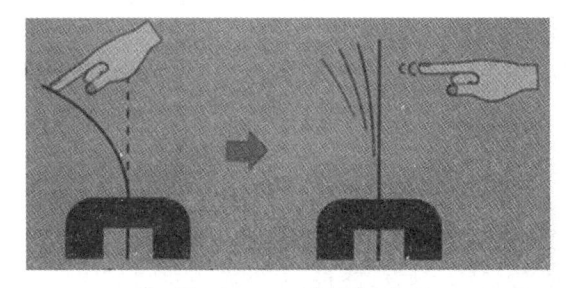

图2-2-21 弹性变形

(二)塑性变形

当钢板被作用力压弯后,它会按原始形状恢复稍许,但仍然保持弯曲状态,如图2-2-22所示。这种情况即称为塑性变形。物体无法恢复到原始形状的特性被称为塑性。

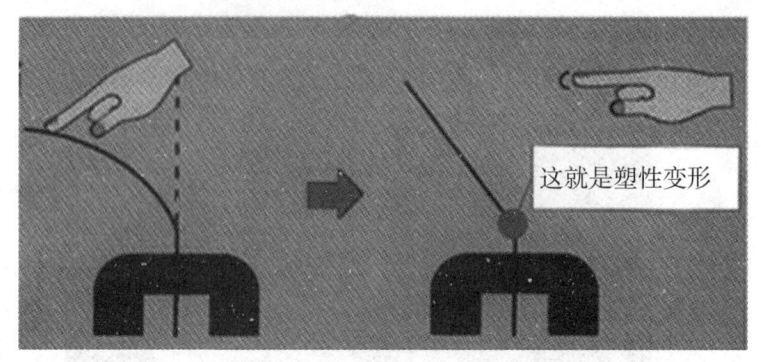

图2-2-22 塑性变形

许多汽车车身部件如翼子板、发动机盖、车顶板等就是利用钢材塑性原理,运用大尺寸钢板冲压制成,若无外力作用其形状就不再改变。

(三)加工硬化

金属材料在常温或结晶温度以下塑性变形时强度和硬度升高,而塑性和韧性降低的现象,又称冷作硬化。同样,如果汽车在受到外力作用,如碰撞或在维修时来回反复弯曲金属板,金属板即会发生硬化,如图2-2-23所示。

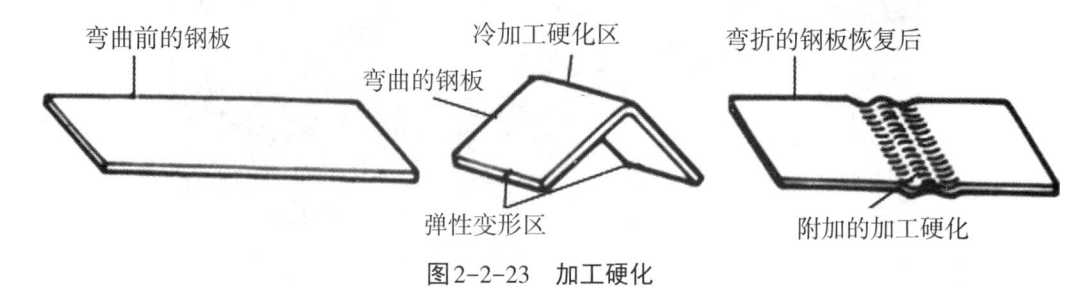

图2-2-23 加工硬化

(四)加热对钢材的影响

1. 加热对低碳钢性能的影响

对低碳钢进行加热时,随着温度升高,其强度和刚度下降,停止加热,温度下降到常温后,它的强度又恢复到原来的程度。所以低碳钢修复,加热不会降低钢板原有的强度。用惰性气体保护焊焊接,或对低碳钢进行短时间加热的方式修复,都是允许的。

2. 加热对高强度钢性能的影响

对高强度钢进行加热时,随着温度升高,内部金属晶粒由原来较小晶粒变成大的晶粒,强度会降低。当高强度钢恢复到常温,内部的晶粒无法恢复变小,所以高强度钢经过加热再冷却后,强度会下降。

3. 加热对车辆产生的损害

修复车身时尽量避免加热,加热会改变钢板的强度,损坏镀锌层,引起钢板锈蚀,降低钢板的防锈能力,形成氧化膜后钢板厚度降低,又会进一步降低钢板强度,过度加热还可能使车辆燃烧。

4.钢材颜色和温度的关系

对钢材加热时,其颜色会随着温度上升而发生变化,见表2-2-3,根据钢材颜色的变化来判断它的加热温度。从前的铁匠就是根据钢材的颜色变化来判断它的加热温度,但这需要长久的经验和优秀的观察能力才可以做到。

表2-2-3 钢材的颜色与温度

温度(℃)	600	700	800	900	1000	1100	1200	1300
颜色变化	暗红	红色	淡红	橘红	黄色	淡黄	白色	亮白

(五)高强度钢的修复

在整体式车身的修复中,不能应用氧乙炔焊、电弧焊等焊接中产生大量热量的焊接方式,而是应用惰性气体保护焊和电阻点焊等产生热量少的焊接方式。

在修复中对钢板进行加热的目的是为了消除钢板内部的应力,而不是用过度加热来软化钢板以方便修复。消除应力的加热一般不能超过200 ℃,在加热时采用热敏感材料来控制加热的温度。

【任务实施】

一、任务要求

在专业教师带领下参观实训车辆的结构,分析不同部位使用的材料。要求遵规守纪,安全第一,仔细观察,诚恳交流,认真思考。

二、任务准备

实训车辆,笔,任务单,照相机。

三、任务步骤

根据任务单的作业项目,通过观察实训车辆的结构,查阅相关资料,通过敲击听声音,称质量,强度试验法,分析不同部位使用的材料,进行记录,完成表2-2-4的填写。

表2-2-4 实训车辆的结构

车型: 　　　　　　　　　　　　　　　　车辆识别代码:

序号	项目	材料名称
1	保险杠	
2	机舱盖	
3	翼子板	
4	车顶	
5	后备厢盖	
6	车门	
7	前横梁	

续表

序号	项目	材料名称
8	前纵梁	
9	前纵梁缓冲吸能区	
10	前挡泥板	
11	前减震器支座	
12	前挡泥板上部加强板	
13	散热器支架	
14	前围板	
15	前立柱	
16	中立柱	
17	后立柱	
18	门槛	
19	地板横梁	
20	地板纵梁	
21	地板	
22	车顶横梁	
23	车顶纵梁	
24	后纵梁	
25	后横梁	
26	后纵梁缓冲吸能区	
27	后围板	
28	前挡风玻璃	
29	后挡风玻璃	
30	侧挡风玻璃	
31	座椅	

【任务拓展】

热塑性塑料件的维修方法

汽车前后保险杠大部分是热塑性塑料件,发生事故时保险杠的受损概率很大,会发生变形、破裂、孔洞等损伤。如果板件严重损坏就不能维修,而应该直接更换。维修技师要分析受损部件的损伤状况,确定采用的修复方法。热塑性塑料维修主要有加热修复和焊接修复两种方法。

一、加热修复

塑料有记忆效应,也就是说,塑料件总是想保持或恢复至原来的形状,如果塑料件发生变形,对变形部位进行加热校正,如图2-2-24所示,就可以使其恢复到原来的形状,如图2-2-25所示。

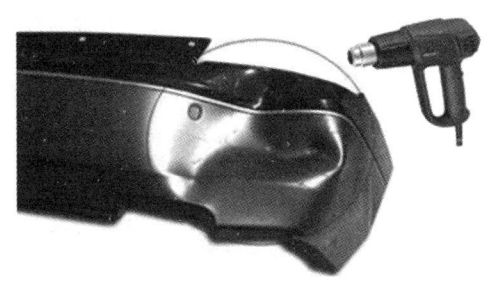

图2-2-24 修复前　　　　　　图2-2-25 修复后

塑料件加热修复程序:
(1)分析塑料板件的损伤情况,确定修复范围。
(2)对热吹风进行调整和预热。
(3)直接加热变形部位,当板件的另一侧摸起来烫手时说明已经加热得差不多了。
(4)如果有必要,使用工具和木块帮助修整,并且一边修整一般手摸检查。
(5)用海绵或抹布浸水快速冷却修复部位。
(6)用打磨机磨平修复表面。

小提示:

不要过度加热塑料件,否则会损坏塑料表面。

二、焊接修复

塑料焊接主要采用热空气焊接法,焊接时用热空气焊枪,如图2-2-26所示,内部采用一个陶瓷或不锈钢电热元件来产生热风,热风的温度为230~340 ℃,热风通过焊枪吹到焊件及焊条上,如图2-2-27所示,使其软化,把塑料焊条和塑料件熔化后黏结在一起。

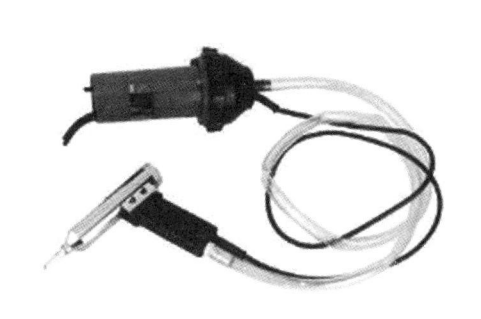

图2-2-26 热空气焊枪　　　　　　图2-2-27 塑料焊条

塑料板件的焊接程序:
(1)将焊接表面加工成V形槽,如图2-2-28所示。

(2)焊接初始阶段。焊嘴离焊缝12~13 mm,焊枪倾角为30°。焊条垂直于塑料板,焊条置于焊缝起点,同时将焊条压进V形焊缝坡口,通过加热量来调节熔化速度。

(3)正常焊接阶段,一只手向焊条施加压力,同时用焊枪的热量把焊条和基体材料加热并保持相应动作,使之保持适当的平衡,如图2-2-29所示。

图2-2-28 V形槽焊缝　　　　图2-2-29 正常焊接阶段

(4)焊接收尾阶段。结束焊接时,宜充分加热焊条和塑料板件的接触区域,停止移动焊条。但还需对焊条施加一定的压力并保持几秒钟,待冷却到已不能拉松焊条,即可切下没有用完的焊条。可以用水进行冷却,如图2-2-30所示。

(5)焊缝表面处理。焊缝影响美观或对安装有妨碍时,还要对其进行修整和打磨。打磨时不能使焊接区域过热,否则它会变软,对焊接区造成损害。最后应使用细砂纸对焊接区域进行最终打磨。

(6)检查焊件焊接质量,焊接区域被打磨光滑平齐之后,还应该检查它是否有缺陷,如图2-2-31所示。

图2-2-30 冷却焊接部位　　　　图2-2-31 打磨后的检查

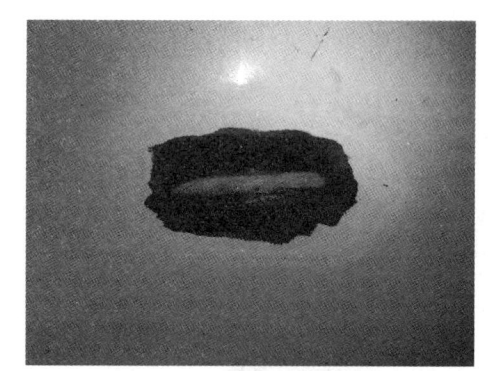

三、塑料件修复中的安全注意事项

(1)在进行修复操作时始终要佩戴防护眼镜和口罩。

(2)对塑料进行加热、打磨时,要注意防尘控制,最好使用吸尘式打磨装置。

(3)焊枪温度高,注意操作中皮肤不要碰到焊枪,轻拿轻放,也不要把焊枪放在地上或其他物品上面,容易烫坏,严重时会引起火灾。

(4)焊完后,应先把温度控制开关调到最低,等用吹出的冷风使焊枪冷却到可以触摸之后,再关闭电源开关。

(5)要经常检查并清理气路内滤网。若滤网堵塞,会引起焊枪过热。

(6)修复工作区域必须通风良好。

【任务检测】

一、填空题

1. 热轧钢板的厚度一般是_____mm。
2. 车身上使用高强度钢带来的好处有_____
_____。
3. 铝车身的优点有_____。
4. 汽车前挡风玻璃一般用_____玻璃。
5. 对高强度钢进行加热处理时,加热温度不能超过_____℃。

二、判断题

1. 对于薄金属板,防止焊接熔穿的方法是控制焊接接头附近的热量。（　　）
2. 车身上的防撞吸能区,在修复中尽量不要进行切割分离。（　　）
3. 对低碳钢进行焊接时,它的强度不会受到影响。（　　）
4. 铝材较软,强度比铁低一些,所以其能量吸收性能比钢铁小。（　　）
5. 车身结构性部件一般采用高强度钢制造。（　　）

三、选择题

1. 大多数整体式车身采用(　　)制成。
 A. 热轧钢板　　　　　　B. 冷轧钢板　　　　　　C. 高碳钢板
2. 车身上损坏的部件,不允许修复、只能更换的是(　　)。
 A. 翼子板　　　　　　　B. 前纵梁　　　　　　　C. 保险杠防撞杆
3. 整体式车身上由高强度钢或超高强度钢制造的部件有(　　)。
 A. 车门板　　　B. 挡泥板　　　C. 保险杠防撞横梁　　　D. 后纵梁
4. 对高强度钢加热会产生的问题有(　　)。
 A. 损坏镀锌层　　　　　　　B. 改变强度
 C. 钢板会变形　　　　　　　D. 形成氧化膜后钢板厚度降低
5. 适合高强度、低合金钢的焊接方式有(　　)。
 A. 气体保护焊　B. 电阻点焊　C. 氧乙炔焊　　　　　D. 电弧焊

【任务评价】

一、小组过程评价

序号	考核项目	分数	考核内容	配分	考核标准	得分
1	出勤、纪律	5分	出勤	2分	违规一次不得分	
			行为规范	3分	违规一次不得分	
2	安全、防护、环保	20分	着装	2分	违规一次不得分	
			个人防护	3分	违规一次不得分	
			"5S""EHS"	5分	违规一次不得分	
			设备使用安全	5分	违规一次不得分	
			操作安全	5分	违规一次不得分	
3	任务检测	20分	任务测验成绩	20分	测验成绩的20%	
4	技能考核	35分	技能测验成绩	35分	测验成绩的35%	
5	学习能力	10分	工单填写,工艺计划制订	4分	未做不得分	
			组内活动情况	4分	酌情扣分	
			资料查阅和收集	2分	未做不得分	
6	任务拓展	10分	知识拓展任务	2分	未做不得分	
			技能拓展任务	8分	未做不得分	
	总分	100分				

二、教师评价

序号	优点	存在问题	解决方案

教师签字:

三、个人小结

项目三　车身修复工艺

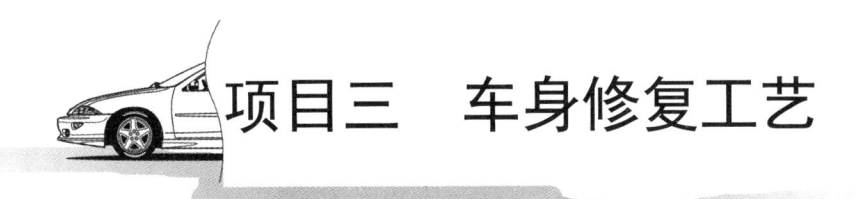

任务一　手动(含气动)修复损伤

【任务目标】

目标类型	目标要求
知识目标	(1)能讲述车身损伤修复手动(含气动)工具的种类 (2)能描述手动(含气动)工具的正确使用 (3)能叙述手动(含气动)工具修复损伤的方法
技能目标	(1)能正确使用手动(含气动)工具修复损伤 (2)能检查分析修复后的质量
情感目标	(1)重视安全、环保,养成安全文明的生产习惯 (2)养成对学习和工作进行总结的良好习惯,不断积累经验

【任务描述】

某车主早上开车上班时,不小心在小区拐弯处把翼子板蹭伤,到汽车修复厂进行修复。经分析损伤范围和程度为轻微级,用基本工具就能快速修复,请你熟练地使用钣金工具对此车的轻微凹陷进行快速修复。

【知识准备】

一、钣金锤

车身修复中使用多种规格和样式的钣金锤,分别用于粗加工、精加工以及特殊用途。粗加工把车身已经撞变形的部分重新敲平。精加工敲平粗加工后遗留的小凹坑,使表面平整。

(一)铁锤

铁锤是修复损坏钣金件所必需的工具,如图3-1-1所示,用来敲打损坏的金属板使其大致回到原形。

图3-1-1　铁锤

(二)冲击锤

维修大的凹陷需要使用冲击锤,如图3-1-2所示,冲击锤的锤面形状有圆的和方的,锤面的表面近似平的。这种锤的锤面大,打击力散布在较大的面积上,用于凹陷板面初始的校正,或加工内部板和加强部位的板件,这些操作需要较大的力量而不要求光洁的表面。

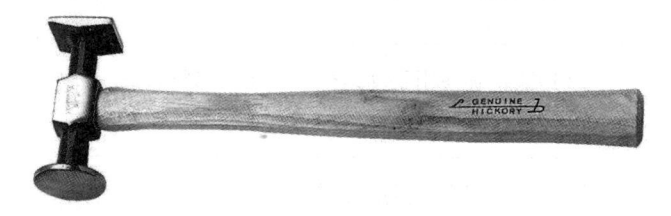

图3-1-2　冲击锤

(三)精修锤

在用冲击锤去除凹陷之后,用精修锤敲打以得到最后的外形。如图3-1-3所示,精修锤的锤面比冲击锤的锤面小,以便力量集中在高点或波峰的顶端。

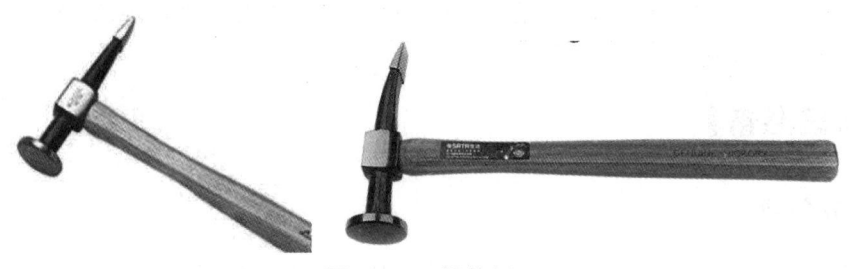

图3-1-3　精修锤

(四)收缩锤

收缩锤是锯齿面或交错缝槽面的精修锤,如图3-1-4所示,这种锤用来收缩那些被过度锤打而延伸的部位。

图3-1-4 收缩锤

(五)橡胶锤

用于柔和地锤击薄钢板,不会损坏金属表面和增加油漆的损伤。常用的橡胶锤如图3-1-5所示。

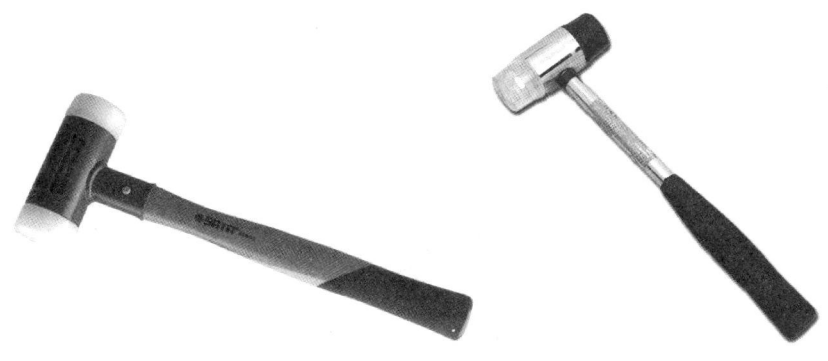

图3-1-5 橡胶锤

(六)球头锤

球头锤用于校正弯曲的基础结构,如图3-1-6所示,修平厚度较大的钢板部件和用于车身锤和顶铁作业之前粗成型的车身部件,一般球头锤的质量应在250~500 g之间。

图3-1-6 球头锤

(七)曲面轻击锤

曲面轻击锤的一侧锤头锤面隆起,另一侧锤头锤面为平面。如图3-1-7所示,用来粗加工校正或专门用来敲直和校正某些曲面凹陷,如挡泥板、车门板和后顶盖侧板等的凹陷。

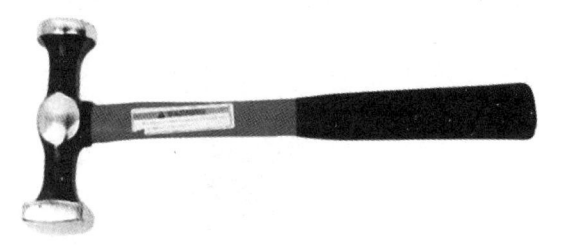

图3-1-7　曲面冲击锤

二、钣金锤的使用技能

(1)首先应根据被修整部位的变形情况及材质特点,选用不同的钣金锤作业。如对薄板件和有色金属工件,应选用铜锤、木锤或硬质橡胶锤进行锤击;对于维修钣金件小凹陷,可用精修锤,逐个轻微敲击以修平这些微小的凹陷。

(2)钣金锤的正确使用方法,如图3-1-8所示。用手轻松握住钣金锤手柄的端部(相当于手柄全长的1/4位置),拇指、食指实握,拇指用于控制锤柄向下运动的力度,依靠手腕的动作来挥动锤子,如图3-1-9所示,小指和无名指则应相对紧一些,使之形成一个支点,并利用钣金锤敲击零件时产生的回弹力沿一个圆形的运动轨迹来敲击,这样能更好地控制锤子。禁止像钉钉子那样让锤子沿直线轨迹运动,也不可用手臂或肩部的力量。

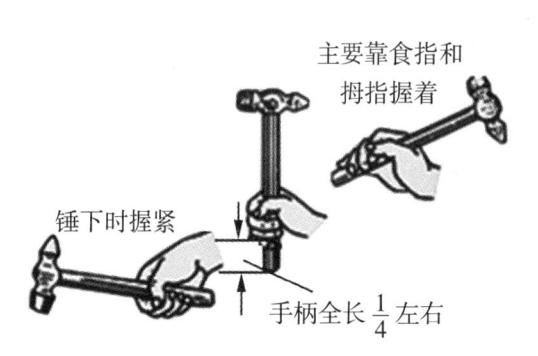

图3-1-8　手握方法　　　图3-1-9　敲击方法

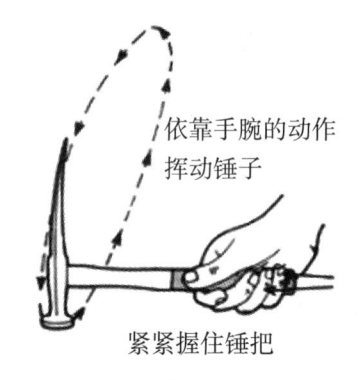

(3)由于很少的几次猛烈敲击对金属造成的延展比多次轻微敲击对金属造成的延展还要多,因此以100~120次/分的频率进行轻微敲击能够将延展变形控制在最小范围内。

(4)锤击作业质量的关键在于落点的选择,一般应遵循"先大后小、先强后弱"的原则,从变形较大处起按顺序敲打,并保证锤头以平面落在金属表面上,如图3-1-10所示。同时还要注意分析构件的结构强度,有序排列钣金锤的落点,锤击过程中应保证间隔均匀、排列有序,直至将车身覆盖件的表面损伤修平。

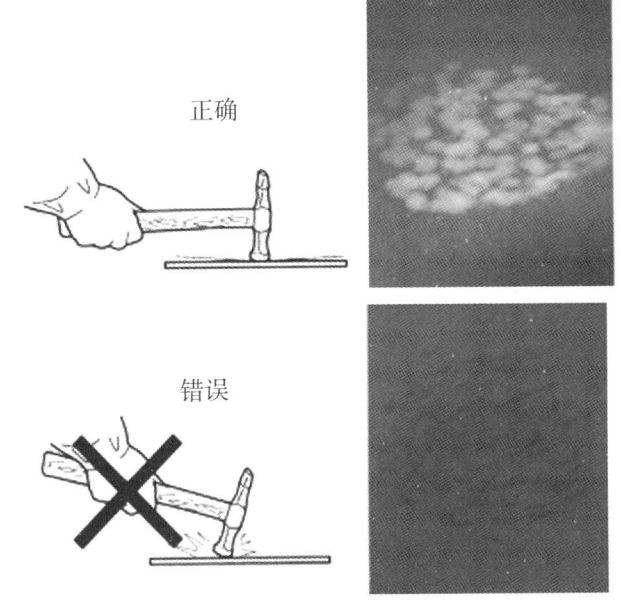

图 3-1-10 敲击记号

（5）大多数锤子端部有稍微凸起的曲面，所以锤子端部与金属的实际接触面积只有直径为 10～13 mm 的圆的范围。因此，应根据构件表面形状、金属板厚度以及变形的大小，来合理选择钣金锤的尺寸和锤顶曲面的隆起高度。一般平面或稍许曲面的钣金锤适合于修复平面或低幅度隆起表面；凹形或球形锤则适合修复内边曲面板；重锤则适用于粗加工或厚板构件的修复。

三、顶铁

顶铁是由高强度钢制成，用在粗加工和锤击加工中，可以用手握持打击金属板的背面，如图 3-1-11 所示。当从板件正面用锤敲击时，如图 3-1-12 所示，顶铁会产生一个反弹力，每次敲击后定位，通过锤和顶铁的配合工作使凸起的部位下降，使低凹的部位隆起。

图 3-1-11 手握顶铁 　　图 3-1-12 用锤敲击

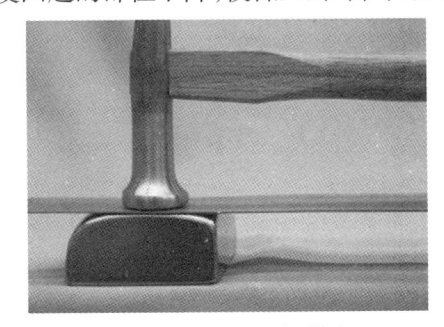

由于板件的结构和形状不同，如图 3-1-13 所示。为有效完成修复工作，需要采用各种形状的顶铁。每一种形状的顶铁只适用于某些特定形状的工作件。顶铁的工作面应保持光滑、干净，不要存在油污、涂料以及毛刺，否则会降低加工质量。

图3-1-13 常用的顶铁

四、钣金锤与顶铁的配合使用

用钣金锤、顶铁修复车身表面,是钣金作业最为流行的一种修平方法。凡是便于放入顶铁的部位,车身壁板表面发生的凹凸变形,均可用钣金锤、顶铁予以修整。

按顶铁与钣金锤的相对作用位置可以分为钣金锤偏对着顶铁敲击(偏托)和钣金锤正对着顶铁敲击(正托)两种操作方法。

(一)偏托法

偏托法也称为错位敲击法,如图3-1-14所示,是直接用顶铁抵住最大凹陷的最低处,用钣金锤敲击凹陷周围产生的隆起(压缩区)变形,从而使板件大范围的凹陷得到粗平的一种方法。

在使用偏托方法的过程中,用钣金锤、橡胶锤敲击板件凹陷周围产生的隆起变形时,应"深入浅出"地由最大凹凸变形处开始敲平。用偏托法修整平面,一般不会造成板件伸展,因为顶铁托起的是板件背面的凹陷处,而钣金锤击打的是板料正面的凸起部位。当局部凹凸变形被修平至一定程度时,就应使用"正托法"进一步敲平。

(二)正托法

正托法也称为对位敲击法,如图3-1-15所示,是顶铁直接置于金属板件的变形部位,用钣金锤在另一面直接在顶铁上轻轻敲击变形部位,使偏托法修复后留下的局部变形得到平整的修复方法。

图3-1-14 偏托敲击法　　图3-1-15 正托敲击法

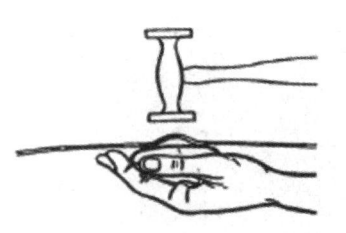

在正托的操作过程中钣金锤的敲击力通过钣金件作用在顶铁的工作面上,锤击力会使顶铁产生一定程度的回弹,每一次敲击操作都会使顶铁产生一次反弹,由此产生二次反弹,取决于托力、顶铁尺寸、顶铁表面形状和钣金件的结构与相对形状等。

正托法的目的在于使钣金件表面恢复到原有的平整形状,这种操作对于修复隆起和平整较小的凸起十分有效。操作时,将顶铁直接置于车身板件背面凸起部位,用钣金锤在板件上部直接锤击变形部位。

正托法敲平容易造成金属延展变形,当金属板在敲平过程中过分承受锤击时,受锤击部位的金属会变薄使面积增大,由于周围没有受到锤击区域的金属是固定的,由此限制了变形区域金属向四周的伸展,膨胀金属只能离开水平位置而向上或向下隆起,这是钣金操作中应尽量抑制的变形,必要时还要通过收缩锤进行处理。

五、其他钣金工具

(一)划针

用来在金属板上划出要切割、钻孔、焊接点等标记,常与钢直尺、直角尺或划线样板等导向工具一起使用,如图3-1-16所示。

图3-1-16 划针

(二)样冲

常用样冲在钻孔中心处冲出小凹坑,为钻头定位,防止钻孔中心滑移,如图3-1-17所示。

图3-1-17 样冲

(三)錾子

用于分离连接两块钢板的焊点和密封胶,如图3-1-18所示。

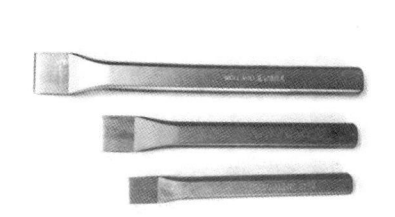

(a)普通型錾子　　(b)可互换性组合护手錾子

图3-1-18 錾子

(四)大力钳

主要用于夹持板件进行铆接、焊接、磨削等加工,其特点是钳口可以锁紧并产生很大的夹紧力,使被夹紧零件不会松脱,而且钳口有很多挡调节位置,可夹紧不同厚度的板件。常用的大力钳如图 3-1-19 所示。

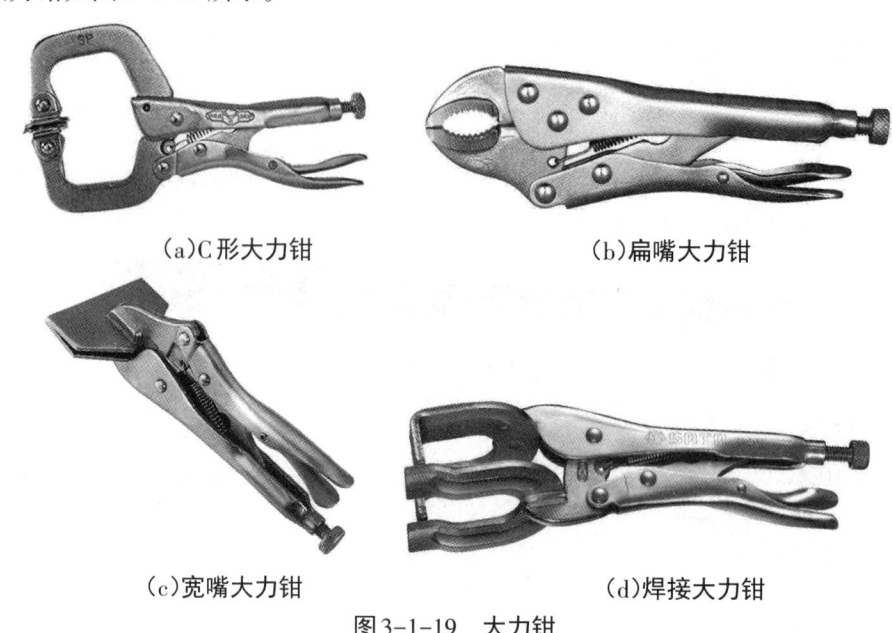

(a)C 形大力钳

(b)扁嘴大力钳

(c)宽嘴大力钳

(d)焊接大力钳

图 3-1-19　大力钳

(五)工作平台

工作平台是钣金操作的基础件,如图 3-1-20 所示。主要用于板料画线、下料、敲平及校正工作。台面高度为 650～700 mm。材料多为铸铁,背面有加强肋。

(六)撬棒

用于进入有限的空间,撬起凹点,具有不同的长度和形状,如图 3-1-21 所示,可到达一般手动工具无法接触的特殊凹陷部位,撬棒还可以作为免喷漆小凹陷的修复工具。

图 3-1-20　工作平台

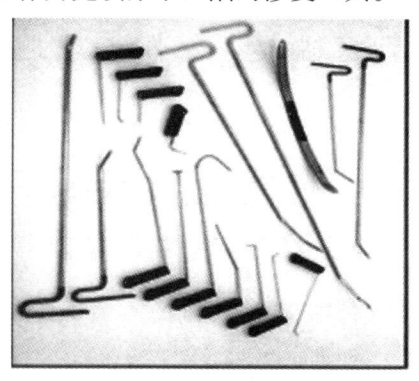

图 3-1-21　撬棒

(七)车身锉刀

车身锉刀,如图3-1-22所示,用于修整钣金锤、顶铁等钣金工具作业留下来的凹凸不平的痕迹,车身锉刀只与凸起金属材料接触,适用于对加工后较粗糙的表面进行光洁处理,还可以利用车身锉刀来检验板件平面修复是否平整。

在撞伤板件已经被粗加工后,可以轻轻地使用车身锉刀,目的不是锉掉金属,而是通过锉痕找出不平处的位置,显露出板件上需要加工或敲击的小的凹凸点,如图3-1-23所示,以便再用钣金锤和顶铁来修复使其平整。经车身锉刀加工后,再进行砂轮的最终打磨,就可以完成金属精加工的全部工作。

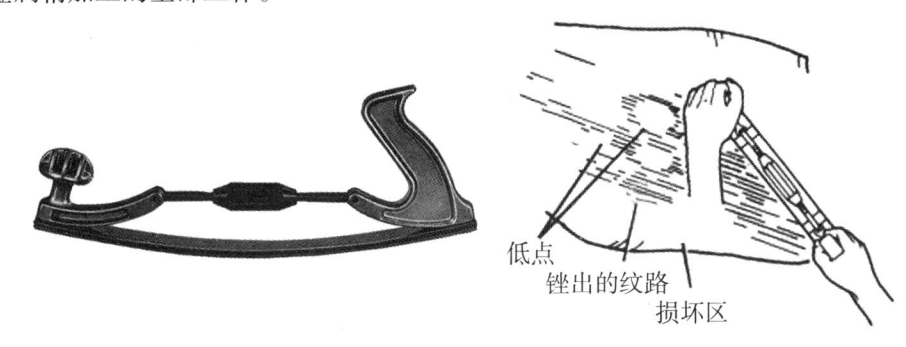

图3-1-22 车身锉刀

图3-1-23 显示出不平处

六、钣金修复动力工具

虽然电动钻、电动研磨机、电动砂轮机等工具在车身修复车间使用,但气动工具的使用更为普遍。气动工具与电动工具相比有三大优点:灵活、质量轻、安全。在车身修复车间气动工具可降低火灾危险、操作更方便、维护成本低。

在汽车修复过程中,常用的气动工具有吹尘枪、气动盘式打磨机、气动砂带式打磨机等。

(一)吹尘枪

吹尘枪主要用于维修时的除尘工作,如图3-1-24所示。最适合使用在一些手接触不到的、比较狭窄处的清洁工作。气动吹尘枪是利用空气放大的原理,有效地减少压缩空气的消耗量,从而产生强大和精确的气流,并带动周围空气一起工作。

图3-1-24 吹尘枪

吹尘枪使用注意事项:保持吹尘枪的干净,无油和积灰;定期对吹尘枪进行清洁工作,防止大量其他物体积淀在吹尘枪的零部件上面;不能在含有易燃性气体和大量粉尘的环境中使用;使用时气孔不能正对人的面部等。

(二)气动盘式打磨机

气动盘式打磨机一般用于金属磨削和泥子层的打磨等工作,如图3-1-25所示。适合各种角度操作,体积小,转速高,研磨效率高,噪声低,震动小,具有强力的吸尘效果,长时间使用不疲劳。

1.使用气动盘式打磨机操作程序

(1)开机前确认。确认打磨机的构件都正确地连接和安装,并检查气管有无破损。检查打磨片是否上紧。用手拨动打磨片观察转动是否平顺,是否安装在中心。

(2)使用人员的安全防护。穿工作服,佩戴护目镜,佩戴手套,佩戴口罩,佩戴耳塞。

(3)开机。接通空气压缩机压缩空气,打开空气开关,确保转动平顺无明显晃动。

(4)使用中的注意事项。使用时手一定要紧握气动盘式打磨机。打磨的方向应顺应气动盘式打磨机的运转方向即由左向右。

(5)关机。关闭气动盘式打磨机,待打磨片停止转动后方可放下。

(6)使用后须清理干净。

(7)定期检查与维护。

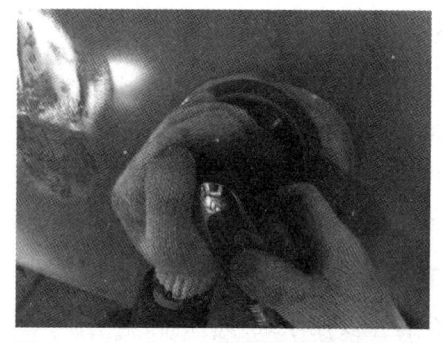

图3-1-25 气动盘式打磨机　　图3-1-26 气动盘式打磨机使用方法

2.气动盘式打磨机的使用方法

(1)使用时,先把打磨片在打磨盘上粘贴固定好,右手握稳气动盘式打磨机开关把柄,拇指控制开关,左手握紧气动盘式打磨机上部圆形头,如图3-1-26所示。

(2)把气动盘式打磨机移至打磨处,要使打磨片与修复面紧密贴合,然后左手用适当力压紧,作用力主要产生在气动盘式打磨机打磨盘外沿上。

(3)按下开关,使气动盘式打磨机在需要打磨区域内移动。打磨片要在与打磨面贴合状态下转动。

(4)打磨完毕后,先放开开关,气动盘式打磨机完全停止转动,然后使气动盘式打磨机与打磨面脱离开。

(三)气动砂带式打磨机

气动砂带式打磨机主要用于狭小、复杂、难进入研磨部位的研磨,如图3-1-27所示。在车身板件修复研磨工作应用比较广泛。

图 3-1-27 气动砂带式打磨机的使用

砂带的更换步骤,如图 3-1-28 所示。

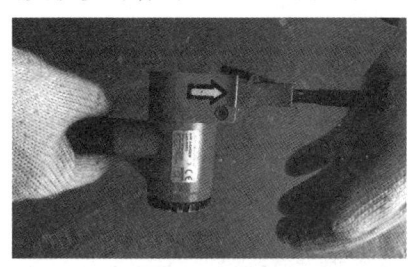

(a)向后挤压打磨头 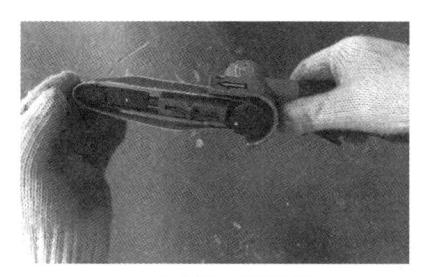　　(b)松下旧砂带

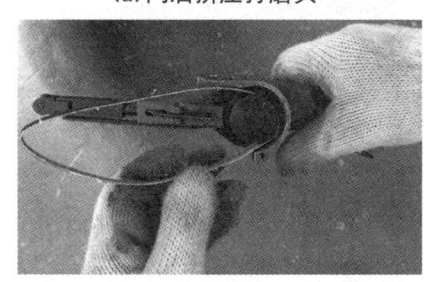

(c)换上新砂带 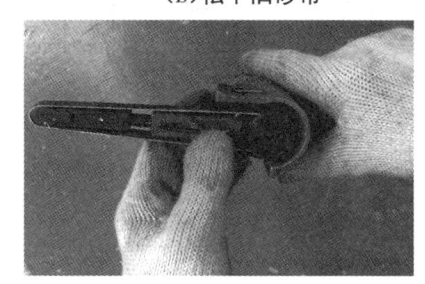　　(d)压下打磨头

图 3-1-28 砂带的更换

【任务实施】

一、任务要求

(1)顶铁种类较多。使用时,应根据钢板的弧度、损伤位置等情况合理选择。
(2)正式敲击前,可通过感观印象判断顶铁位置。
(3)错位敲击时,应使用顶铁顶住损伤内侧低点,并向外推出,敲击高点部位。
(4)正位敲击时,钣金锤与顶铁应完全重合。

二、任务准备

翼子板、翼子板支架、做伤器、钣金锤与顶铁组套工具、防护用品。

三、任务步骤

1.连接做伤器 提示:应选择合适的做伤器附件。为了方便做实验,将板件分为了几个区域。	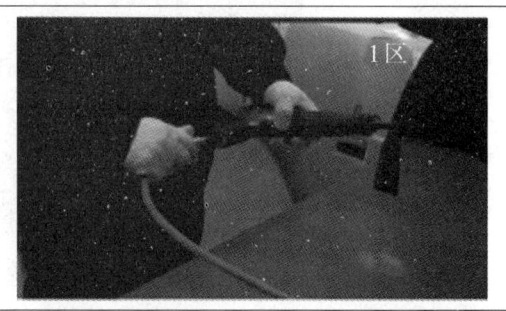
2.制作损伤 提示:操作做伤器时应呈垂直角度,并穿戴好相应防护用品。	
3.损伤程度及范围 提示:深度约为5 mm,直接损伤长度约8 mm。	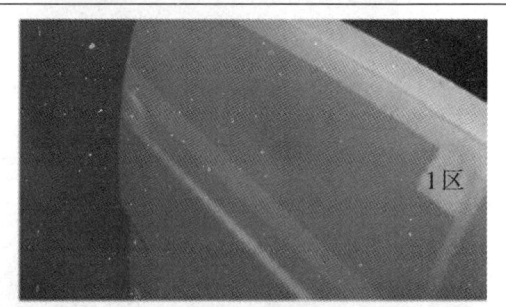
4.选择尖头锤,检查是否正常 提示:(1)检查锤柄是否有毛刺、开裂现象及油污等。如果有上述现象,应进行相应处理。 (2)检查锤面是否平整,边缘是否有缺口、卷边等。如果有,应进行修理或更换。 (3)检查锤头是否松动。如果松动,应进行修理或更换。	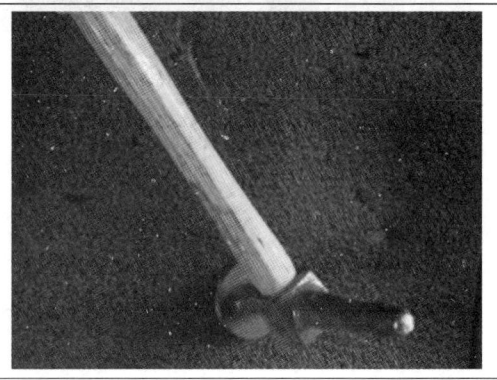

5.检查顶铁是否正常 提示:(1)表面是否平整,如果不平整,应修理或者更换。 (2)棱角是否损坏。如果损坏,应更换或进行修理。	
6.操作时,应使用顶铁圆弧面进行操作 提示:顶铁端面选择错误可能会加重钢板损伤。	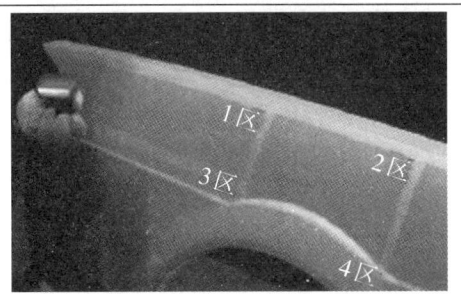
7.顶铁顶住损伤内侧,并向外施加推力 提示:推力的大小将直接影响到损伤恢复效果。	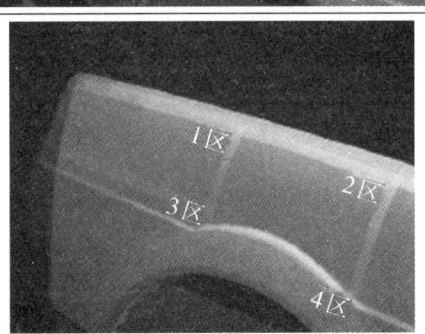
8.使用尖头锤敲击,通过感观印象判断顶铁位置 提示:(1)钣金锤与顶铁重合时,敲击声音较为清脆,握持顶铁的手有麻的感觉。 (2)反之,敲击声音发闷,握持顶铁的手几乎没有麻的感觉。	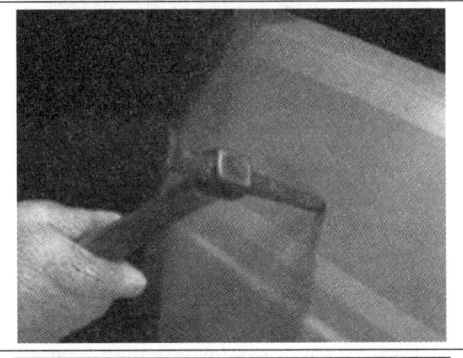
9.将顶铁用力向外侧推出 提示:在推力的作用下,凹陷的上下部位将高于原表面。	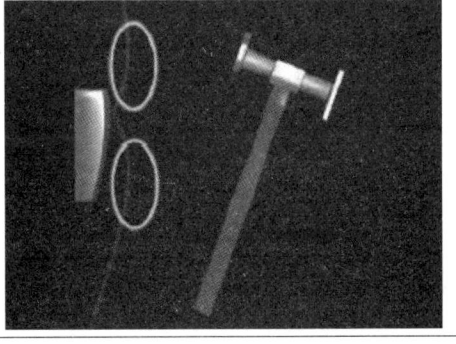

10.采取错位敲击方法,大致修平损伤 提示:敲击时,应注意观察损伤的恢复情况。	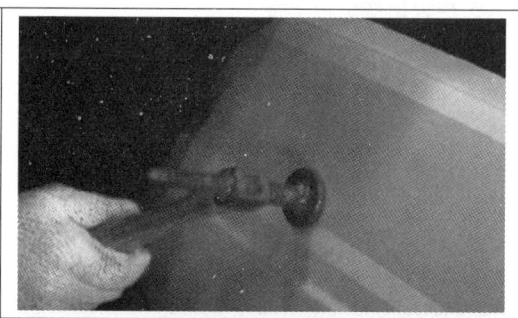
11.错位敲击,即顶铁顶住低点,敲击周围的高点 提示:错位敲击方法,主要用于修平损伤。在作用力与反作用力的影响下,损伤将大致恢复。	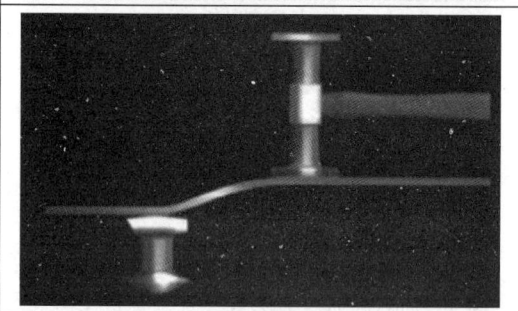
12.采取正位敲击方式,进行精修 提示:精修时,应适当控制敲击力度,以免钢板过度延展。	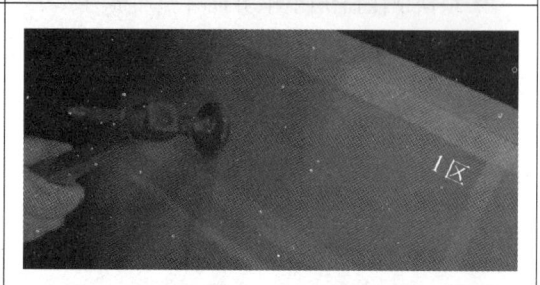
13.正位敲击,即钣金锤与顶铁重合的敲击方式 提示:正位敲击方法,适合于对轻微的凹凸部位进行精细修整。敲击时,将会造成钢板延展。	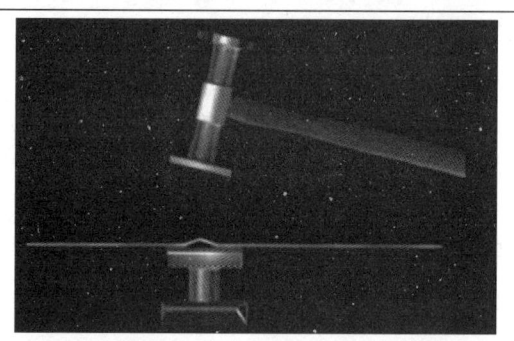
14.通过错位和正位敲击方式相配合,将损伤修平 提示:修复过程中,可根据敲击时的声音检验敲击方式是否正确。	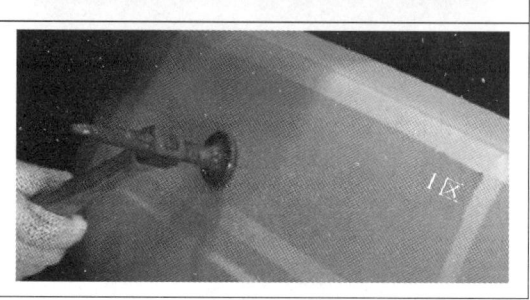

【任务拓展】

车身线条的敲击方法

步骤	图示
1. 标记做伤位置 提示：用钢直尺和记号笔画出做伤位置。	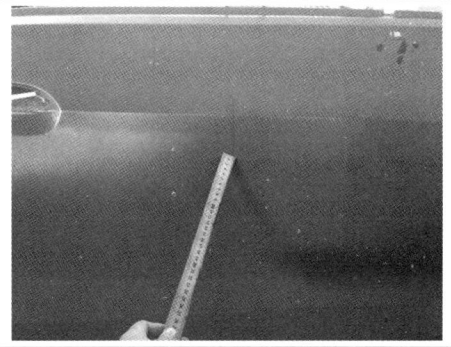
2. 用门板损伤压模架做损伤 提示：操作时将门板做伤位置对准压模架凸起部位，用千斤顶冲压，同时观察损伤程度。	
3. 损伤程度及范围 提示：条形凹陷为纵向，凹陷损伤穿过车身线。损伤长度由两部分组成共 100 mm，车身线上部为 30 mm，车身线下部为 70 mm；损伤宽度为 40 mm；损伤深度为 11 mm。	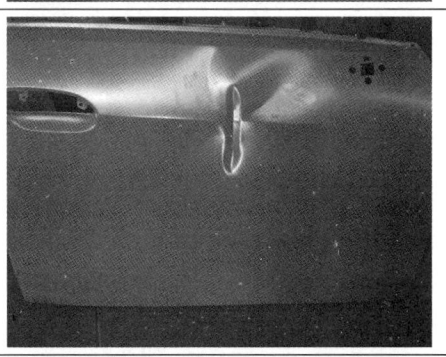
4. 用记号笔标出损伤范围和修复范围 提示：长轴 240 mm，短轴 160 mm。	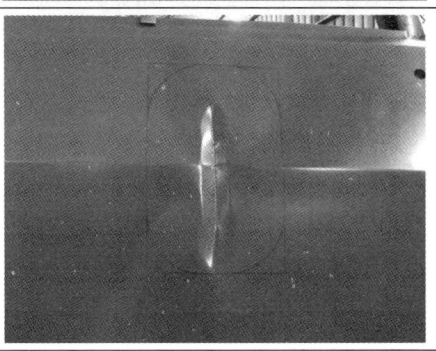

5.用顶铁顶住门板背面凸起最高部位 提示：使用较平整的顶铁施加一定压力向外推。	
6.用钣金锤敲击门板凹槽的两边 提示：敲击时应和顶铁配合，用偏托的方式，敲击后使凹槽部位恢复到接近平整的形状。	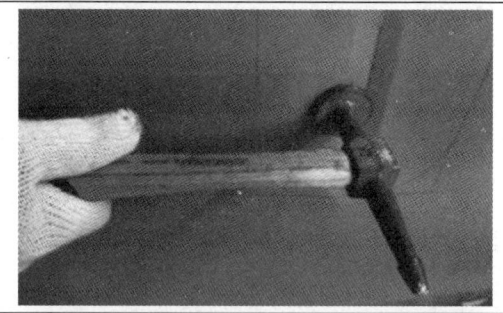
7.敲击门板线条 提示：使用顶铁的棱角顶住门板线条，位置一定要准确，并向外推，施加一定压力。	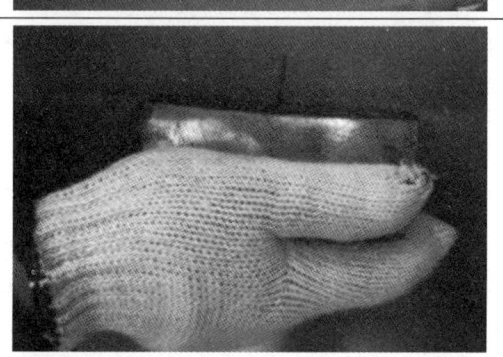
8.用钣金锤敲击门板线条上下两侧面 提示：敲击时应和顶铁配合，使用偏托和正托的方式，敲击后，使损伤部位的线条恢复到原来形状。	
9.车身线应与专用卡尺吻合 提示：修复后高度低于原表面，差值≤1 mm，不得高于原表面。	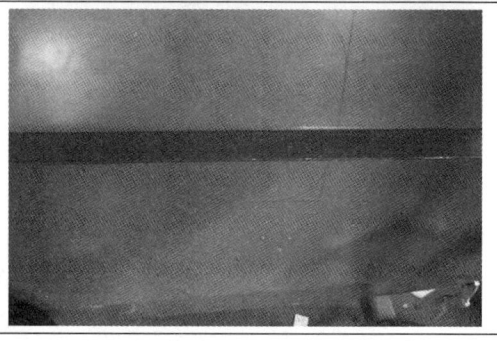

【任务检测】

一、填空题

1. 钣金锤的种类有_____
_____。
2. 用钣金锤敲击时,发力部位是_____。
3. 根据顶铁与钣金锤的相对作用位置可以分为_____和
_____两种操作方法。
4. 样冲的作用是_____。
5. 气动工具与电动工具相比的优点是_____。

二、判断题

1. 修复凹陷时,应该从内部开始向外压平,直到边缘。　　　　　　(　　)
2. 错位敲击,是顶铁顶住低点,敲击周围的高点。　　　　　　　　(　　)
3. 使用顶铁时,顶铁的表面应和加工金属表面相配合。　　　　　　(　　)
4. 金属收缩时,采用铁锤在顶铁上敲击的方法。　　　　　　　　　(　　)
5. 正位敲击方法,适合于对轻微的凸凹部位进行精细修整。　　　　(　　)

三、选择题

1. 板件变形后,弯曲部位的强度(　　)。
 A. 增强　　　　　　　　B. 不变　　　　　　　　C. 下降
2. 有一个拱起的损伤,正确修复方法是(　　)。
 A. 先从最低点进行修复　　B. 先从最高点进行修复　　C. 先从中间进行修复
3. 对钢板产生拉伸的操作是(　　)。
 A. 铁锤不在顶铁上轻敲　　B. 铁锤不在顶铁上重敲　　C. 铁锤在顶铁上重敲
4. 板件维修防止受到延展,可以使用的工具和方法有(　　)。
 A. 偏托敲击　　　　B. 收缩锤　　　　C. 正托敲击　　　　D. 橡胶锤
5. 下面叙述正确的有(　　)。
 A. 平坦锤面的铁锤适用于平坦的或低拱起的金属表面
 B. 精修锤用于精整修复
 C. 锤子的平面应该与金属板的平面一致
 D. 精整修复时敲击的要领是快速轻敲

【任务评价】

一、小组过程评价

序号	考核项目	分数	考核内容	配分	考核标准	得分
1	出勤、纪律	5分	出勤	2分	违规一次不得分	
			行为规范	3分	违规一次不得分	
2	安全、防护、环保	20分	着装	2分	违规一次不得分	
			个人防护	3分	违规一次不得分	
			"5S""EHS"	5分	违规一次不得分	
			设备使用安全	5分	违规一次不得分	
			操作安全	5分	违规一次不得分	
3	任务检测	20分	任务测验成绩	20分	测验成绩的20%	
4	技能考核	35分	技能测验成绩	35分	测验成绩的35%	
5	学习能力	10分	工单填写,工艺计划制订	4分	未做不得分	
			组内活动情况	4分	酌情扣分	
			资料查阅和收集	2分	未做不得分	
6	任务拓展	10分	知识拓展任务	2分	未做不得分	
			技能拓展任务	8分	未做不得分	
	总分	100分				

二、教师评价

序号	优点	存在问题	解决方案

教师签字:

三、个人小结

任务二　设备修复损伤

【任务目标】

目标类型	目标要求
知识目标	(1)能讲述车身覆盖件损伤的类型 (2)能描述板件损伤修复的程序和方法 (3)能叙述板件修复后的质量要求
技能目标	(1)能用钣金锤修复板件变形 (2)能使用外形修复机修复板件变形 (3)能对延展板件进行收缩
情感目标	(1)重视安全、环保,养成安全文明的生产习惯 (2)养成对学习和工作进行总结的良好习惯,不断积累经验

【任务描述】

某车主在春节放假当天回家,高速路上车流量太大造成堵车,这位车主在高速路匝道与另一辆并道车发生擦挂,造成车门凹陷变形。春节后到"4S"店进行修复。请你熟练地使用钣金维修工具对此车门进行凹陷修复。

【知识准备】

一、钢板损坏的类型

车身板件修复的第一步,就是对受到损坏的部位进行损坏分析,修复人员必须能够识别损坏板件的变形状态,金属板上的损坏一般分为两种,即直接损坏和间接损坏,如图 3-2-1 所示。

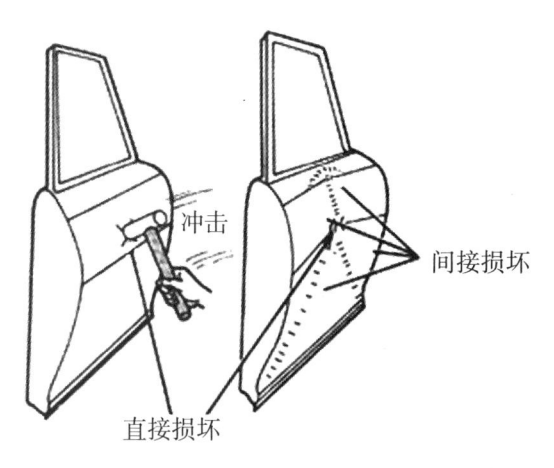

图 3-2-1　直接损坏和间接损坏

(一)直接损坏

直接损坏是指碰撞的物体与金属板直接接触而造成的损坏,也就是碰撞点部位的损坏,直接损坏通常以断裂、擦伤或划痕的形式出现,用眼睛即可看到。所有的损坏中,直接损坏通常只占10%~15%。

(二)间接损坏

碰撞除产生直接损坏外还产生间接损坏,也就是说间接损坏是由直接损坏引起的,在实际中间接损坏占所有类型损坏的绝大多数(80%~90%)。所有非直接损坏都认为是间接损坏。

(三)拉伸区和压缩区

各种金属板件拱起程度不同,拱形高的为"高拱形",接近平坦的金属板称为"低拱形"。当低拱形金属板受损时,金属板被拉入损坏的中心部位。这个拉力使金属板低于它原来的高度。低于原来高度的损害区称为拉伸区,金属板上任何超出原来高度的损害区域都称为压缩区,如图3-2-2所示。

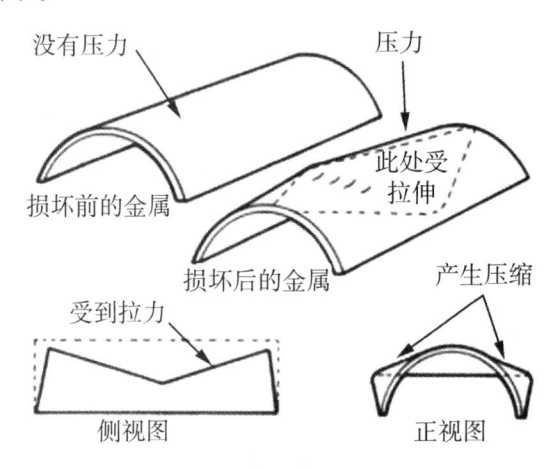

图3-2-2 拉伸区和压缩区

判断金属板件产生的变化,应考虑金属板件在受损前压缩或拉伸的状况。在校正时,先要确定受损部位受到的是拉伸还是压缩,然后才可确定修复的方法和使用的工具。不能用锤子敲打拉伸区,也不能用顶铁敲打压缩区的内侧,要根据压力的方向来解决需要施加的力。

二、板件凹陷修复程序

车身板件产生损伤后进行修复,首先找到损坏的方向,通过目测检查就可以找出损坏方向。

变形总是从最先发生接触的位置向外传播。当有两到三个部位出现这种折损时,如图3-2-3所示。情况更加简单,它们汇聚到的那一点就是最初的碰撞点。

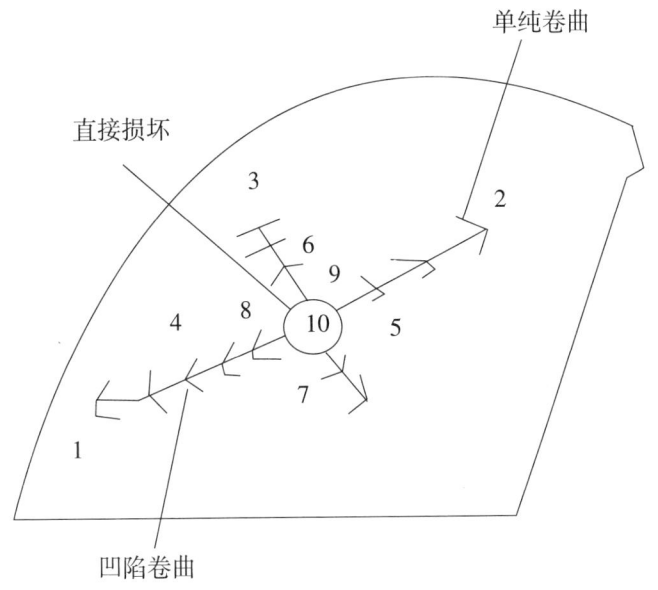

图 3-2-3　凹陷修复过程

在修复时,基本的原则是最后的损伤要最先修复,最先的损伤要最后修复,损坏部位离直接损坏点最远的位置1要最先进行修复,然后修复离直接损坏点最远的位置2,最后修复直接损伤部位10,以此类推把损伤全部修复好。

三、汽车金属覆盖件修复工艺

金属板件在碰撞中严重受损时,厚度变薄,表面积变大,在折皱处会受到拉伸。使表面形状高于原来金属板的表面形状,在修复时需要对这些变形进行收缩处理,让超出原来高度的金属板恢复到原来的形状和厚度。

(一)免喷漆修复法

如果金属板件的损伤较小,可以使用不损伤漆面的修复方法,不但可以节省大量的时间和劳动,而且还可以避免重新喷漆带来的配色问题。

一般常用的方法有气动钣金牵引器、溶胶拉拔器和微钣金修复三种方法。

1.气动钣金牵引器修复

修复原理是运用压缩空气将气动钣金牵引的吸盘吸附在被修的板件上,运用外力将弹性变形区域恢复原形。

橡胶吸盘的下端面贴紧在外层蒙皮后,如图3-2-4所示。按下扳柄,利用螺钉盘将橡胶吸盘提起,在吸盘和外层蒙皮之间形成的真空便可将吸盘与外层蒙皮紧紧吸附在一起。吸引法仅适用修复呈弹性变形面积较大的凹陷损伤。

图 3-2-4　橡胶吸盘修复凹陷

2.溶胶拉拔器修复

(1)检查损伤。

当我们在做凹陷修复的时候,首先是要借助灯光找出凹陷的点,如图 3-2-5 所示。先将灯管放在待修板件的上方或侧面,让灯管与待修板件呈垂直状态。

(2)清洁车身板件。

清洁车身损伤表面和装备工具,清洁后不要再次污染板件表面,保证黏结剂能够很好地进行黏合。

(3)标记损伤。

使用记号笔在需要拉拔的碰撞点做标记。

(4)加热溶胶。

接通黏结剂枪的电源,将溶胶胶棒插到枪里等 4~5 分钟,胶棒加热变成液体状后才能使用,如图 3-2-6 所示。

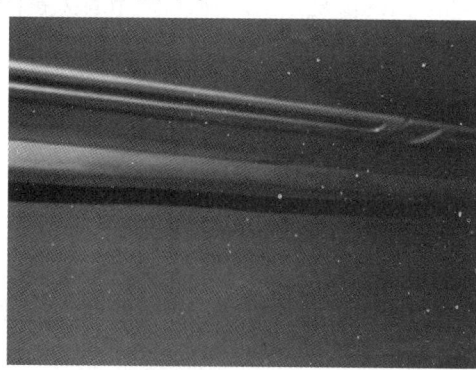

图 3-2-5　损伤部位　　　　图 3-2-6　胶枪

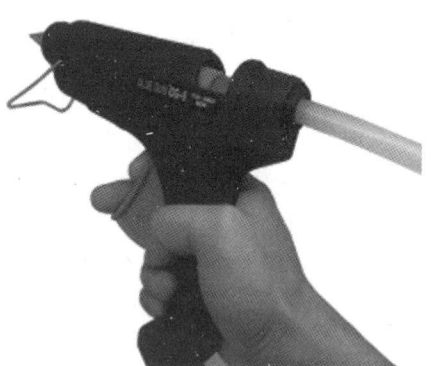

(5)粘接拉拔器头。

选择接头的直径和形状要和损伤的凹陷直径相符。把热溶胶涂到接头圆弧表面,如图 3-2-7 所示。将接头放到碰撞点,黏结剂只要能填平凹陷部位就行,不能太多。不能用太大的力量按下接头,否则粘接不牢。

(6)拉拔修复凹陷。

等接头上的溶胶冷却后就可以对凹陷进行拉拔修复,将拉拔器和拉拔接头连接,用垂直于板件的力量进行拉拔修复,如图3-2-8所示。

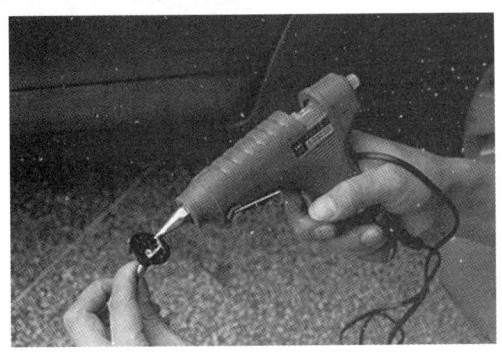

图3-2-7　涂溶胶　　　　　　　　图3-2-8　拉拔修复

(7)去除粘胶。

拉拔完成后,使用同样的稀释剂取下接头。在接头周围滴几滴稀释剂,如图3-2-9所示。使用塑料刮刀的边缘取下黏结剂,然后对修复表面进行抛光处理,最后检查修复情况,如图3-2-10所示。

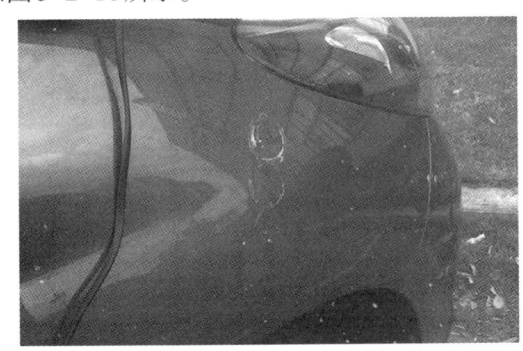

图3-2-9　滴稀释剂　　　　　　　图3-2-10　最终检验

3.微钣金修复

除了使用黏结的方法外,还可以使用微钣金工具来修复,常用的工具有撬镐,如图3-2-11所示。操作步骤如下:

(1)检查损伤。

用笔在车身外部板件微小凹痕做出标记。

(2)修复。

选好合适的工具,把微钣金工具(撬镐)伸入板件凹陷背面,如图3-2-12所示,进行轻柔顶压。在操作时用力要均匀,不要一次用力太大,防止产生大的变形,使修复失败。

图3-2-11　撬镐工具　　　　　　图3-2-12　修复凹陷

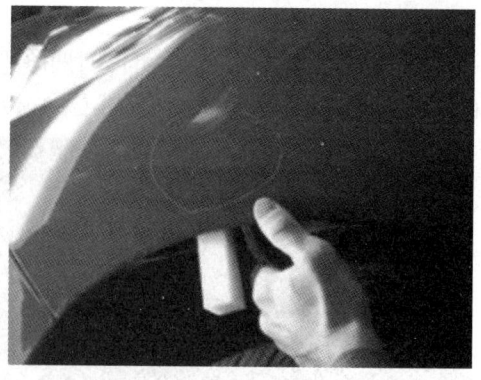

（3）清洁抛光。

当修复好凹陷部位的油漆表面有细微的磨损时,可用研磨膏进行研磨抛光。最终修复到与原先外观没有区别的效果。

（二）钣金手工工具修复方法

损伤板件上的凹陷较浅时,可以利用钣金锤和顶铁,使它按其形成的相反顺序修平到原来形状。板件上的金属被往里推挤的过程中,在撞击点两侧逐渐形成凹槽,这个凹槽通常在撞击点附近最深,并在凹痕的周围形成凸起,如图3-2-13所示。

修平时,把顶铁紧贴在凹槽外缘的下面,然后用平面锤以轻度到中度的力量在凸起部位外端最靠近顶铁的地方敲击。钣金锤的敲击迫使凸起部位的端部逐渐降低,而压住顶铁的压力使凹槽端部鼓起,如图3-2-14所示。

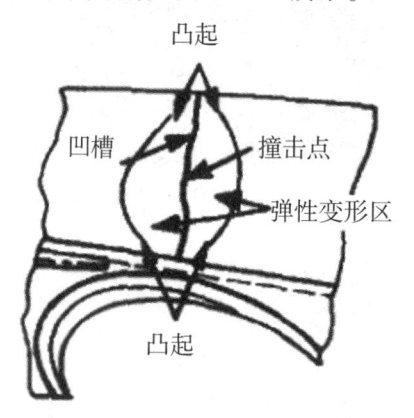

图3-2-13　板件凹陷、凸起变形　　　　　　图3-2-14　钣金锤修平

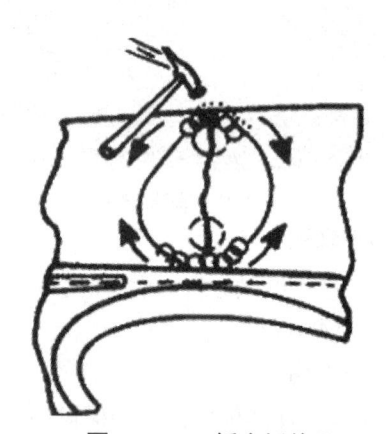

顶铁错位敲击法的具体操作是慢慢向弯曲变形最大的凹槽中部和凸起中部进行,如图3-2-15所示。由于凹槽和凸起处压力在逐渐消除,周围板件变形的部位也趋于恢复到原来的位置。顶铁也可作为敲击工具来使凹陷恢复原状。

当凹槽被敲起来时,如果顶铁不移动,则凹槽和凸起部位仍会存在过多的应力。为了消除这些应力,顶铁敲打工作必须做得更多,如图3-2-16所示。

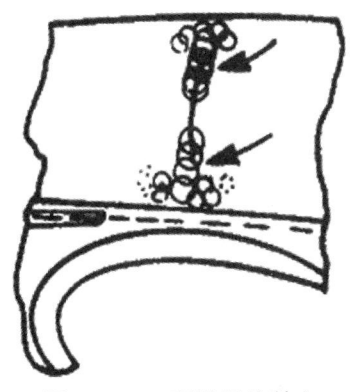

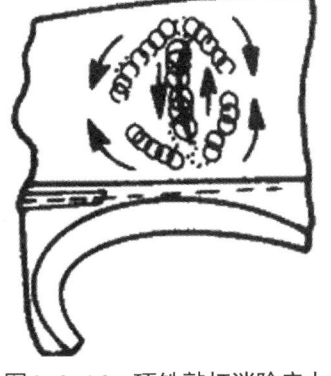

图 3-2-15　顶铁错位敲击　　　　图 3-2-16　顶铁敲打消除应力

损伤部位大致恢复到原来的形状后,应采用正托敲击法进行修光和修平,如图 3-2-17 所示,然后做最终修整和填料处理。

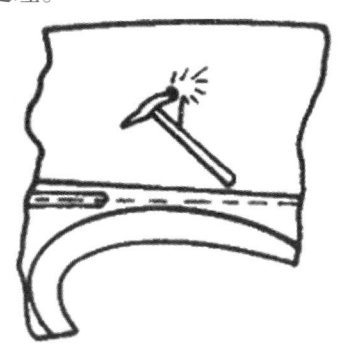

图 3-2-17　正托敲击修光、修平

(三)外形修复机修复法

当车身钣金上不容易使用手工工具进行操作时,可用具有电流调节性能的外形修复机,它可以很轻松地把板件上的凹陷拉出来。外形修复机可以对焊接垫圈、焊钉、螺柱、星型焊片等进行拉伸操作,还可以使用铜触头和碳棒进行收火操作,如图 3-2-18 所示。

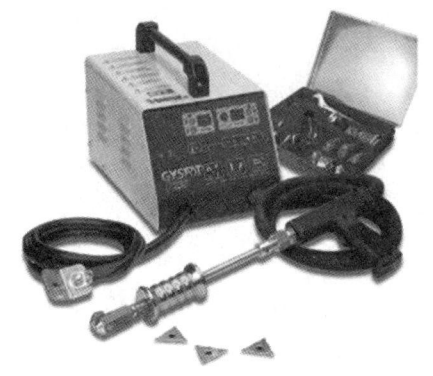

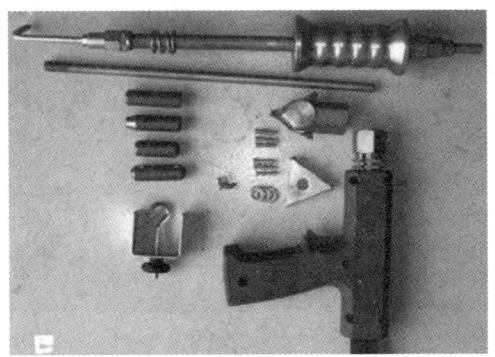

图 3-2-18　外形修复机

外形修复机使用步骤如下。
(1)用主机的转换开关选择所需要的作业模式。
(2)把搭铁线连接到离损伤部位比较近的地方,用搭铁夹钳夹住金属板件。
(3)打磨需要焊接垫圈的损伤部位。

(4)把垫圈安装到焊枪上,用垫圈抵住金属板件,力度要适中,否则会焊接不牢或爆出火花。按下焊枪开关,通电后垫圈焊接在金属板件上,如图3-2-19所示。

(5)使用拉出器对金属板件凹陷进行拉伸修复。

(6)拉伸修复操作完成后,在盘式打磨机上安装打磨砂纸,轻轻对金属板件进行打磨,把焊接印记打磨掉。

(7)最后对金属板上去除涂层的部分进行防腐蚀处理,确保在所有焊接背面和烧蚀痕迹上涂有防锈剂,如图3-2-20所示。

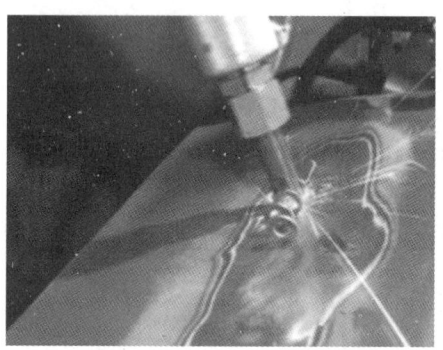

图3-2-19　焊接垫圈　　　　图3-2-20　防腐蚀处理

(四)快速维修组合工具整体拉伸法

用介子机在板件凹陷处焊接整排介子,用快速维修组合工具整体拉伸,达到修复的目的。这种方法适用于车身线条或变形面积较大的区域,可提高维修效率,如图3-2-21所示。

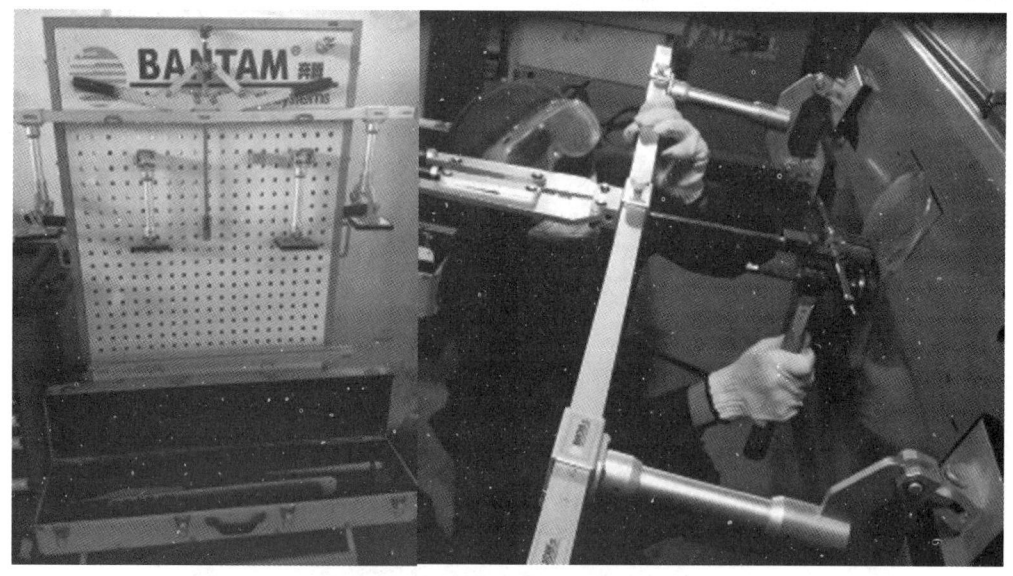

图3-2-21　快速组合工具修复

四、金属板件的收缩

对板件进行校正后,板件有延展的现象,这就要对板件进行收缩。在进行金属收缩操作以前,尽量将损坏部位校正到与原来的形状相近,准确判断出损坏部位的金属是否受到拉伸,如果存在拉伸,就应进行收缩。收缩方法有冷收缩法、加热收缩法和外形修复机热收缩法。

(一)冷收缩法

1.敲击收缩法

使收缩锤不在顶铁上敲击,敲击时收缩锤要快速轻敲,沿着拱形表面的最低点开始敲击,逐步朝着拱形的最高点进行,要保证每次敲击的都是拱形的最低位置。

用收缩锤(内侧选平面顶铁)或收缩顶铁(外侧选平面锤)对板件锤击的过程中,收缩锤或收缩顶铁端面上的花纹,如图3-2-22所示,能使被锤击的金属随之发生微小的多面变形。这种因敲击再次发生的微小变形,将板件表面拉紧、收缩,中间隆起也随之消除。

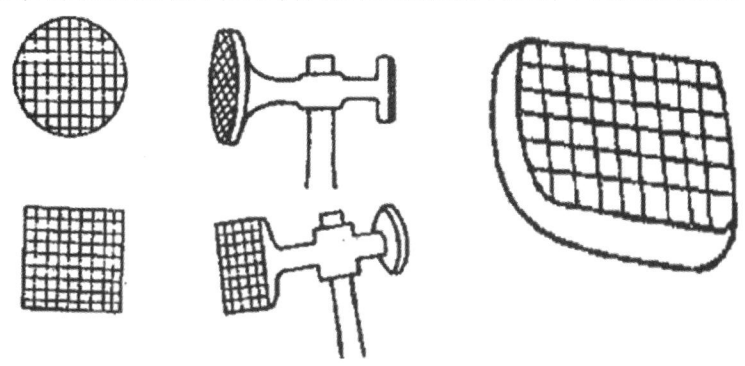

图3-2-22 收缩锤和收缩顶铁及其端面

应用敲击收缩法进行收缩时,要十分注意板件的形态变化,要有针对性地调整敲击点的位置、范围、力度、疏密等,当接近完成时,一般还要做一次精平。

2.起皱收缩法

起皱收缩法是拉伸变形的一种方法,它并不使金属发生加热收缩变形,而是用手锤和顶铁在拉伸变形部位做出一些皱来,如图3-2-23所示。操作时使顶铁错位,用鹤嘴锤轻轻敲击而使拉伸部位起皱。起皱的地方会比其他部位略低。用填料填满后,再用锉刀和砂纸将这一部分打磨得和板的其他部分齐平。

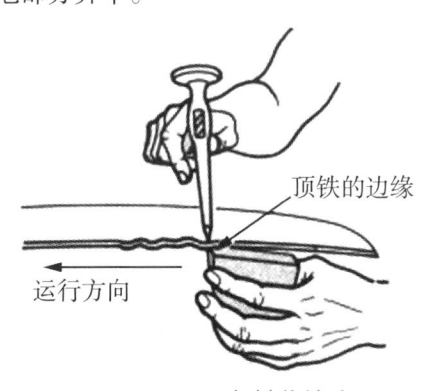

图3-2-23 起皱收缩法

(二)加热收缩法

对板件凹陷处局部快速加热,如图3-2-24所示。温度升高过程中钢板以加热点为中心向周围膨胀,对周边产生应力。当温度继续上升,钢板局部烧红变软,解除了中心区的压力,使周围钢板恢复变形。烧红区域被压缩而变厚,周围钢板可以自由变形伸展恢复形状。对于局部加热点,可以突然进行喷水或用湿布贴覆,使加热部位突然冷却,钢板立即收缩,中心部位产生对周边的载荷,强力将周边向中心拉伸,与变形过程中产生的压缩载荷相抵消,恢复原来形状。

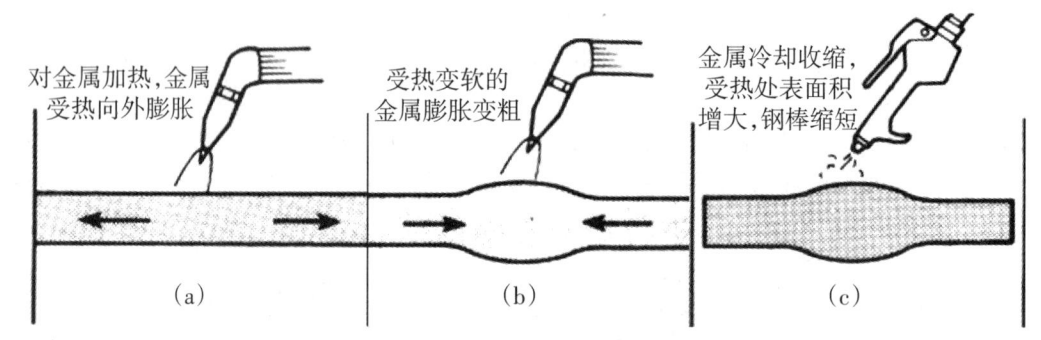

图3-2-24 加热收缩法

(三)外形修复机热收缩法

热收缩的部位用打磨设备清除油漆层。

焊枪更换热收缩电极触头,搭铁连接到要修复的板件上。调整外形修复机的电流、时间等参数,电极触头接触到隆起的部位,如图3-2-25所示。电极通电后在接触部位由于电阻热而使板件变红。待红色消失后,用压缩空气吹收缩部位,使其冷却。电极触头收缩时同样会破坏板件背面的防腐层,最后要进行防腐处理。

可以使用外形修复机配备的碳棒对高出区域进行收缩,如图3-2-26所示。用外形修复机加热功能,一边加热一边用压缩空气吹冷。

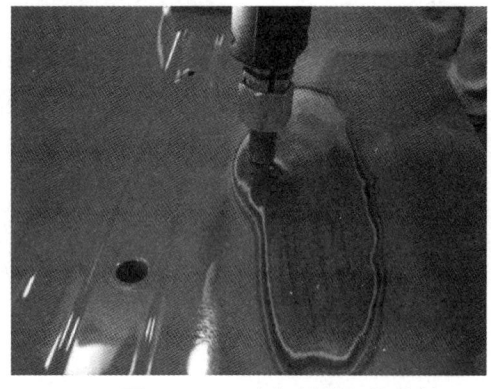

图3-2-25 电极触头加热收缩　　图3-2-26 碳棒加热收缩

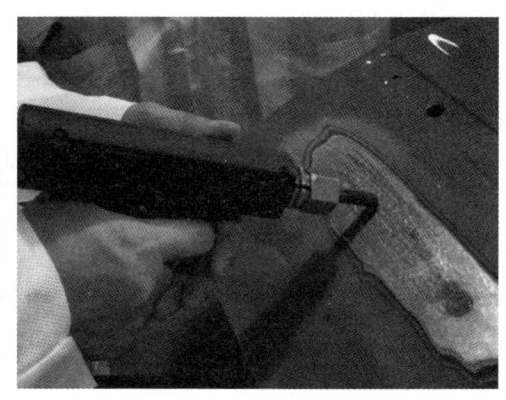

五、修复缺陷与控制措施

(一)板件修复后平整度较差

板件修复后平整度较差,主要是与维修技师个人性格、企业维修质量标准、修复工艺等因素有关。

养成有耐心、细心、责任心的良好工作习惯与态度至关重要。面板修复时,不能急躁,应心态平和,严格按照操作流程作业,制定严格的质量检验标准。

(二)板件修复后留下孔洞

主要由修复或连接方式不对、焊接电流或焊接时间调整过大、强行拉拔等因素造成。使用外形修复机作业前,应首先在同样材质、厚度的试验板上进行试验,根据损伤程度调整,防止造成钢板表面损伤。在拉伸时力量应适中,不宜过大,以免造成焊点开焊、拉伸过度及出现孔洞。对于大面积的凹陷,建议尽可能采取焊接成排垫片,然后穿轴拉出,这样可以将拉伸力均匀地分散在每一个垫片的焊接部位,以便将损坏部位整体拉出。

出现孔洞后可以使用二氧化碳保护焊进行焊接,如果是较小的孔,可以使用外形修复机的碳棒熔化焊丝的方法进行焊接,必须完全堵住孔洞。

(三)板件修复后表面强度差

用手指加适当的力按压板件,板件变形,松开手后又弹了起来,这种情况是由于板件表面的形状不对、拉伸时过度、板件内部有应力、板件修复的时候打磨过度导致板件厚度较薄造成。

修复过程中应注意方法和拉伸的力度,尽可能地减少板件拉伸过度。如果拉伸后出现了弹性应力,应该仔细地检查分析情况,轻微的应力可以用锤子和顶铁快速轻敲产生震动的方法消除,还可以用外形修复机的碳棒加热板件来消除应力。

(四)板件修复后留有焊点

板件表面上的焊点和积炭,是在焊接时和碳棒加热时留下的,在最后打磨时应使用砂带式打磨机和盘式打磨机将板件表面的焊点和积炭打磨干净。

> **小提示:**
> 当修复铝板时,要用专业的铝板维修设备和工具,维修技师应接受专门培训。

【任务实施】

外形修复机修复门板

一、任务要求

(1)去除旧漆膜应使用60#砂纸,研磨钢板应使用80#砂纸。
(2)搭铁离损伤部位距离不可过远,以免电流减弱。
(3)焊枪应保持垂直角度进行拉拔。

(4)车身锉削时,力度不可过大,以免钢板变薄。

(5)锉削后,露出金属光泽的为高点,反之则为低点。

二、任务准备

外形修复机、翼子板、翼子板支架、钣金锤、防护用品、试焊片、大力钳等。

三、任务步骤

步骤	图示
1.穿戴好防护用品 提示:包括口罩、护目镜、工作帽、耳罩、棉线手套。	
2.选择60#砂纸,与研磨机磨头对中进行安装 提示:砂纸上的孔应与磨头上部的孔对齐。	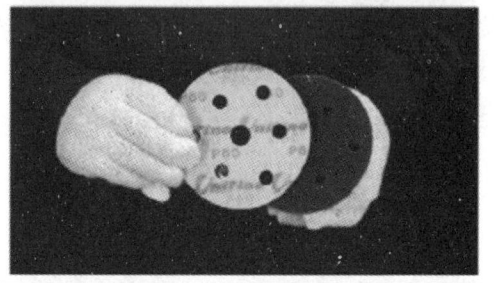
3.加注润滑油 提示:气动工具长期未用或使用时间较长应进行润滑。	
4.连接气管,调整转速 提示:转速过慢,无法进行研磨或者工作效率低;转速过快,容易产生热量导致钢板变形。	

5. 将研磨机轻压在损伤处 提示：研磨机呈10°~20°。	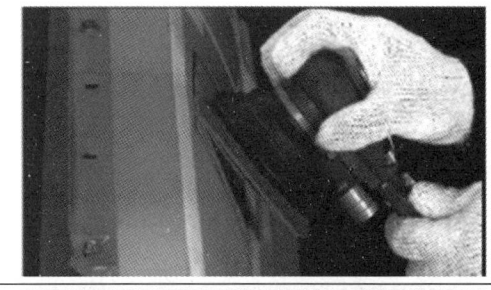
6. 去除旧漆膜 提示：首先去除外圈油漆，再去除中部油漆。	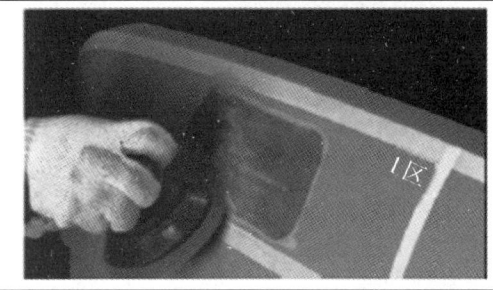
7. 去除搭铁位置油漆 提示：搭铁位置不可离损伤部位距离过远，以免电流减弱。	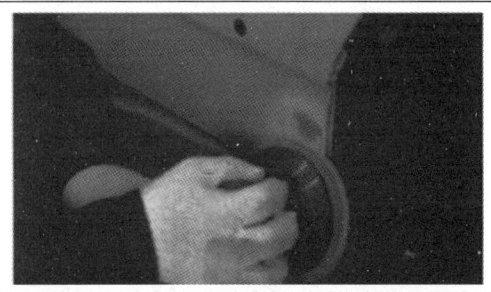
8. 选择带式研磨机，去除沟槽内油漆 提示：适当控制研磨时间及力度，以免磨薄钢板。	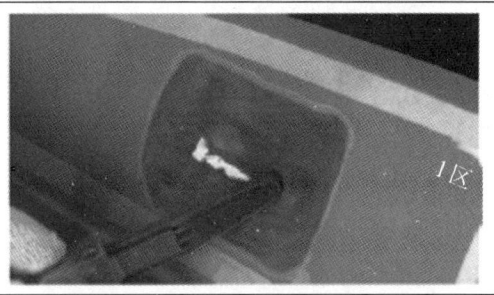
9. 选择吹尘枪，吹尘并擦拭干净 提示：清洁油漆粉尘，应先擦再吹。	

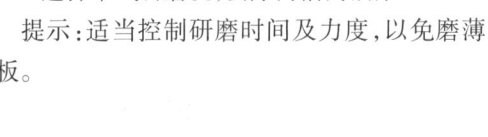

10.安装搭铁线、试焊板,检查焊片

提示:如果焊片前端出现残缺、生锈、烧蚀、脏污,应该清理或进行更换。

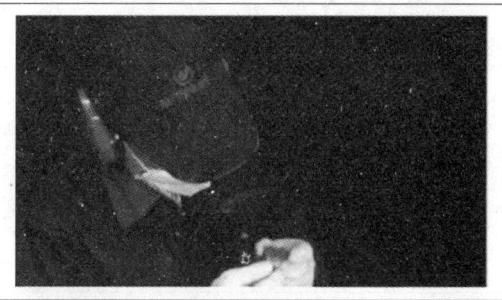

11.安装焊片,紧固螺栓

提示:应紧固螺母,以免虚接。

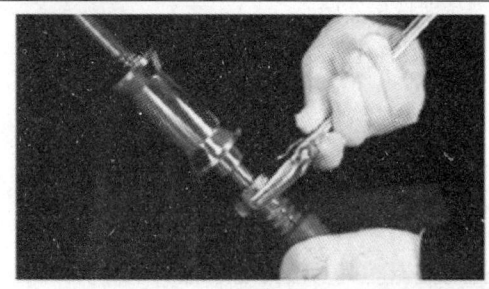

12.开启外形修复机电源开关,切换工作模式至焊接挡位,调整焊接电流和焊接时间

提示:根据外形修复机使用说明书要求调整。

13.进行试焊

提示:(1)参数过小,焊点将无法承受拉拔力量。(2)如果参数调整过大,将加重钢板损坏。

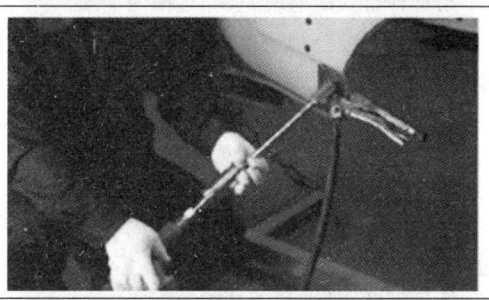

14.将焊枪呈垂直角度顶住凹陷

提示:轻轻施加压力,以免虚接产生焊接火花。

15.启动开关,进行焊接,滑动滑锤,利用惯性力拉出损伤 提示:不可使用过大的冲击力,以免凸起点过高。	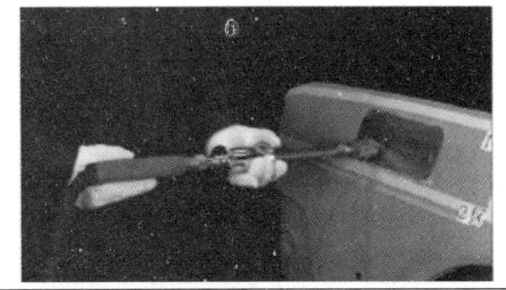
16.焊接拉拔点	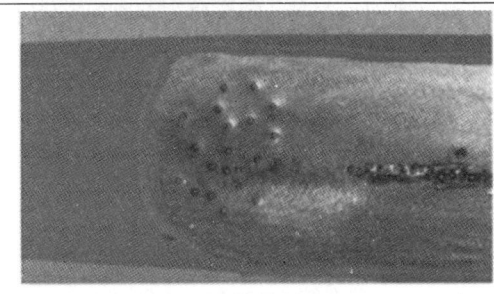
17.也可以在拉住低点的同时,使用锤子敲击周围高点,将凹陷修复	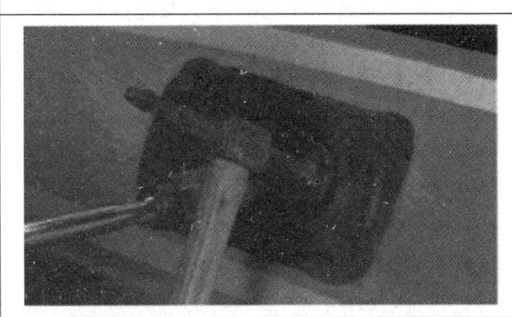
18.拉拔过程中,焊片头部出现熔敷物时,应及时进行清理 提示:熔敷物直接影响焊接强度,可使用偏口钳或板锉清理。	
19.更换80#砂纸,磨除焊点毛刺、熔敷物 提示:研磨钢板时,严禁使用60#砂纸,以免钢板变薄。	

20.选择车身锉刀,调整车身锉刀的弧度 　　提示:车身锉刀的弧度应略微大于钢板弧度。	
21.车身锉刀呈25°~30°,轻压在损伤处,从损伤处的边缘开始向前推,经过损伤部位达到另一侧 　　提示:锉刀力度不可过重,以免钢板变薄。	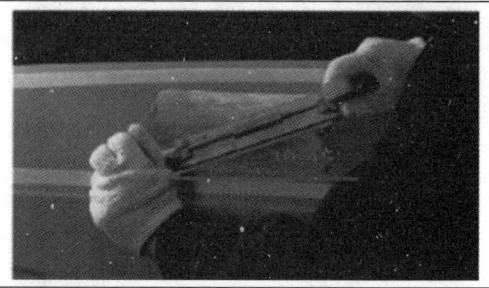
22.露出金属光泽的部位一般为高点,反之,则为低点 　　提示:拉拔低点,敲击高点。	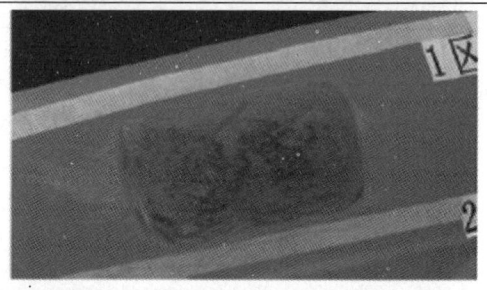
23.再次使用车身锉刀检查并修复 　　提示:当整个损伤区域都留下锉痕,说明平整度已符合要求。	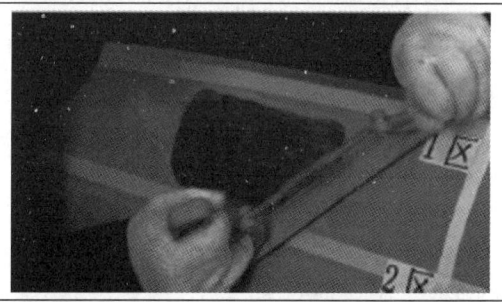
24.松开搭铁,放回原位。焊接参数清零,关闭外形修复机 　　提示:设备使用后,焊接参数应该清零。	
25.摘下防护用品,清洁地面卫生 　　提示:口罩放入垃圾桶。	

【任务拓展】

铝板的修复方法

铝可用来制造汽车上的各种板件,例如车门板、翼子板、发动机罩等。铝板的修复更需要小心。铝比钢软得多,而且当铝受到加工硬化以后,更难以加工成型。它的熔点也较低,加热时容易变形。铝制的车身及车架构件的厚度通常是钢件的1～2倍。由于加工硬化的影响,铝件受到损坏后更加难以修复。在修复损坏的铝板时,应该考虑到铝的这些特性。

一、锤子顶铁敲击法

铝板的强度比较低,不能使用常规钢板的整形工具。一般使用表面是橡胶或木制的锤子或顶铁来进行维修,如图3-2-27所示。可以防止铝板在校正中被敲击过重产生过度拉伸。

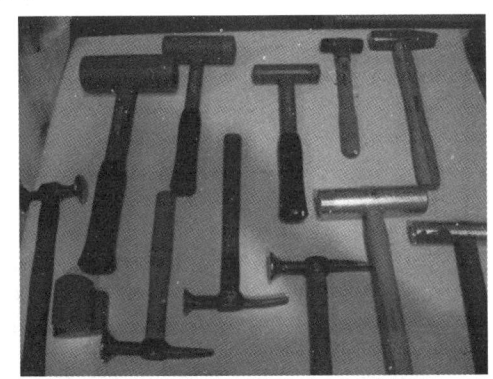

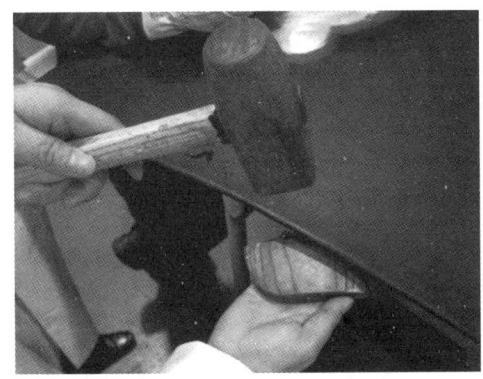

图3-2-27　铝板修复工具

由于铝板的可延展性不及钢板,对铝板的变形修复采用较缓和的锤子在顶铁上的敲击法。敲击时,如果锤击太重或次数太多都会拉伸铝板,所以这时应该多次轻敲,而不能只是重敲一二次,收缩锤不可用于铝板,以免使铝板开裂。

二、铝外形修复机修复法

铝外形修复机与钢板外形修复机修复的工作原理相同,也是在板件上焊接介子,铝板焊接的介子是铝焊钉。然后通过介子对铝板进行拉伸,达到修复的效果。

因为铝的电阻是钢板的1/5～1/4,对铝焊接时的电流就需要钢铁焊接的4～5倍,很难做到这么大的电流。铝外形修复机内部没有线圈变压器,里面有十几个大容量的电容,通过所有电容瞬间放电来焊接。

铝焊钉的头部有一个小尖与板件接触,如图3-2-28所示,接触面积小电阻大,产生电阻热大,容易焊接。如果铝焊钉没有尖头就不能用了,这么大的接触面积,正常的焊接电流不能够焊接。所以铝焊钉是一次性使用的,不能重复再用。

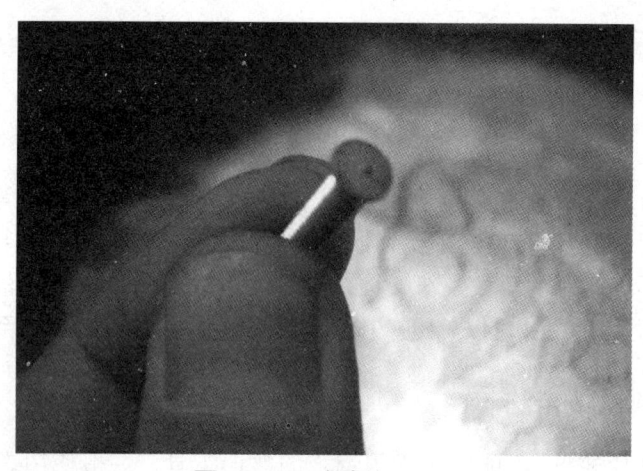

图 3-2-28 铝焊钉

用外形修复机修复铝板的步骤

1.氧化层清除干净 提示：否则会焊接不牢固。	
2.把铝焊钉安装在焊枪上，接通铝焊机的电源，调整合适的电流大小	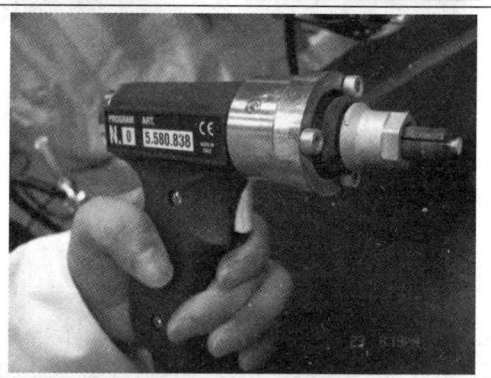
3.把铝焊钉用一定力压在板件上 提示：压力不能太大或太小，铝焊钉要与板件接触面垂直，按压铝焊机的启动开关。	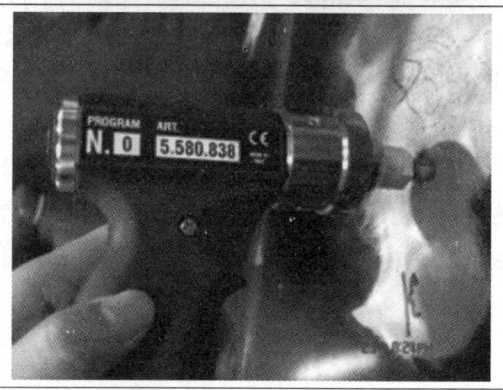

4.铝焊钉通电后会焊接在铝板上	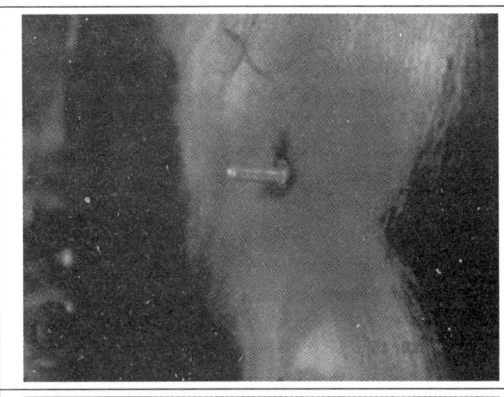
5.把拉伸连接件拧到焊钉的螺纹上	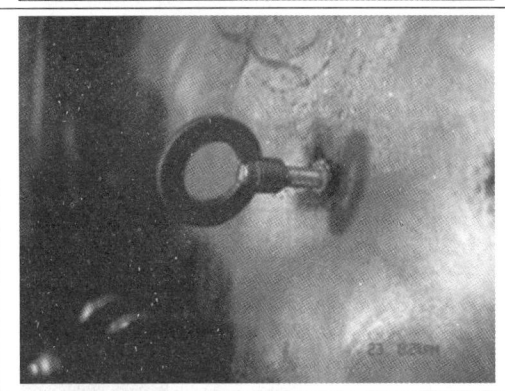
6.通过拉伸连接件对板件凹陷处进行拉伸操作 提示:动作要轻柔,力量要慢慢加大,防止局部变形过大,拉伸同时可以用钣金锤对拉伸部位进行敲击整形。	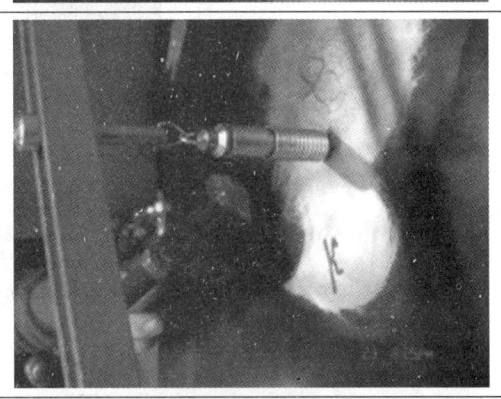
7.拉伸完毕后,用尖嘴钳清除焊接在表面的铝焊钉	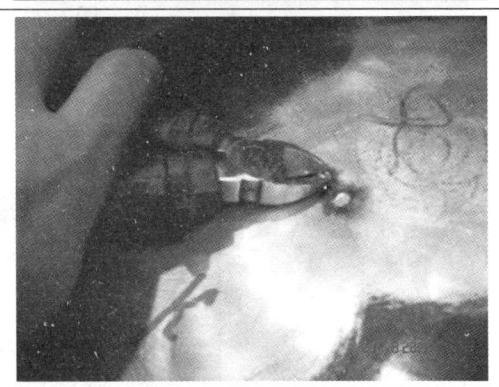

8.焊接部位用锉刀或打磨机打磨平整

提示:铝板处理后不用单独地进行防腐处理,因为铝板会马上形成氧化膜阻止进一步的氧化。

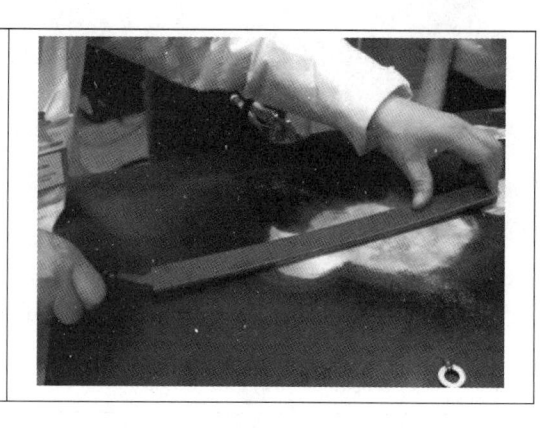

三、铝板的收缩

对铝板进行拉伸或敲击时用力过大很容易形成隆起变形,这时就需要对受到拉伸的板件进行收缩处理,恢复正常的板件高度。

(1)收缩时可以用氧乙炔,如图3-2-29所示。铝板的熔点低,加热不能过高,否则会使板件产生更大的变形或熔化,导致修复失败。

铝在熔化时不会改变颜色,要用热敏涂料控制温度,否则会形成烧穿孔而无法修复。

图3-2-29 氧乙炔加热

(2)用铝外形修复机电极触头,或碳棒进行加热收缩,如图3-2-30所示。收缩处理的程序和钢板收缩程序类似。加热时用热敏涂料控制温度。

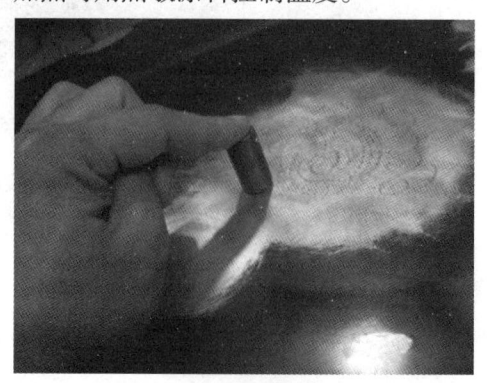

图3-2-30 电极触头加热收缩

四、铝板的打磨

在铝板上打磨时,要防止高速砂轮机上粗糙的砂轮烧穿柔软的铝,还要注意打磨过程中产生的热量可能使铝板弯曲。可以使用36#粒度的疏涂层砂轮。

打磨时要特别注意,只能将油漆和底层涂料去掉,不可切割到金属。打磨2~3次后,用一块湿布使金属冷却。

对于小范围和薄边的打磨,应使用双向砂轮机或电动抛光机,转速应低于2500 r/min。建议使用粒度为80#或100#的砂纸或柔软、能变形的砂轮垫块。

【任务检测】

一、填空题

1. 金属板上的损坏一般分为 _____。
2. 板件凹陷修复程序的基本原则是 _____。
3. 免喷漆的修复方法有 _____。
4. 外形修复机的功能有 _____,
需要调整的参数是 _____。
5. 板件外形修复缺陷有 _____。

二、判断题

1. 热收缩时加热的范围越大,热量越难控制。　　　　　　　　　　　　(　　)
2. 当铝板被加热到接近熔点时,将变成鲜红色。　　　　　　　　　　　(　　)
3. 校正金属的关键是知道在什么部位、在什么时间、用多大力、敲打多少次。(　　)
4. 当修复严重变形的板件时可以用多点拔拉的方法进行修复。　　　　　(　　)
5. 外形修复机的焊接垫圈可以反复使用。　　　　　　　　　　　　　　(　　)

三、选择题

1. 车门板上有一条划痕,其中直接损伤的比例是(　　)。
 A.80%　　　　　　　　B.50%　　　　　　　　C.10%~15%
2. 直接碰撞点的修复时间是(　　)。
 A.最先修　　　　　　　B.在中间阶段修　　　　C.最后修
3. 对板件进行热收缩时,要先从(　　)开始。
 A.最高点　　　　　　　B.中间位置　　　　　　C.最低点
4. 使用外形修复机焊接垫圈时,焊接不牢固,造成的原因可能有(　　)。
 A.板件太厚　　　　　　B.电流太小　　　　　　C.板件不干净
5. 用外形修复机修复板件表面的质量要求是(　　)。
 A.表面不得留有孔洞或焊点　　　B.表面平整度不得高于原平面
 C.表面平整度低于原平面(≤1 mm)　　D.板件表面不得有弹性应力

【任务评价】

一、小组过程评价

序号	考核项目	分数	考核内容	配分	考核标准	得分
1	出勤、纪律	5分	出勤	2分	违规一次不得分	
			行为规范	3分	违规一次不得分	
2	安全、防护、环保	20分	着装	2分	违规一次不得分	
			个人防护	3分	违规一次不得分	
			"5S" "EHS"	5分	违规一次不得分	
			设备使用安全	5分	违规一次不得分	
			操作安全	5分	违规一次不得分	
3	任务检测	20分	任务测验成绩	20分	测验成绩的20%	
4	技能考核	35分	技能测验成绩	35分	测验成绩的35%	
5	学习能力	10分	工单填写,工艺计划制订	4分	未做不得分	
			组内活动情况	4分	酌情扣分	
			资料查阅和收集	2分	未做不得分	
6	任务拓展	10分	知识拓展任务	2分	未做不得分	
			技能拓展任务	8分	未做不得分	
	总分	100分				

二、教师评价

序号	优点	存在问题	解决方案

教师签字:

三、个人小结

项目四 车身测量与校正

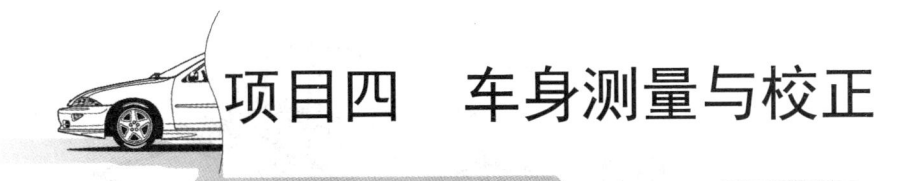

任务一 车身变形测量

【任务目标】

目标类型	目标要求
知识目标	(1)能讲述车身测量的工具、设备 (2)能描述车身测量的方法 (3)能叙述车身数据图的识读方法
技能目标	(1)能使用测量工具、设备测量车身数据 (2)能识别车身数据图 (3)能通过测量分析车身变形情况
情感目标	(1)培养良好的学习和工作习惯 (2)注意操作安全、设备安全、个人防护安全

【任务描述】

某车在事故碰撞后严重变形,经初步分析,车身重要结构件已受损。若对汽车进行校正修复,则在校正修复前必须对车身进行测量。现对车身进行测量,记录车身变形数据作为校正的依据。

【知识准备】

一、车身测量基准

车身测量有三个重要检测,分别是作业前的检测、作业过程中的检测和竣工后的检测。作业前的检测目的是确认车身损伤状态和掌握变形程度,作业过程中的检测目的是对修复质量进行控制,竣工后的检测目的是为验收和质量评估提供可靠的数据,不管是什么测量,都要有一个基准,像使用直尺测量数据,要有一个零点作为尺寸起点一样,车身三维测量也必须先找到长度、宽度和高度的测量基准。只有找到基准,测量才能顺利进行。

(一)基准面

基准面是一个假想平面,如图4-1-1所示,与车身底板平行并与之有固定的距离,基准面用来作为车身所有垂直尺寸测量的参照面,高度尺寸都以它为基准得到测量结果。

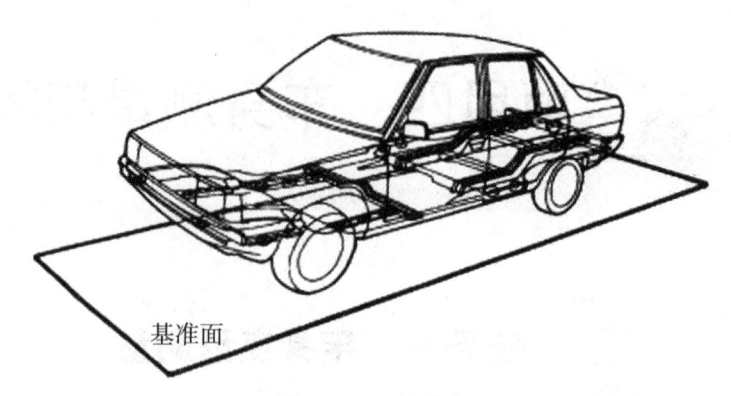

图 4-1-1　基准面

(二)中心面

中心面是三维测量的宽度基准,它将汽车分成左右对等的两部分,如图 4-1-2 所示。对称的汽车所有宽度尺寸都以中心面为基准测得的。大部分汽车是对称的,汽车相应点的左右侧尺寸完全相同。

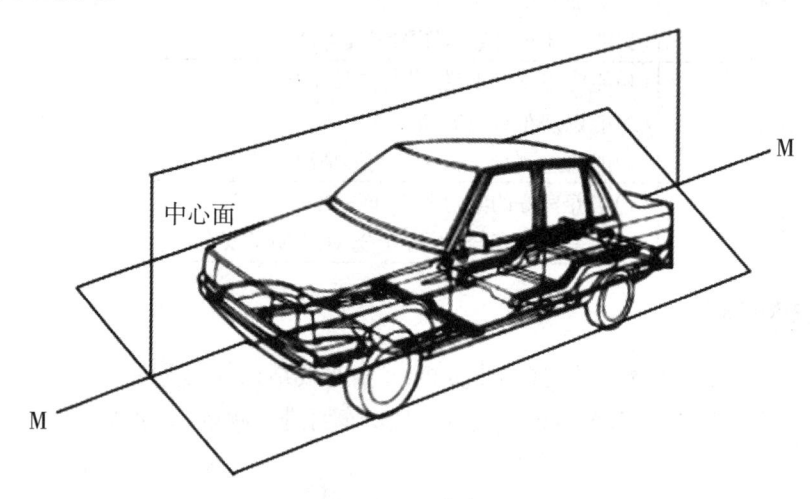

图 4-1-2　中心面

小提示:

如果汽车不对称,这些尺寸就不同了,因此,校正不对称的汽车车身部件时,要使用数据图来不断测量和校正。

(三)零平面

为了正确分析汽车损坏,将汽车看作一个矩形,并分为前、中、后三部分,三个部分的基准面称作零平面,如图 4-1-3 所示。车身结构中部区域是一个具有相当大强度的刚性平面区域,在碰撞时汽车中部受到的影响最小。找到前或后的零平面作为长度基准,来测量其他点的长度数据。

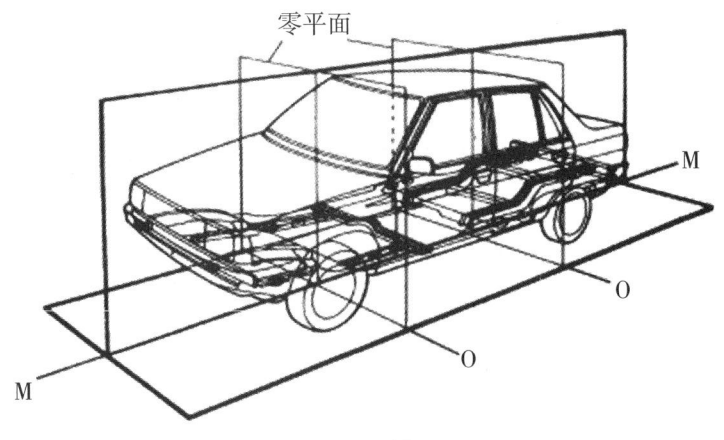

图4-1-3 零平面

二、汽车车身数据图读识

车身数据图提供了车身主要结构件、板件(车门、发动机罩、后备厢盖、翼子板)的安装位置,机械装置(发动机、悬架、转向系统等)的安装尺寸。

(一)车身底部数据图读识

如图4-1-4所示,上半部分是俯视图,下半部分是侧视图,用一条虚线隔开。图的左侧部分代表车身的前方,右侧部分代表车身的后方。要读取数据,首先要找到图中长、宽、高的三个基准。

1.宽度数据

在俯视图中间位置有一条贯穿左右的线,这条线就是中心面的投影,又称为中心线,它把车身宽度一分为二。在俯视图上的黑点表示车身上的测量点,两个黑点之间的距离有数据显示。

2.高度数据

在侧视图的下方有一条较粗的黑线,这条线就是车身高度的基准线。线的下方有从A至R的字母,表示车身测量点的名称,每个字母表示的测量点一般在俯视图上都显示两个左右对称的测量点。俯视图上每个点到高度基准线都有数据表示,这些数据就是测量点的高度值。

3.长度数据

在高度基准线字母K和O的下方各有一个小黑三角,表示K和O是长度方向的零点。它们是车身长度基准点,K点是车身前部测量点的长度基准,O点是车身后部测量点的长度基准。从K点向上有一条线延伸到俯视图,在虚线下方位置可以看出汽车前部每一个点到K点的长度数据显示,从O点向上有一条线延伸到俯视图,在虚线的下方位置可以看出汽车后部每个测量点到O点的长度数据显示。

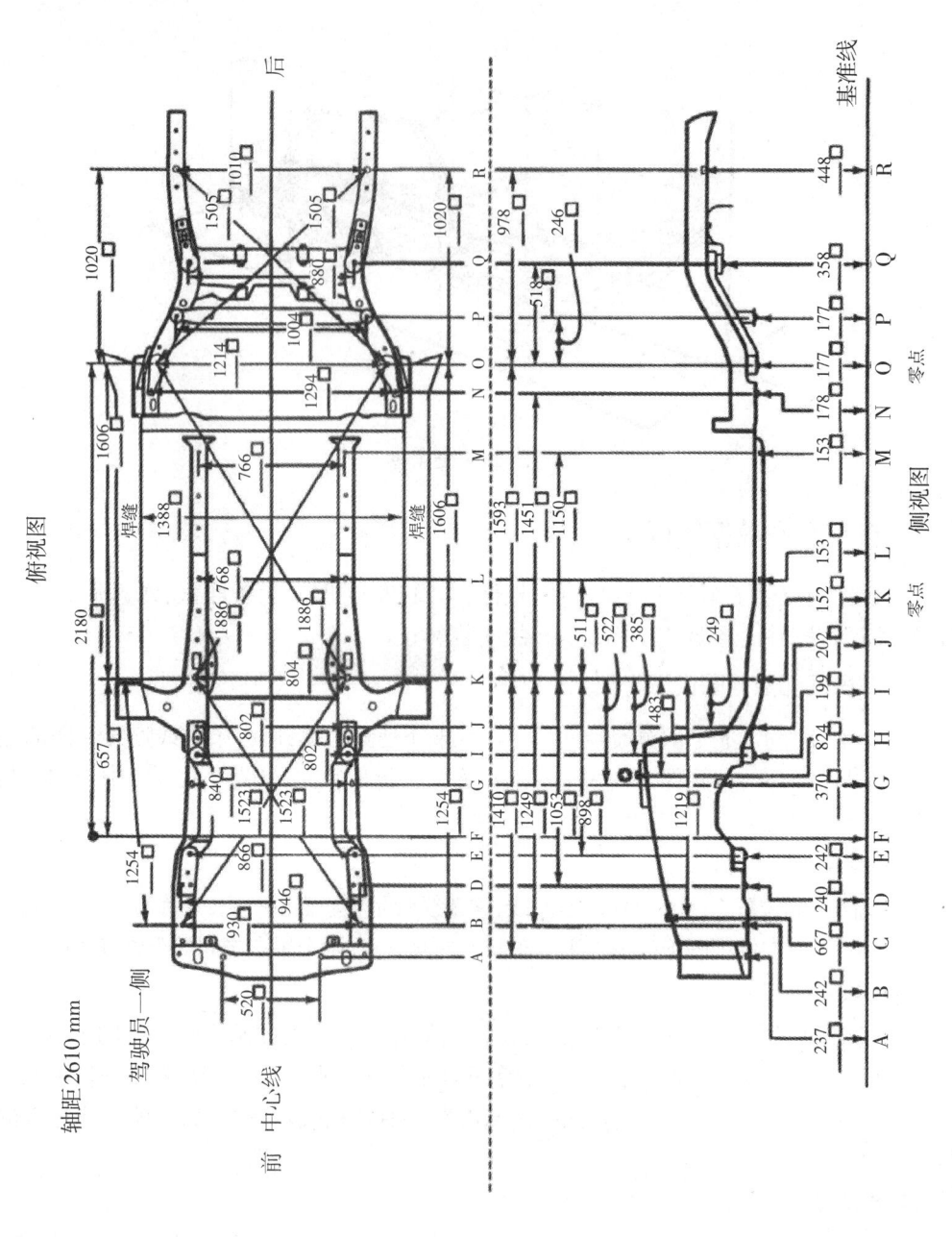

图 4-1-4 底部车身数据图

(二)上部车身数据图

上部车身数据图显示上部车身的测量点。包括发动机室部位翼子板安装点、散热器支架安装点、减震器支座安装点和其他一些测量点,还有前后风窗的测量点,前后门测量点,中后立柱铰链和门锁的测量点,后备厢的测量点等。

上部车身的这些测量点如发动机室的测量点对车身的性能影响很大,其他的测量点数据对车身的外观尺寸调整非常重要。

有些数据图显示的是车身上部测量点的对点之间的数据,另一些数据是显示每个车身上部测量点的三维数据值。

如图4-1-5所示。车身上部数据图包括发动机室,前后风窗、前后门、中后立柱和后备厢尺寸。发动机室的数据图中显示发动机室部位的主要部件的安装数据,可以通过点对点测量的方式测量,一般可以使用卷尺、轨道式量规等工具进行测量。

前风窗的尺寸通过测量图中A、B、C、D四点的相互尺寸得到,A和B是车顶板的拐角,D和C是发动机罩铰链的后安装孔。

后风窗的尺寸通过测量图中A、B、C、D四点的相互尺寸得到,A和B是车顶板的拐角,D和C是后备厢点焊裙边上一条搭接焊缝。

前门的尺寸通过测量图中A、B、C、D四点的相互尺寸得到,A点表示风窗立柱上的搭接焊缝位置,B点表示前柱铰链的上表面,C点表示中柱门闩的上表面,D点表示中柱门铰链的上表面。

后门的尺寸通过测量图中A、B两点的尺寸得到,A点表示后柱门锁闩的上表面,B点表示中柱门铰链的上表面。

中柱的尺寸可以通过测量图中A、B两点的尺寸得到,A、B点都表示中柱门锁闩的上表面固定螺栓的中心。

后柱的尺寸可以通过测量图中C、D两点的尺寸得到,C、D点都表示后柱门锁闩的上表面固定螺栓的中心。

后备厢的尺寸通过测量图中A、B、C、D、E、F六点的相互尺寸得到,A、B表示后备厢点焊裙边上一条搭接缝隙,C表示后备厢后围板的角,D、E表示保险杠上部固定螺钉的中心。

图 4-1-5 车身上部点对点的数据

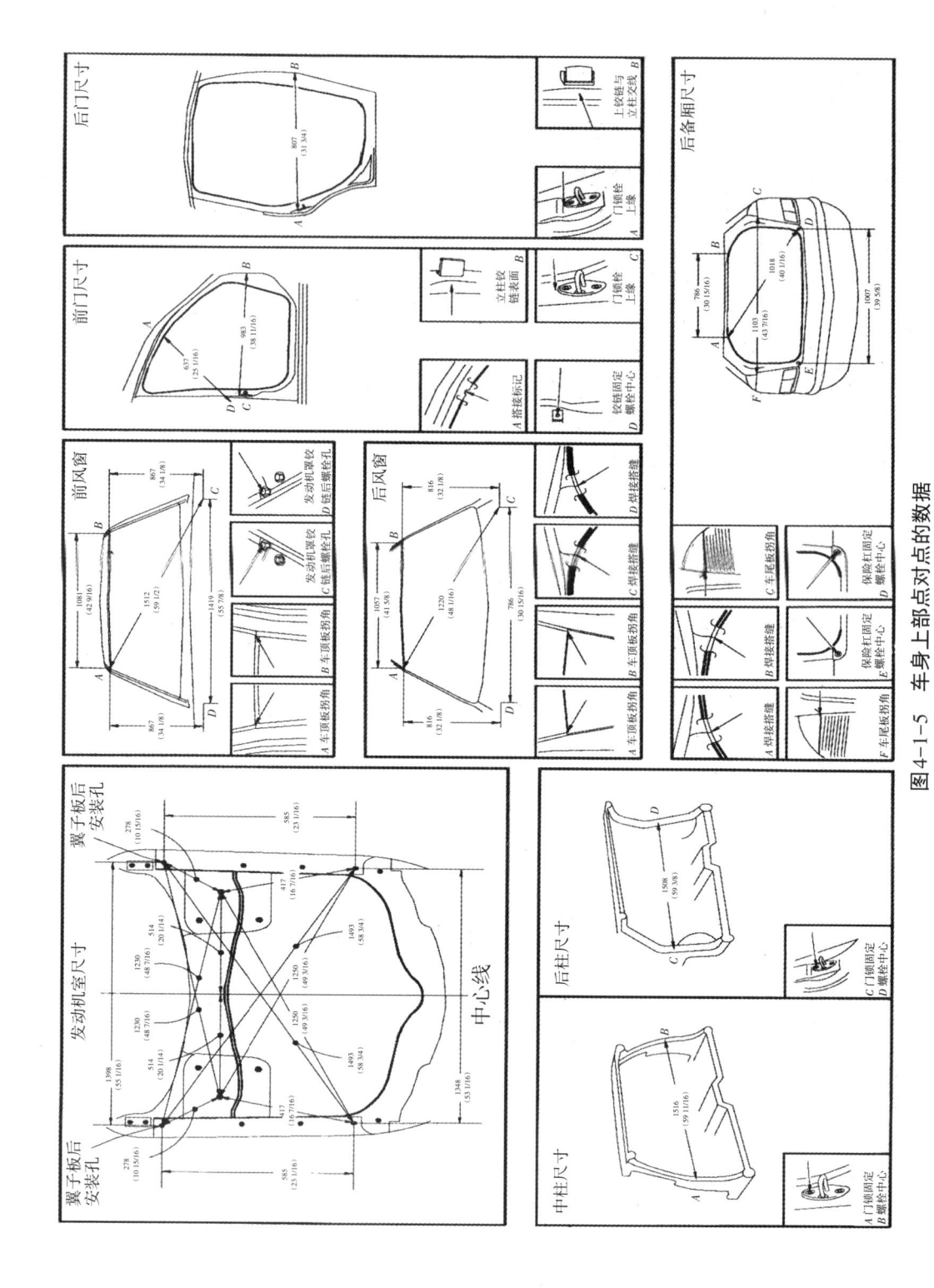

三、用点对点测量方法测量车身尺寸

(一)参数法测量

参数法测量是以车身图纸或技术文件作为依据标准。汽车车身尺寸图中,一般注明了车身上特定的测量点。以此数据为标准,对车身的定位尺寸进行测量,可以准确地评估变形及损伤的程度,是非常可靠也较为常用的方法。

1. 前部车身尺寸的测量

前部车身数据图标出了最重要控制点的尺寸规格,如图4-1-6所示。通过测量这些点之间的尺寸检验车身是否有变形或者校正是否到位。检验汽车前部尺寸时,轨道式量规测量的最佳位置是悬架及机械装置上的安装点,因为它们对中的正确与否很关键,每一尺寸应该对照另外的两个基准点进行检验,其中至少有一个基准点要进行对角线测量。通常,测量的尺寸越长,其精度越高。利用每个基准点进行两个或多个位置尺寸的测量,就能保证所得到的结果更为准确,也有助于判断板件损伤的范围和方向。

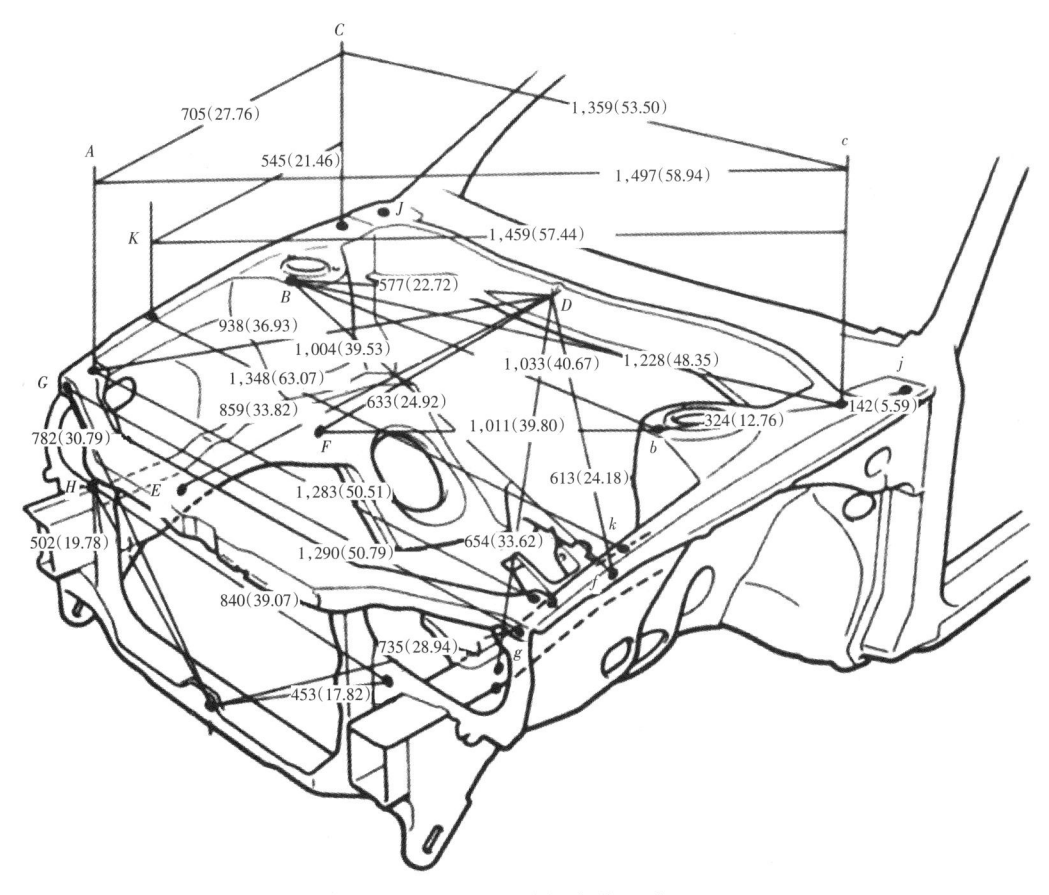

图4-1-6 发动机室的尺寸

2. 车身侧面尺寸的测量

车身侧面结构的任何损伤可以通过车门开关时的状态或通过检验车门周边缝隙的均匀度来确定。找出车身变形所在的位置,对于某些变形部位,还注意可能会漏水。因此必须进行精确的测量。车身侧面的测量主要使用导轨式量规。侧面车身数据,如图4-1-7所示。

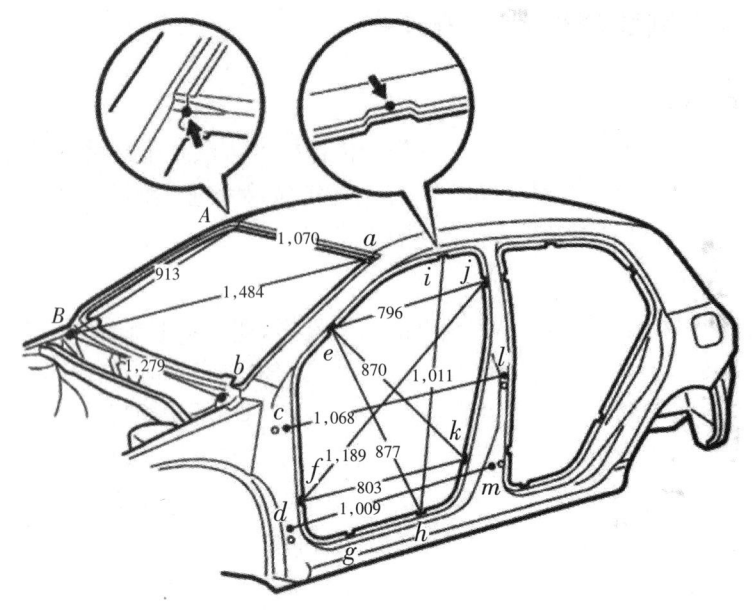

图 4-1-7 车身侧面的尺寸

3. 车身后部尺寸的测量

后部车身的变形大致上可以通过后备厢盖开关和缝隙的变化评估出来。为了确定损坏及漏水的可能性,有必要对测量点进行精确测量,如图 4-1-8 所示。后部地板上的皱折通常都由于后部元件的扭弯,因此,测量后部车身的同时,也要测量车身的底部。

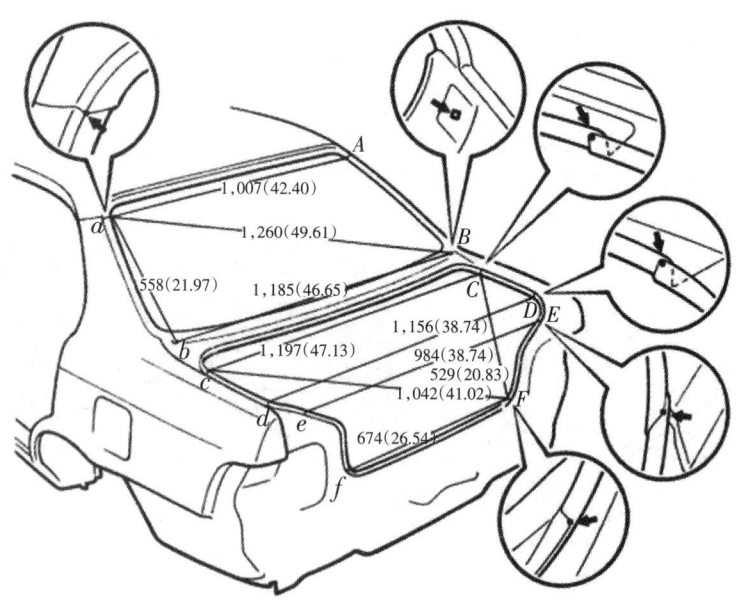

图 4-1-8 车身后部的尺寸

(二)对比法测量

对比法测量是以相同汽车车身的位置参数作为依据标准。当然,所选择的车身应完全符合技术文件要求的状况,必要时还可以通过增加汽车车身数量来提高依据标准的精确性。运用对比法时应注意以下三个问题。

(1)数据的选取。由于对比法需要操作者根据情况量取有关数据。选择哪些测量点、数据链作为车身定位参数的依据标准,是一个值得研究的问题。

(2)误差控制。与参数法相比,对比法测量可靠性较差。这就要求尽可能将测量误差限制在最小范围内,以防止因累计误差的增加而影响最终的修复质量。

(3)在进行点对点测量时,经常要利用车身的左右对称性。运用对角线测量法可检测出车身的翘曲,如图4-1-9所示。在发动机室及下部车身数据遗失、车身尺寸表上没有可提供的数据或汽车在倾翻中受到严重创伤时,不能仅仅使用对角线测量法,因为测量不出这两条对角线的差异,如果汽车左侧和右侧的变形相同,对角线长度相等,此方法就不宜使用了。

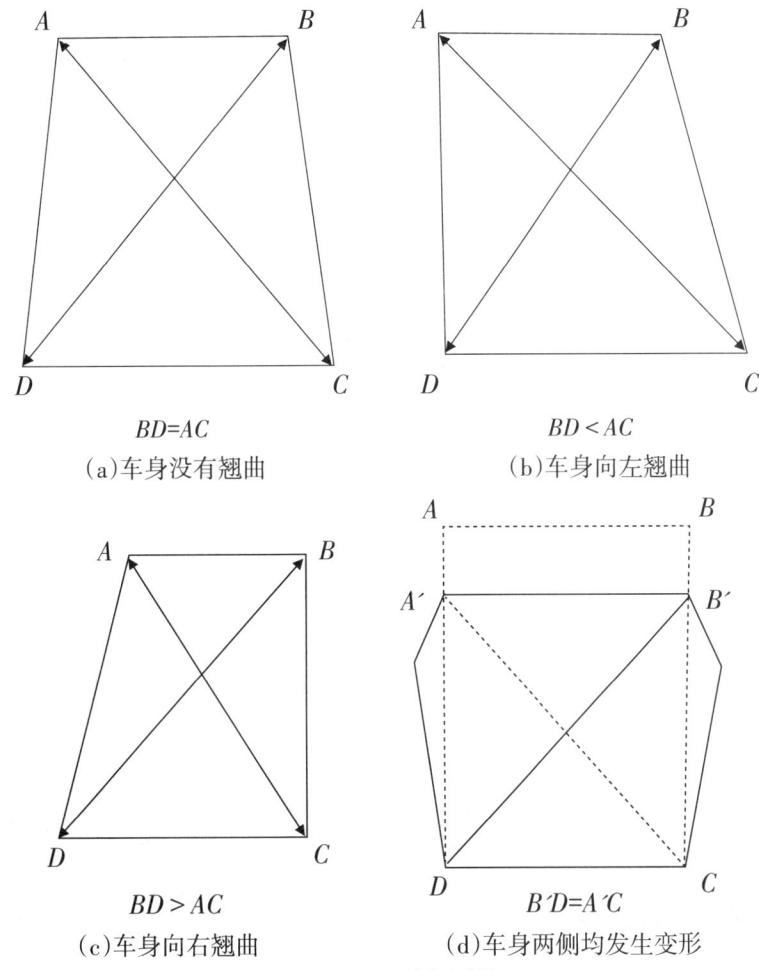

$BD=AC$
(a)车身没有翘曲

$BD<AC$
(b)车身向左翘曲

$BD>AC$
(c)车身向右翘曲

$B'D=A'C$
(d)车身两侧均发生变形

图4-1-9 对角测量

如图4-1-9通过长度AC、BD的测量和比较,对损伤情况做出很好的判断,这一方法适用于左侧和右侧对称的部位。

四、机械式车身测量系统的类型

(一)常规的车身测量工具

修复人员常用的基本测量工具有钢板尺和钢卷尺,用钢卷尺测量孔的中心距时,可从孔的边缘起测量,以便于读数,如图4-1-10所示。但应注意:当两孔的直径相等并且孔本身没有变形时,才能以孔的边缘间距代替中心距,如图4-1-11所示。

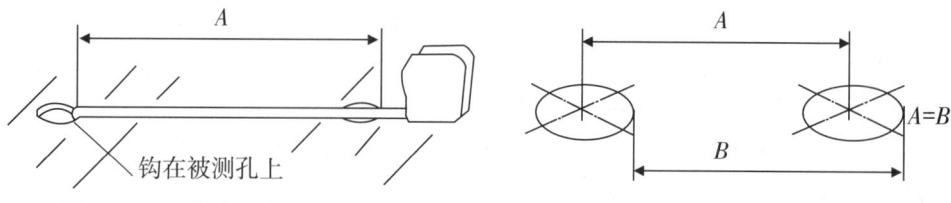

图4-1-10 在孔的边缘上测量

图4-1-11 孔径相等时

但当两孔的直径不同时,如图4-1-12所示,中心距应按以下公式计算。

$$A=B+(R-r) \text{ 或 } A=C-(R-r)$$

将钢卷尺的前端进行加工后,再插入测量孔测量时,会使测量结果更为精确,如图4-1-13所示。

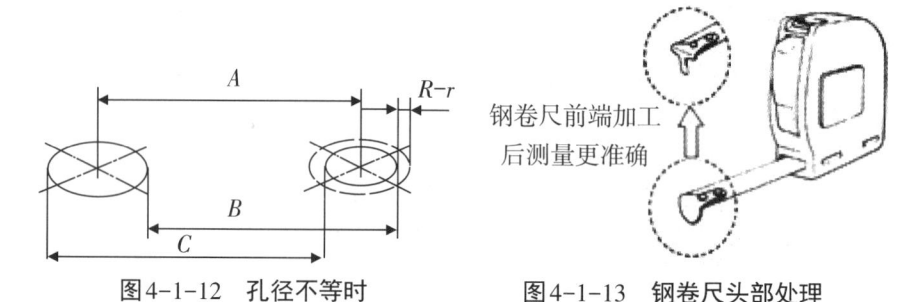

图4-1-12 孔径不等时

图4-1-13 钢卷尺头部处理

(二)量规测量

如果两个测量点之间有障碍将会使测量不准确,这就需要使用量规。量规主要有轨道式量规、中心量规和麦弗逊撑杆式中心量规等多种,它们既可以单独使用,也可互相配合使用。

1. 轨道式量规

轨道式量规,如图4-1-14所示。一次只能测量一对点,还可以和另外一对测量点进行交叉测量和对比检验,测量的最佳位置是车身上的焊点、测量孔等,车身上部的测量可以大量使用轨道式量规来进行,如图4-1-15所示。在一些小的碰撞损伤中,用这种方法既快速又有效。

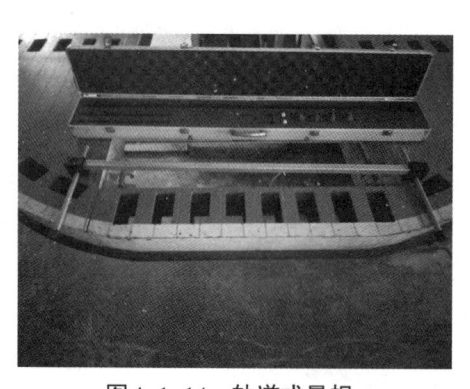

图4-1-14 轨道式量规

图4-1-15 轨道式量规测量发动机室尺寸

在修复工作中,这些测量点必须多次地进行测量并做记录,在进行每一步修复工作时。测量结果都应该记录下来,制成测量数据表,包括刚刚校正过的尺寸。汽车修复的过程和结果能够通过测量数据表得到。

(1)用轨道式量规进行点对点测量的方法。

在车身构造中,大多数的测量点实际上是孔、洞,而测量尺寸一般是中心点至中心点的距离。用轨道式量规对孔进行测量,一般测量孔的直径比轨道式量规的锥头要小,测量头的锥头起到自定心的作用,如图4-1-16所示。

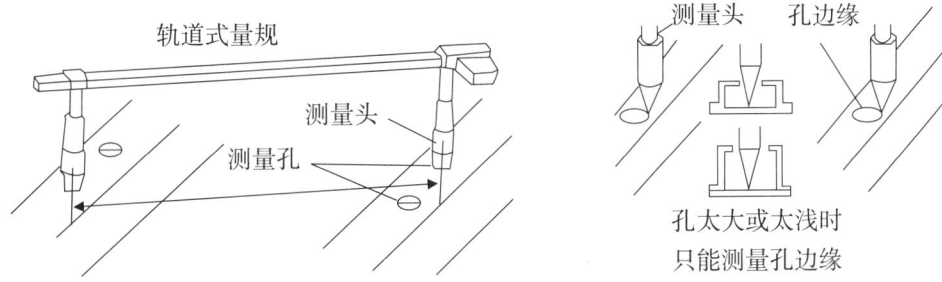

图4-1-16　中心点至中心点的测量　　图4-1-17　测量孔直径大于测量头直径

当测量孔直径大于测量头直径时,如图4-1-17所示。为了用轨道式量规进行精确测量,在两个测量孔的直径相同时,中心的距离就是两孔同侧边缘的距离,如图4-1-18所示。

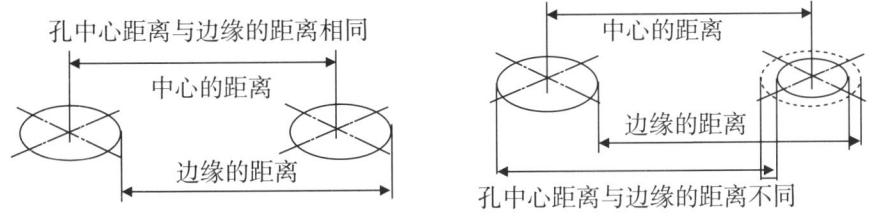

图4-1-18　中心的距离等于两孔同侧边缘距离　　图4-1-19　同缘测量法

当测量孔直径大于测量头直径时,两个测量孔直径不同。有时甚至不是同类型的孔:圆孔、方孔、椭圆孔等,如图4-1-19所示。要测量出孔中心点间的距离,就要使用同缘测量法。也就是说,孔径不同时,内边缘和外边缘的平均值与孔中心距离相同。

想一想：

如图4-1-20所示。有两个圆孔,一个圆孔直径为6 mm,另一个直径为14 mm,测得其内缘间距300 mm,外缘间距为320 mm,则两孔中心距离为多少?

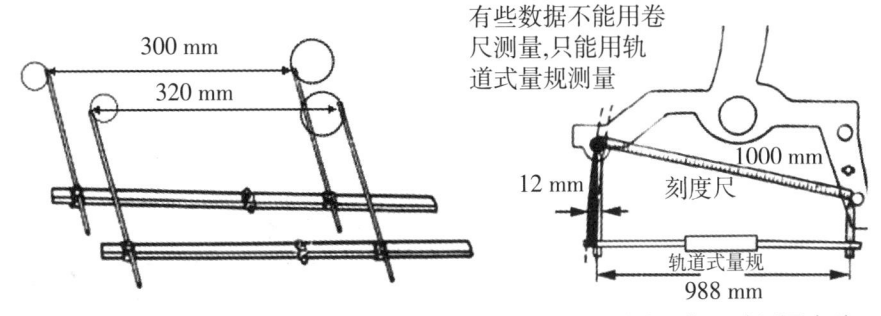

图4-1-20　不同直径孔的测量　　图4-1-21　轨道式量规正确测量方法

在使用轨道式量规进行测量时,要根据车身的标准尺寸来精确地测量汽车损伤,如果没有标准尺寸,可用一辆没有损伤且相同型号的车身尺寸作为参考,如果仅仅车身一侧受到损伤而且不严重,那么就可以测得未损伤一侧的尺寸并以此作为损伤一侧的对照尺寸。

(2)使用轨道式量规测量的注意事项。

①汽车上固定点如螺栓孔的测量位置是中心。

②点至点测量为两点间直线的距离测量。

③量规臂应与汽车车身平行,这就要求量规臂上的指针在测量某些尺寸时要设置成不同长度,如图4-1-21所示。

④某些标准车身数据要求平行测量,有些则只要求点至点之间的长度测量,而有的则两者都用。修复人员必须使用与车身表述的数据一致的测量方法,否则就很容易发生错误的测量。

⑤按车身标准数据测量损伤车辆所有点,损伤的程度通常用标准数据减去实际测量数据来表示。

2. 中心量规

自定心中心量规测量的原理是找到车辆的基准面、中心面和零平面等基准,找出它们的偏移量,在车身维修中只能做一个大体的分析,它不能显示测量的具体数据。具体到每一个尺寸的变形量的测量,则需要使用三维测量系统来测量。

中心量规可安装在汽车的不同位置,在量规上有两个由里向外滑动时总保持平行的横臂,两端都有挂钩,如图4-1-22所示,可使量规在汽车不同测量孔上安装。如图4-1-23所示,四个中心量规分别安置在汽车最前端、前轮的后部、中部和后轮前部。用肉眼通过投影就看出车身结构是否准直,如图4-1-24所示,就可以很容易地判断出车身是否有弯曲、翘曲或扭曲变形。

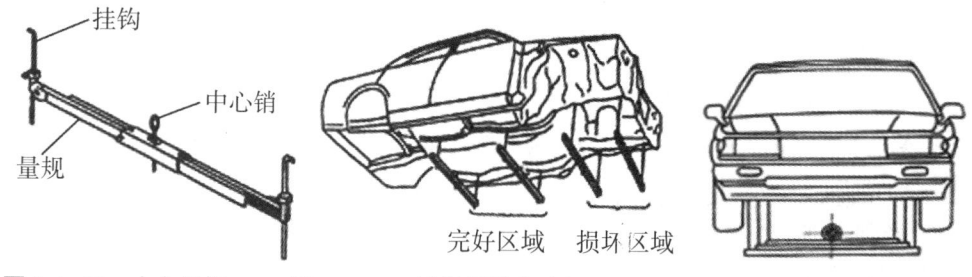

图4-1-22　中心量规　　　图4-1-23　量规悬挂方法图　　　图4-1-24　利用中心量规检测

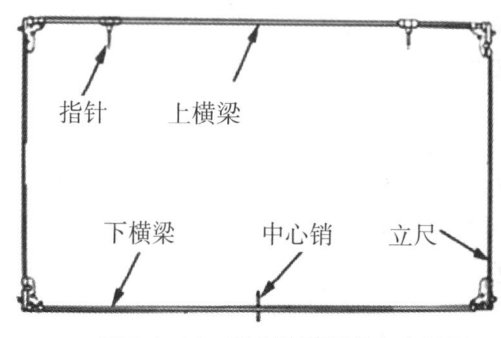

3. 麦弗逊撑杆式中心量规

麦弗逊撑杆式中心量规的结构,如图4-1-25所示。有一根上横梁和一根下横梁。下横梁有一个中心销,上横梁上有两个测量指针,指针是安装在车身上部。上横梁一般是从中心向外标定的。在上、下横梁之间有两根垂直立尺连接,上、下横梁的间距通过调整立尺的高度来达到。借助标准车身数据,维修人员可以利用连接上、下横梁的垂直立尺将下横梁设在基准面内。

麦弗逊撑杆式中心量规可以测量麦弗逊悬架支座(减震器支座)是否发生错位,如图4-1-26所示。

图4-1-25　麦弗逊撑杆式中心量规　　　图4-1-26　测量减震器支座

(三)机械式三维测量系统

1.专用测量系统

专用测量系统,根据车身上的主要测量点的三维空间尺寸制作出一套包含主要测量控制点的测量头(也称为定位器),如图4-1-27所示。车身变形后,可以通过车身上每个主要控制点与它专用的测量头的配合情况来确定测量点的数据是否变化,如图4-1-28所示。直到测量控制点的位置与专用测量头完全配合,就能够确定测量点的尺寸已经恢复到位。

图4-1-27 专用测量头 　　　图4-1-28 使用专用测量头测量车身

这类专业测量头最大的优点是专用性,每一款汽车都有一套专业测量头,可以快速精确地修复车身,但它最大的缺点也是专用性,由于一套专业测量头只适用于一个车型,这就限制了它的应用范围。

2.机械式通用测量系统

机械式通用测量系统能够同时测量所有基准点,而且测量更容易、更快捷、更精准。它的测量精度达到±(1~1.5)mm。在当今车身修复中广泛应用的通用测量系统是门式通用测量系统、米桥式通用测量系统,如图4-1-29和图4-1-30所示。

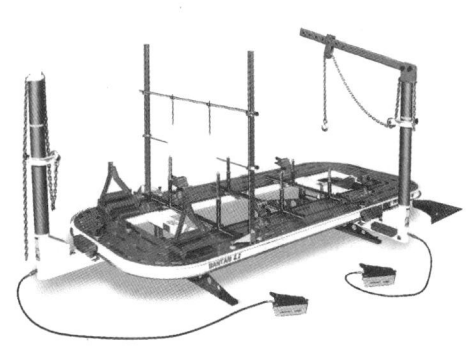

图4-1-29 门式通用测量系统 　　　图4-1-30 米桥式通用测量系统

在测量时,首先建立起车辆和测量系统的基准,发生了变形的基准点必须恢复到标准值,然后才能对其他点进行测量。在实际测量操作过程中,如果车身上的基准点的数据超过±3 mm的公差,就必须对基准点进行校正。

基准点找好以后,就可以利用安装在测量架上的测量头来测量车身上的各个测量点,如图4-1-31、图4-1-32所示。根据每个车辆的标准数据,通过测量、对比数据的变化来判定车身部件是否变形,校正工作是否准确,或者新更换部件的定位是否正确。

图4-1-31　测量车身底部数据　　　　图4-1-32　测量车身上部数据

四、电子式车身测量系统

(一)半机械式半电子测量系统

它的测量工具是一个类似轨道式量规的测尺,量规上安装了位移传感器,在测尺上可以电子显示测量的高度、长度两个方向的数值,一次只能测量两个测量点之间的高度和长度或高度和宽度,然后把数据通过有线或无线传输到计算机的系统内,软件系统将测量的数据与系统内标准数据对比,可以得知测量的结果。

(二)半自动电子测量系统

自由臂的转动可以移动到测量的位置上,在连接处有角度传感器,任何一个关节转过的任何一个角度会被传输记录到计算机上,自由臂的长是一定的,计算机会自动计算出自由臂端部到达的空间位置的三维数据尺寸。

(三)全自动电子测量系统

1. 激光测量系统

激光测量系统包括多个反射靶、一个激光发射器和接收器、一台计算机。激光发射器发射激光投射到反射靶上,通过接收光栅反射的激光束测量出数据传输到计算机,由计算机通过计算可以得到测量点的空间三维尺寸。

2. 全自动超声波测量系统

超声波测量系统是目前应用最广泛的一种全自动电子测量系统,精度可以达到±1 mm以内,测量稳定、准确,可以瞬时测量,操作简便、高效,适合车辆的预检、修复中测量和修复后检验等工作。

(1)超声波测量原理。

超声波测量系统由超声波发射器、超声波接收器、控制柜(包括计算机,也称主机),以及各种测量头组成,如图4-1-33和图4-1-34所示。

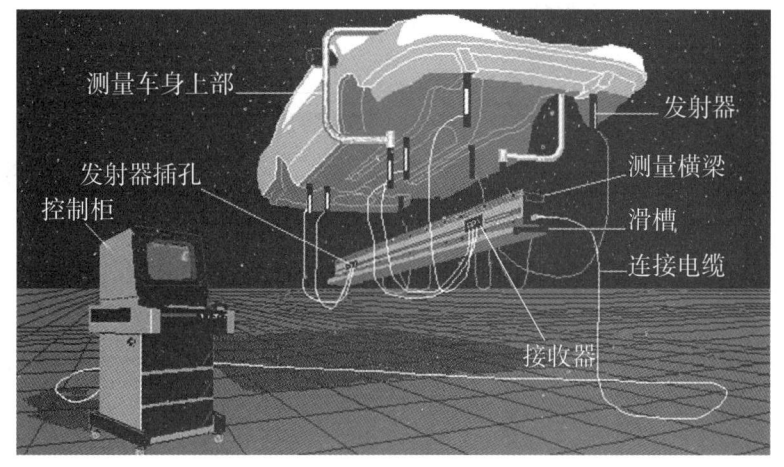

图4-1-33 超声波测量系统的基本组成

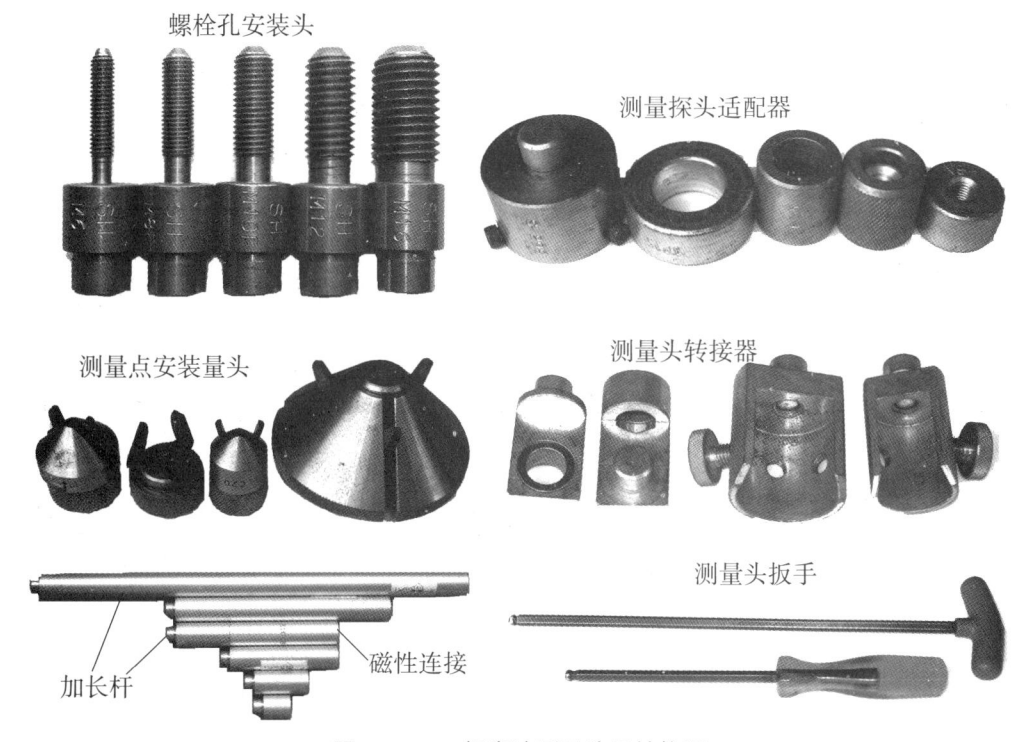

图4-1-34 超声波测量头及转换器

超声波发射器,如图4-1-35所示,有上下两个发声源同时发射超声波,由测量头及测量头转接器等安装到车身某一构件的测量点上,发射器发送超声波,由于声音是以等速传播的,装置在测量横梁上的上下两排48个接收器,如图4-1-36所示。可快速精确地测量超声波在车辆上不同基准点之间传播所用的时间,计算机根据每个接收器的接受情况自动计算出每个测量点的三维数据。

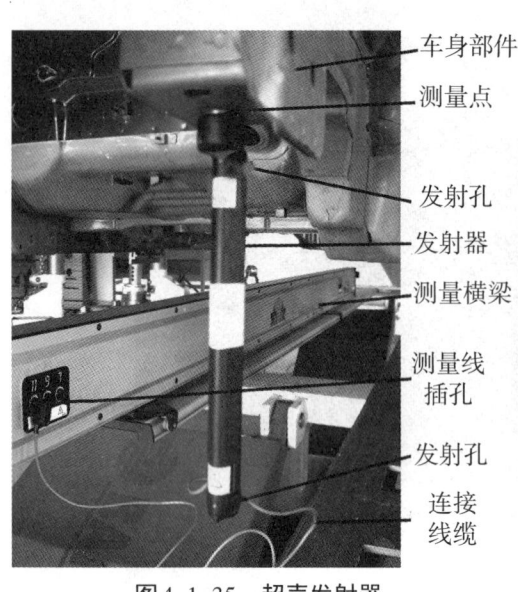

图 4-1-35　超声发射器　　　　　　　图 4-1-36　接收器

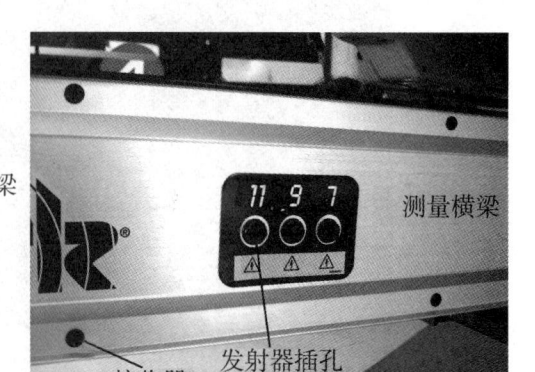

【任务实施】

一、任务要求

在测量前要做好以下准备：

(1)拆下可拆卸的损坏件,包括机械部件和车身覆盖件。

(2)如果损坏非常严重,则对车辆的中部或基础部分先进行粗略的校正,然后将中部基准点的尺寸恢复到标准数值。

(3)正确安装测量点的传感器和发射器。

(4)对需要测量的点进行测量并填写作业表。

测量点		长度测量值	宽度测量值	高度测量值
a点	左侧			
	右侧			
b点	左侧			
	右侧			
c点	左侧			
	右侧			
d点	左侧			
	右侧			
e点	左侧			
	右侧			
f点	左侧			
	右侧			

二、任务准备

完成本任务,需要使用的主要设备有汽车车身、全自动超声波测量系统、车身校正平台,需要安全帽、防护眼镜、防护手套、工作服、工作鞋等个人防护用品。

三、任务步骤

1.语言选择

按F1进入下一界面,如图4-1-37所示。

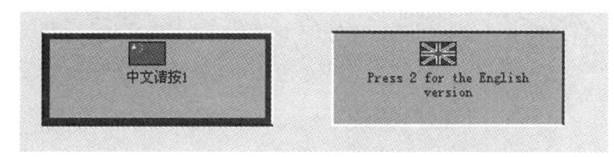

图4-1-37 测量系统语言选择界面

2.进入欢迎界面

此界面为欢迎界面,点击"F1继续"将进入下一界面,如图4-1-38所示。

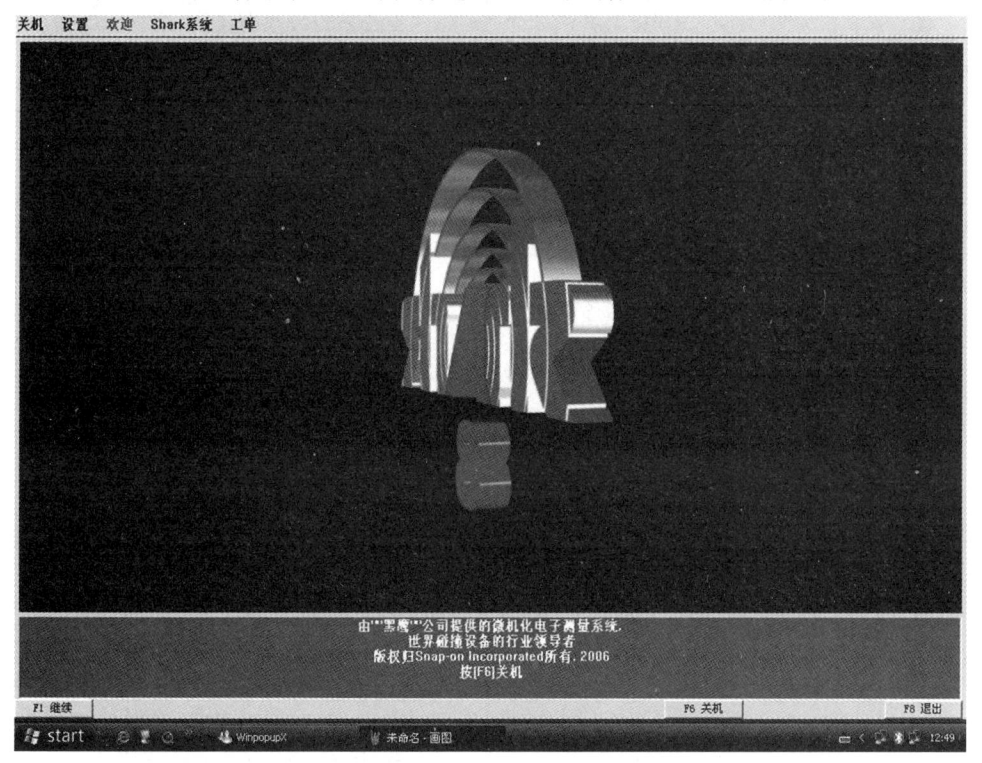

图4-1-38 欢迎界面

3.进入系统界面

此界面为系统界面,点击"F1继续"将进入下一界面,如图4-1-39所示。

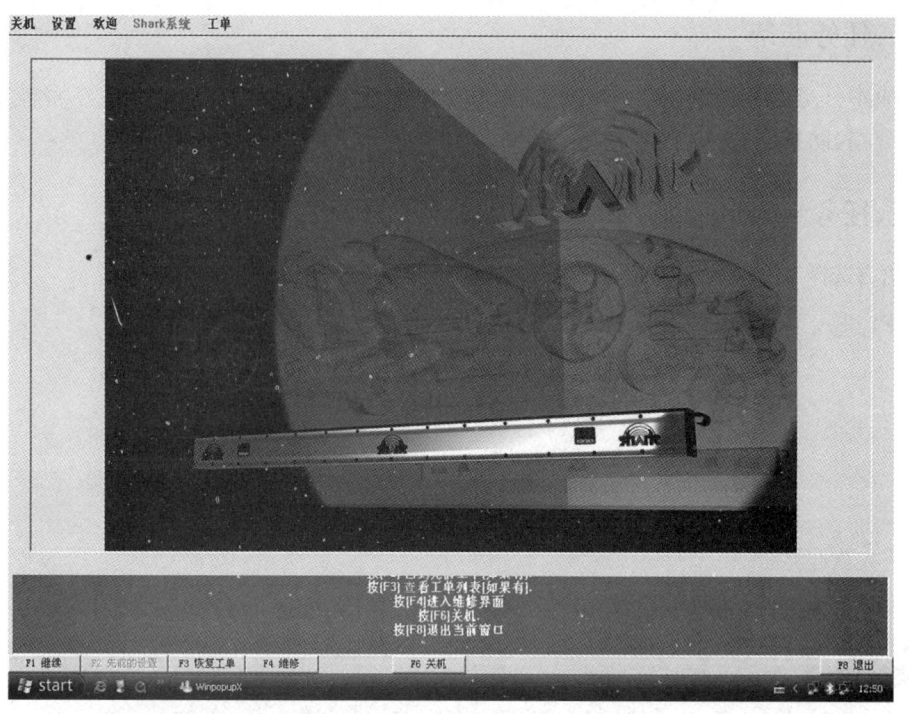

图4-1-39　系统界面

4. 进入工单界面

工单界面要求对新客户信息进行工单填写，如是老客户可直接从客户列表中选取，如图4-1-40所示。

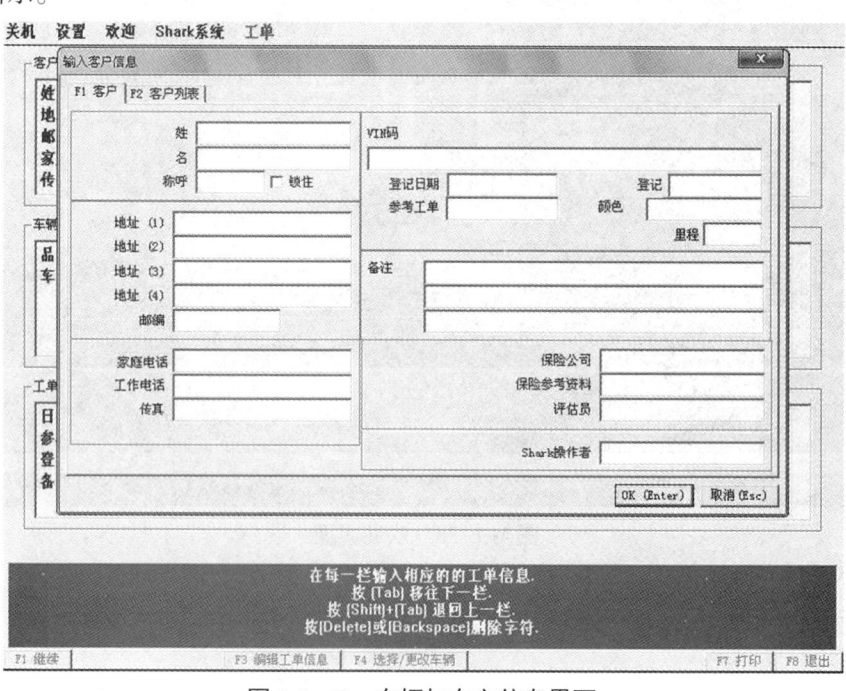

图4-1-40　车辆与车主信息界面

5. 车辆品牌选择

选择对应的品牌，根据品牌在右侧选择数据源"欧洲或中国"，点击"F1品牌"选择品牌，如图4-1-41所示。

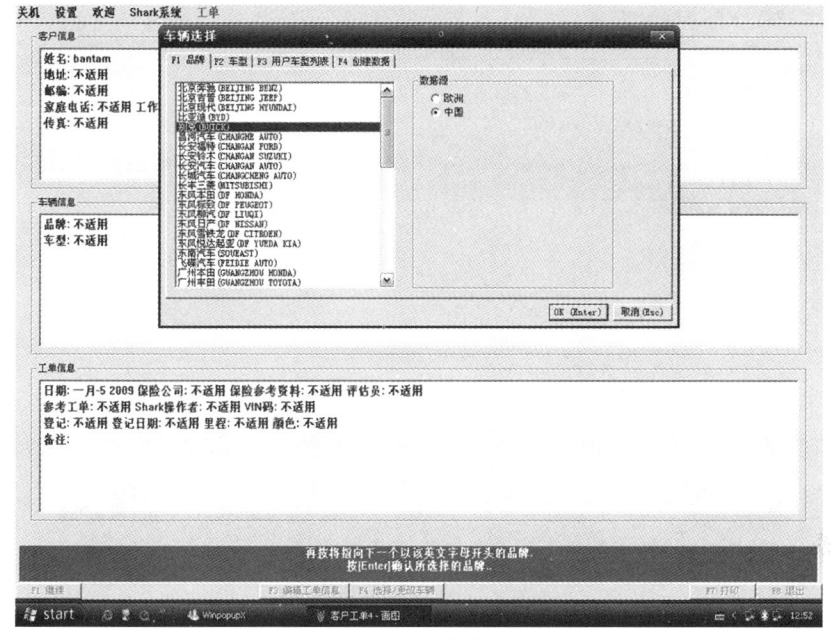

图4-1-41　品牌选择界面

6. 车型选择

点击"F2车型"选择车型，选对车型后点击"OK"键，如图4-1-42所示。

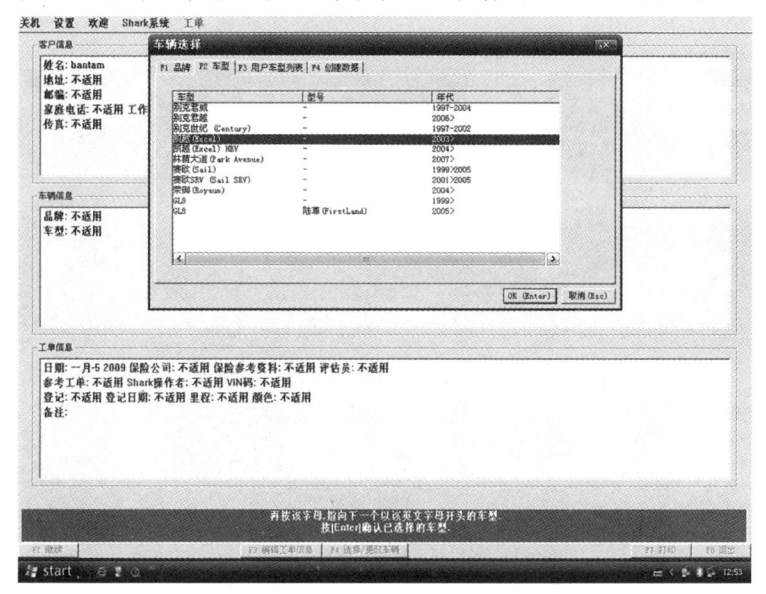

图4-1-42　车型选择界面

7. 工单修改界面

如工单客户信息有误可通过点击"F3编辑工单信息"修改,如车型有误通过点击"F4选择/更改车辆"修改,无误后点击"F1继续"进入下一界面,如图4-1-43所示。

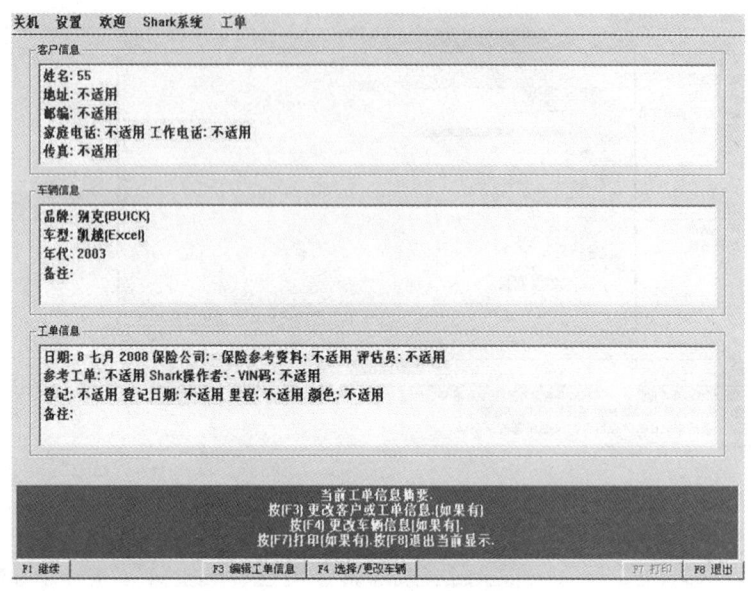

图4-1-43 工单修改界面

8. 车辆模式选择

根据车辆受损情况点击"Page Up"或"Page Down",或通过左右箭头键选择有无悬架。按"F4"键选择横梁方向,一般要求横梁方向和车头方向一致,准备好后点击"F1继续"进入下一界面,如图4-1-44所示。

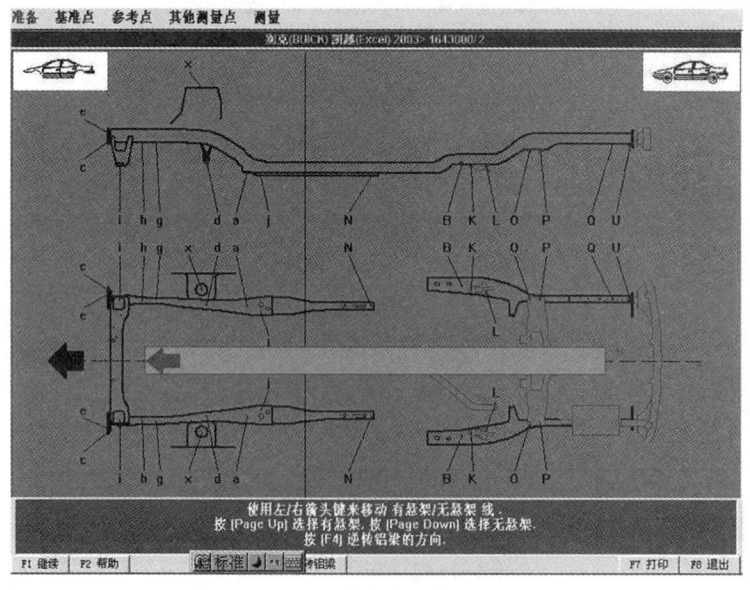

图4-1-44 车辆模式选择界面

按"F4"键,可以清楚寻找需要测量的点的位置

9.基准点选择

首先要选择4个基准点,一般选择A和B作为测量的基准点。如A或B出现损坏需选用没受损的点作为基准修复A和B点,再以A和B点作为基准点。根据对话框附件的选用,在车辆相应的点安装上附件及发射器,如图4-1-45所示。

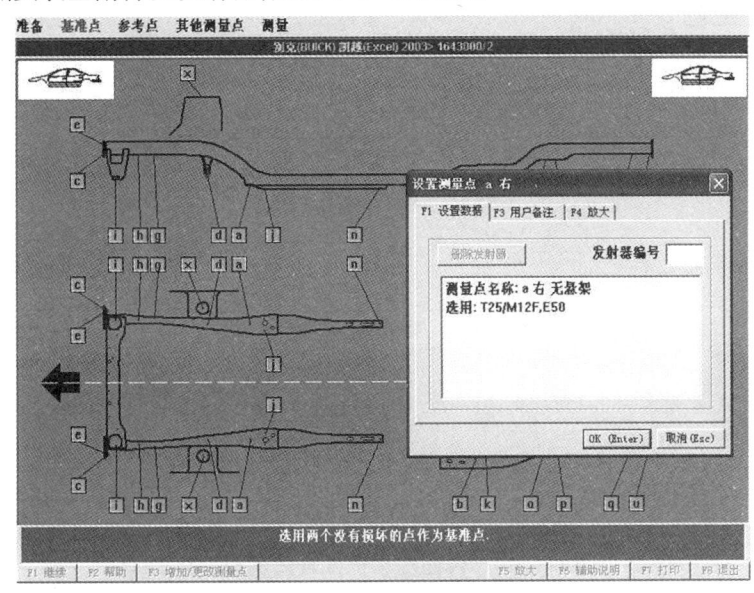

图4-1-45 基准点选择界面

10.参考点选择

在四个基准点中,有一个点是作为参考点对基准面进行验证的。参考点选择无误后,对其他测量点进行测量,如图4-1-46所示。

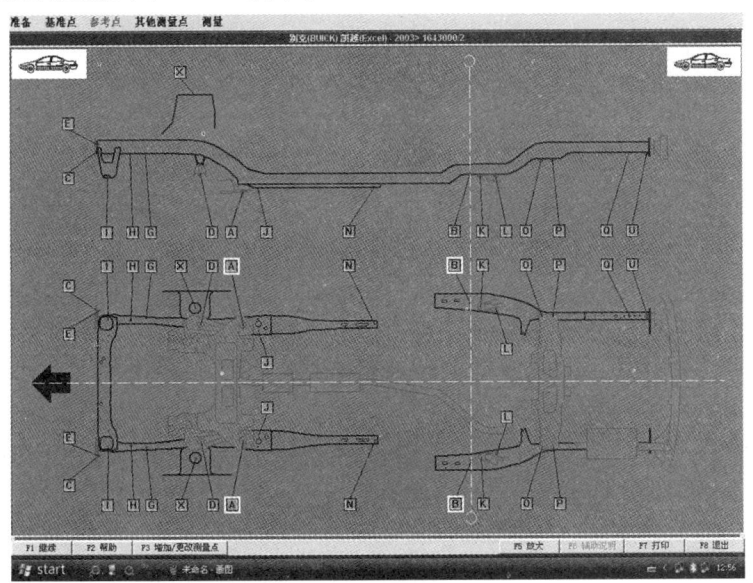

图4-1-46 参考点选择界面

11. 测量点测量

选择其他要测量的点进行测量,设备配备了六对测量探头,基准点和参考点在整个测量中不能移动,因此每次只能测量一对点。选择正确的测量点及附件,安装上测量探头,点击"F1继续"进入下一步,如图4-1-47所示。

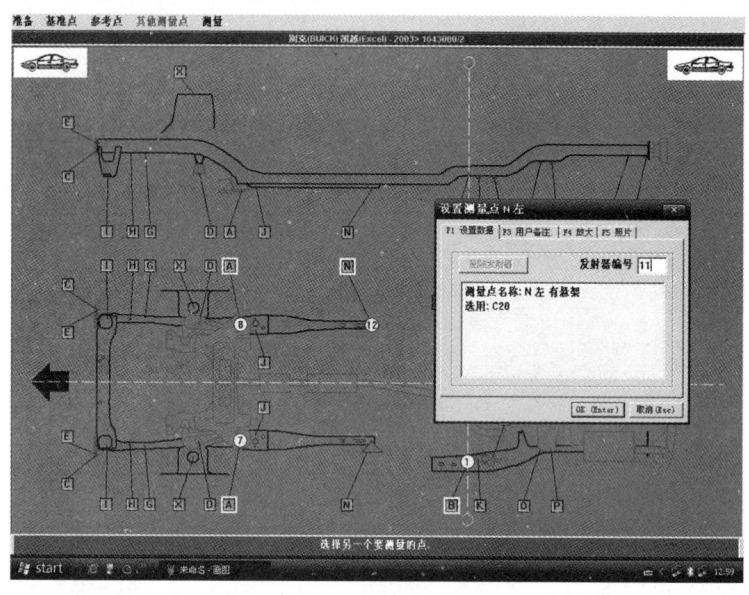

图4-1-47　界面提示选择合适测量探头

12. 测量数据显示

测量界面中显示测量点左、右标准数据、测量值和差值。如要测量其他点,点击"F8退出"退回其他测量界面,如图4-1-48所示。

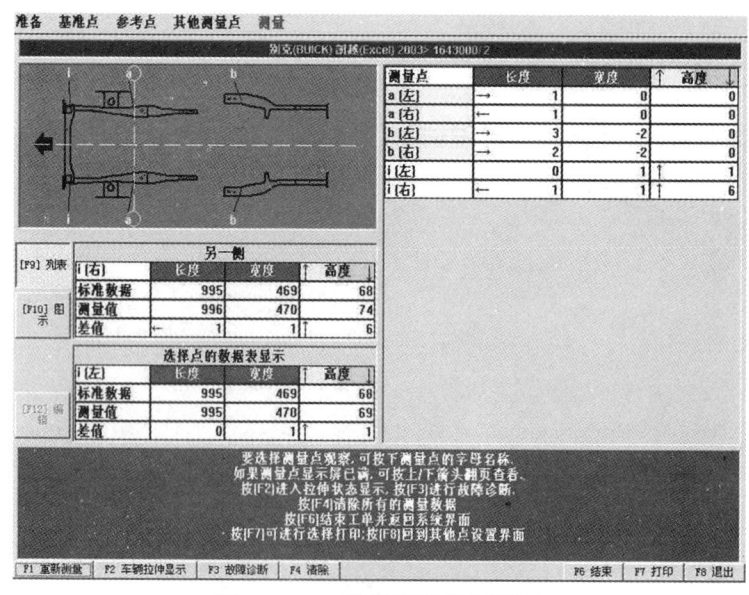

图4-1-48　测量数据显示界面

13. **继续测量**

点击上次测量的点(为白色框),在弹出的对话窗中选择"删除发射器",该点将变成蓝色,然后选择要测量的其他点进行测量,如图4-1-49所示。

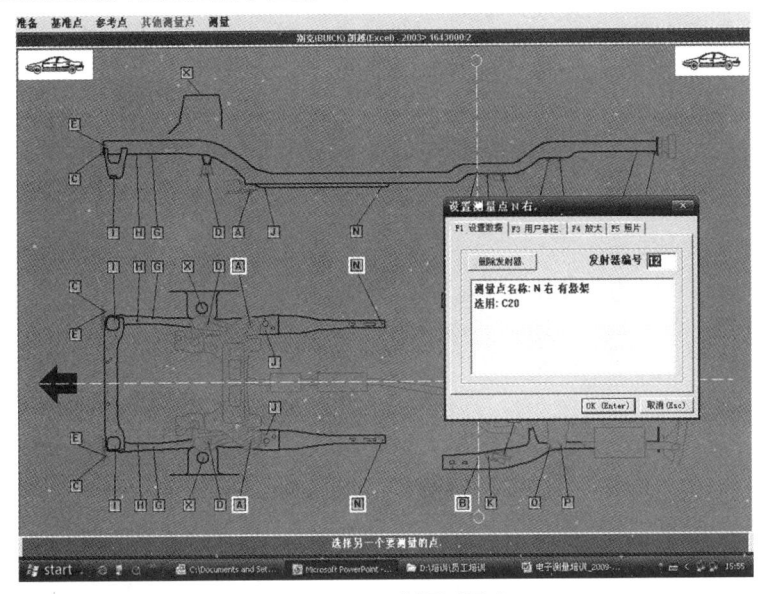

图4-1-49 选择测量点

14. **数据显示**

所有测量数据显示,如图4-1-50所示。

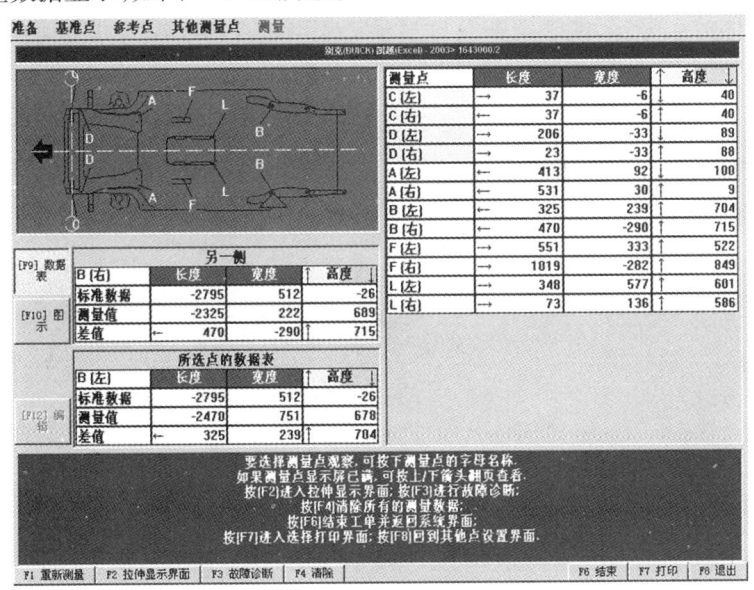

图4-1-50 所有测量数据显示界面

15.**实时监控界面**

在测量界面按F2会进入拉伸界面,发射器会不间断地测量,实时对车身进行监控。黄绿色圆圈代表高度方向的误差。红白相间的代表长度和宽度方向的,起始点代表目前变形车身的位置,终止点代表正确位置。如要对每点进行放大则按F1,如图4-1-51所示。

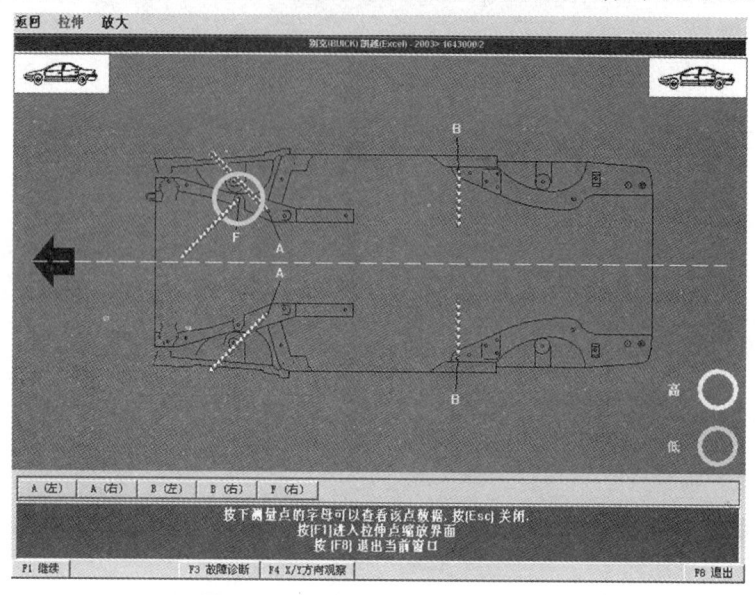

图4-1-51 拉伸中数据显示界面

16.**各点实时监控**

拉伸界面的放大显示,能够更醒目地显示车辆测量点的变形与修复情况,如图4-1-52所示。

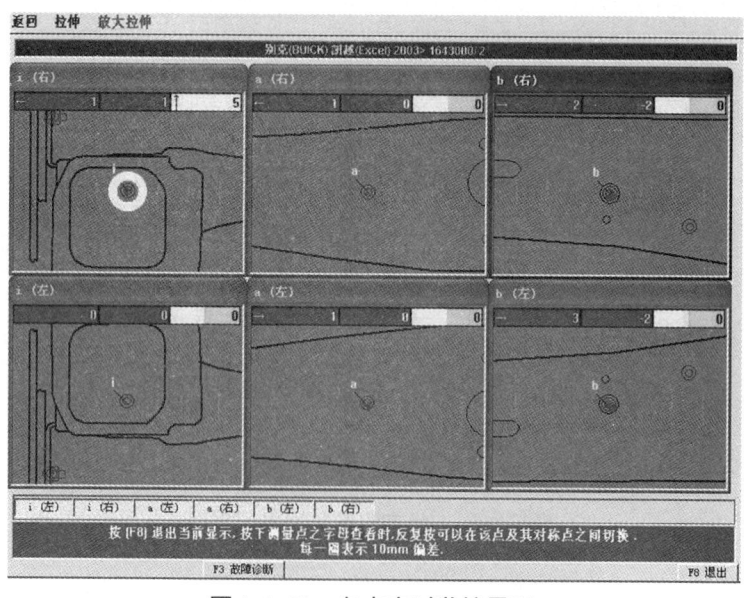

图4-1-52 各点实时监控界面

17.数据打印

退回到测量界面后选择"F7打印"进入打印界面。可根据需要打印相应的结果,如图4-1-53所示。

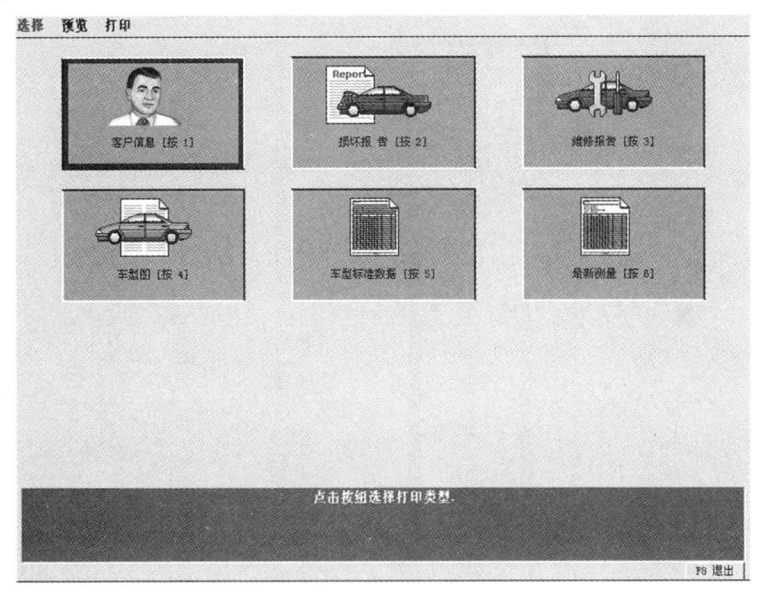

图4-1-53 数据打印

【任务拓展】

一、车身底部数据图识读

如图4-1-54所示,用俯视图来表达,左侧为发动机室数据图,右侧为车身底部数据图,同样要找到图中表示长、宽、高的三个基准。

(一)宽度数据

在俯视图的中心部位有一条线把车身一分为二,这条线就是中心面的投影。车身上的测量点用1~28的数字表示,每个数据代表车身上左右两个测量点分别到中心面的距离数据,可以直接读出任一测量点的宽度数据。

(二)高度数据

在数据图上方有一条图标,有圆圈、六角形和三角形等,内部有A、B、C和E等字母和数字。圆圈表示测量点是一个孔,六角形表示测量点是一个螺栓,三角形表示测量部件的表面,A、B、C、E等字母表示测量用测量头型号。数值表示高度,有时同一个点有两个高度值,是因为在测量有螺栓时和拆掉螺栓后的高度是不同的。

(三)长度数据

在14和18测量点位置有两个黑色的X,表示这两个点是长度方向的基准,以车身后部18号点为长度基准,得到汽车前部各个测量点的长度数据,以车身前部14号点为长度基准,得到汽车后部各个测量点的长度数据。

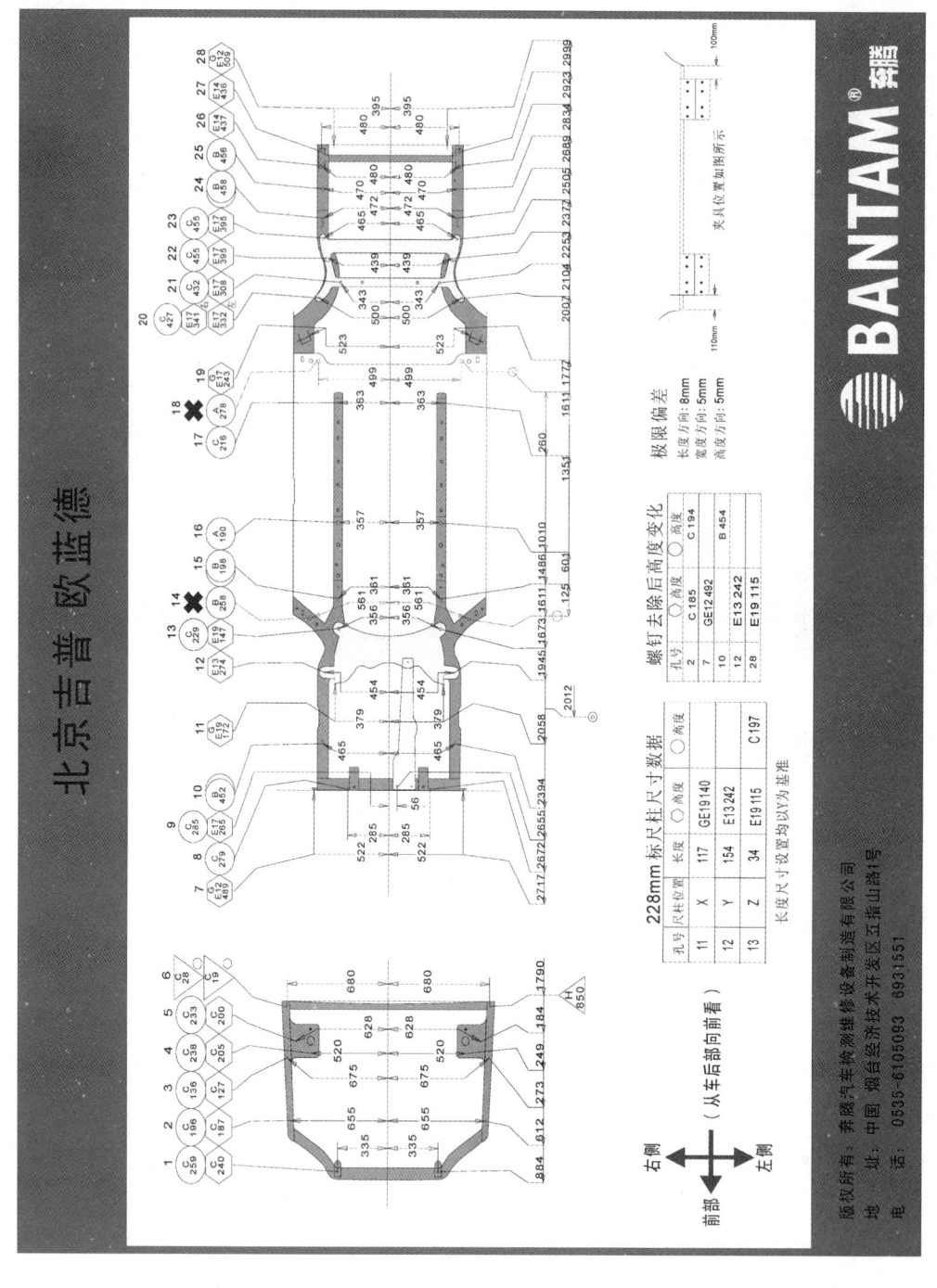

图4-1-54 用俯视图来表达的车身底部数据图

例如，要找5号点长宽高数据，5号点属于发动机室的数据，左右点分别到中心面的宽度为628 mm，高度尺寸是从原基准面上850 mm为新的高度基准测量的，从这点向下测量就可以得到发动机室测量点的高度尺寸，在数字5的下方圆圈内有字母C和数字233，六角形内有字母C和数字200，表示用C形测量头测量时，5号点为空时高度为233 mm，为螺栓时高度为200 mm，5号点距离新高度基准的高度尺寸是850-233=617 mm和850-200=650 mm。在发动机室图下方表示的是长度尺寸，5号点距离新长度基准6号点的长度尺寸是184 mm，而距离长度基准18号点的长度尺寸是1790+184=1974 mm。

二、车身上部数据图识读

如图4-1-55所示，车身数据图是车身上部的俯视图，包括发动机铰链位置、前后风窗、前后门、背门、角窗和前中后立柱的尺寸数据，它是通过给出上述不同测量点的三维数据表达的。图中左侧表示汽车前方，读图时要先找到图中表示长、宽、高的三个基准。

宽度基准中心面，俯视图中心有一条线把车身一分为二，这条线就是中心面，车身上测量点用1~17表示，每个数字代表车身上左右两个测量点。通过每个测量点到中心面显示的数据可以直接读出数据。

高度基准面，在数据图的上方有一排图标，有六角形、长方形、三角形和菱形等，内部有C、DS、F、E等字母和数字。六角形表示测量点是螺栓，正方形表示测量部件的表面，三角形表示测量基准位置的变化情况，C、DS、E、F表示测量头的型号，G表示G形测量头与其他测量头配合使用，数字表示高度。

例如，要找1点的长、宽、高数据。首先找到1点在车身上的位置，可以读出1点左右到中心面的宽度数据为680 mm。在数字1的下方有两个倒三角形标志，内有字母C和数字28、19，表示用C型测量头测量1号圆孔时，高度数据值是28 mm，用C型测量头测量1号螺栓时，高度数据值是19 mm。在1号点的延伸线的下部有标有1790的弯箭头和内部有H和850三角标志，表示1号点的长度是车身后部长度基准点前方1790 mm。850表示1号点的高度尺寸是在此位置的高度基准向上850 mm为新的高度基准测量得到的。

图 4-1-55 车身上部的三维数据

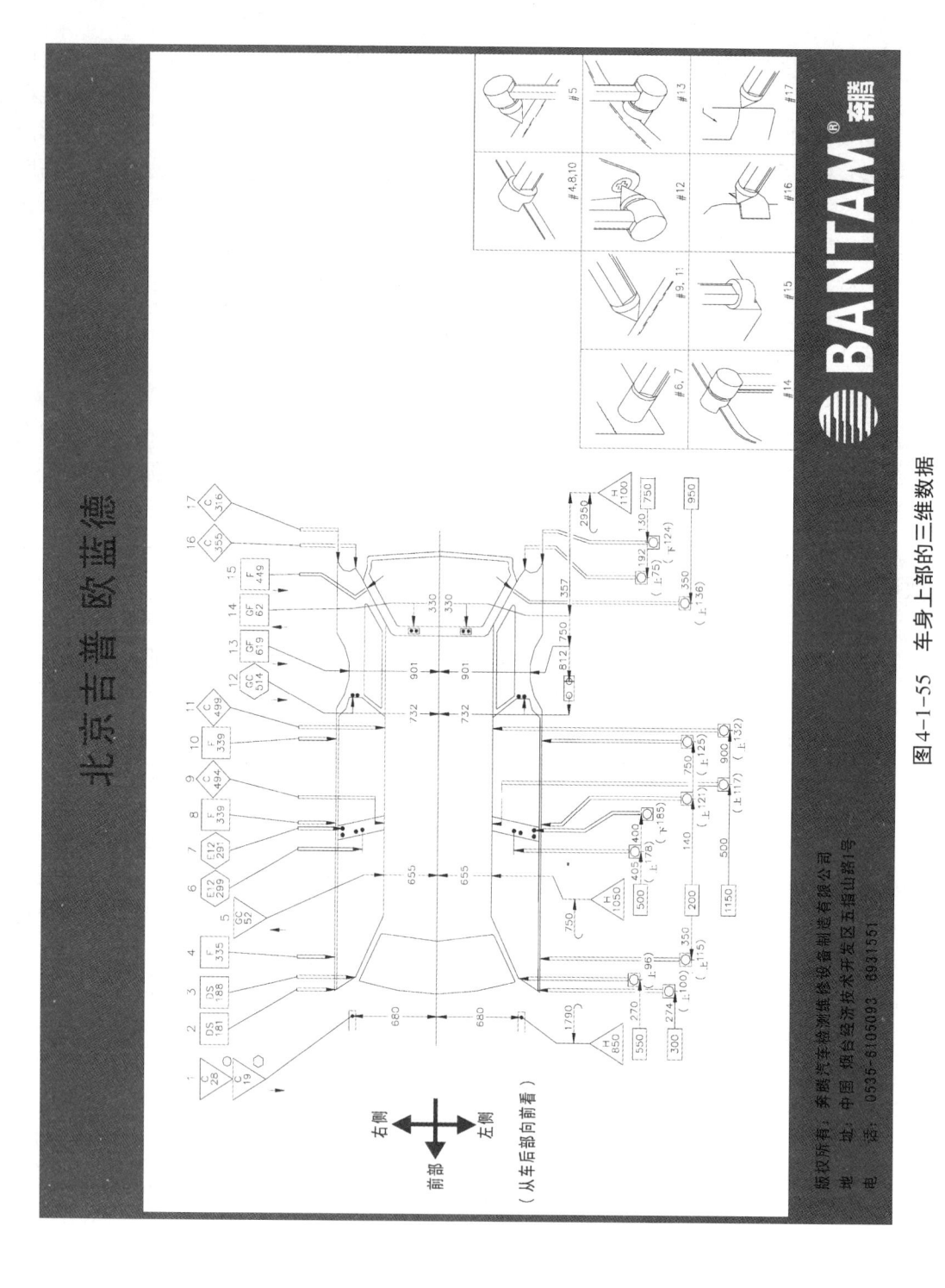

【任务检测】

一、填空题

1.车身测量的基准面主要以_____为参考。
2.中心面将汽车分为左右对等的两大部分,是三维测量的_____基准。
3.使用轨道式量规测量,当测量孔径大于测量头直径时应使用的测量方法是_____。
4.在测量一辆前端碰撞的汽车时,要先测量的部位是_____。
5.能够同时测量所有基准点,而且又能使一部分测量更容易、更精确的测量系统是_____。

二、判断题

1.车身测量工作一般只在拉伸中配合使用。( )
2.车身上的尺寸指的是中心点到中心点的距离。( )
3.点对点的测量是指两点之间的直线测量距离。( )
4.点对点测量时轨道式量规可以与车身基准面不平行。( )
5.同一尺寸用不同的测量方法测量,其结果是一样的。( )

三、选择题

1.下面属于机械测量系统的是( )。
A.自由臂式测量系统　　B.专用测量系统　　C.超声波测量系统
2.点对点的测量可以使用( )。
A.轨道式量规　　B.中心量规　　C.麦弗逊撑杆式中心量规
3.麦弗逊撑杆式中心量规可以测量车身的( )。
A.前纵梁　　B.后纵梁　　C.减震器支架
4.车身的测量位置包括( )。
A.螺栓　　B.车身上的圆孔、方孔或椭圆孔
C.焊接裙边搭接缝隙　　D.所有的孔
5.通用测量系统测量长度时,长度基准的选择位置在( )。
A.车身中部靠前基准点　　B.前纵梁前部附近的基准点
C.后纵梁后部附近的基准点　　D.车身中部靠后基准点
6.一般车身数据图中有( )。
A.长度尺寸　　B.宽度尺寸　　C.高度尺寸　　D.对角线尺寸

【任务评价】

一、小组过程评价

序号	考核项目	分数	考核内容	配分	考核标准	得分
1	出勤、纪律	5分	出勤	2分	违规一次不得分	
			行为规范	3分	违规一次不得分	
2	安全、防护、环保	20分	着装	2分	违规一次不得分	
			个人防护	3分	违规一次不得分	
			"5S""EHS"	5分	违规一次不得分	
			设备使用安全	5分	违规一次不得分	
			操作安全	5分	违规一次不得分	
3	任务检测	20分	任务测验成绩	20分	测验成绩的20%	
4	技能考核	35分	技能测验成绩	35分	测验成绩的35%	
5	学习能力	10分	工单填写,工艺计划制订	4分	未做不得分	
			组内活动情况	4分	酌情扣分	
			资料查阅和收集	2分	未做不得分	
6	任务拓展	10分	知识拓展任务	2分	未做不得分	
			技能拓展任务	8分	未做不得分	
总分		100分				

二、教师评价

序号	优点	存在问题	解决方案

教师签字:

三、个人小结

_____

_____

任务二　校正车身变形

【任务目标】

目标类型	目标要求
知识目标	(1)能描述车身碰撞变形的损伤分析 (2)能讲述车身校正设备的组成 (3)能叙述车身校正设备的使用方法
技能目标	(1)能分析车身碰撞引起的损伤变形 (2)能正确使用车身校正设备校正车身的变形
情感目标	(1)重视安全、环保,养成安全文明的生产习惯 (2)养成对学习和工作进行总结的良好习惯,不断积累经验

【任务描述】

一辆轿车正开在十字路口上,左侧面车身被侧方向行驶来的轿车撞击,前后车门严重损坏,中柱也严重变形,经过维修技师鉴定,前后车门需要更换,车身中柱需要校正,请正确使用车身校正设备对变形部位进行校正。

【知识准备】

汽车车身不仅能经受日常驾驶中的震动和载荷,还能在碰撞中给人员提供安全保护。车身前部和后部要设计得容易损坏,从而吸收碰撞能量。车身中部要结实牢靠,给乘员一个安全的刚性空间。

整体式车身通常设计有能够很好地吸收碰撞能量的吸能区。有薄钢板连接成的车身壳体,在碰撞中,能吸收大部分震动。其中一部分碰撞能量被碰撞区域的部件通过变形吸收掉,如图4-2-1所示。另一部分能量会通过车身的刚性结构传递到远离碰撞的区域,这些被传递的震动引起的影响称为二次损坏。二次损坏会影响整体车身的内部结构或与撞击相反一侧的车身。

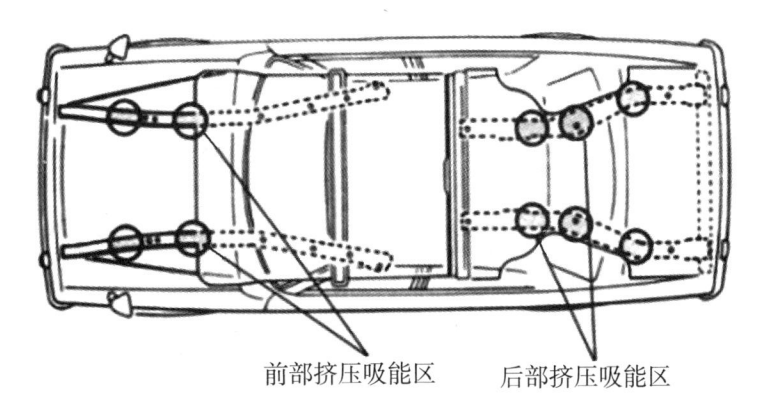

图4-2-1　车身前后吸能区

为控制二次损坏,汽车前部和后部设计了吸能区。前保险杠支撑、前纵梁、前挡泥板、发动机罩、后保险杠支撑、后纵梁、后挡泥板、后备厢盖等部位,都设计了波纹或结构上的局部强度弱化,如图4-2-2所示,在受到撞击时,它们就会按照预定的形式折曲,这样碰撞震动在传送过程中就被大大减小直至消散,中部车身有很高的刚性,把前部或后部吸能区不能完全吸收而传过来的能量传递到车身后部或前部,引起远离碰撞点部件的变形,从而保证中部乘员室的结构完整及安全。

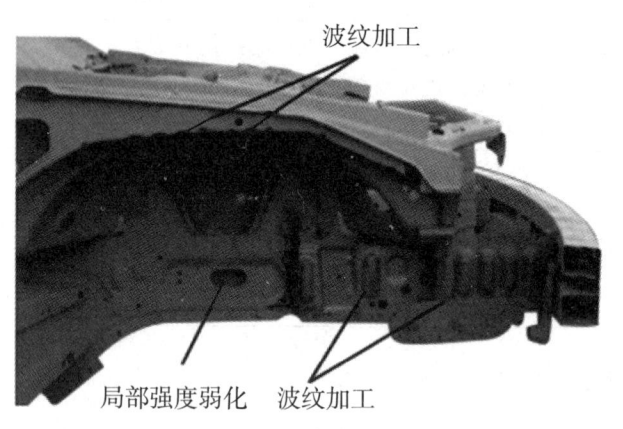

图4-2-2 汽车前部吸能区

一、汽车车身碰撞损坏因素分析

汽车碰撞时,产生的碰撞力及损伤程度取决于事故发生时的状况。被碰汽车的尺寸、构造和碰撞位置;汽车行驶速度和方向;碰撞物的差异;碰撞时汽车上的人员、货物的数量及位置都与汽车损伤程度有直接关系。

(一)碰撞物不同对变形的影响

两辆相同的车,以相同的车速碰撞,当撞击对象不同时损伤结果差别就很大。如图4-2-3所示,汽车撞上墙壁,碰撞面积大,损坏程度较轻;撞上电线杆,因碰撞面积较小,其碰撞损坏程度就严重。

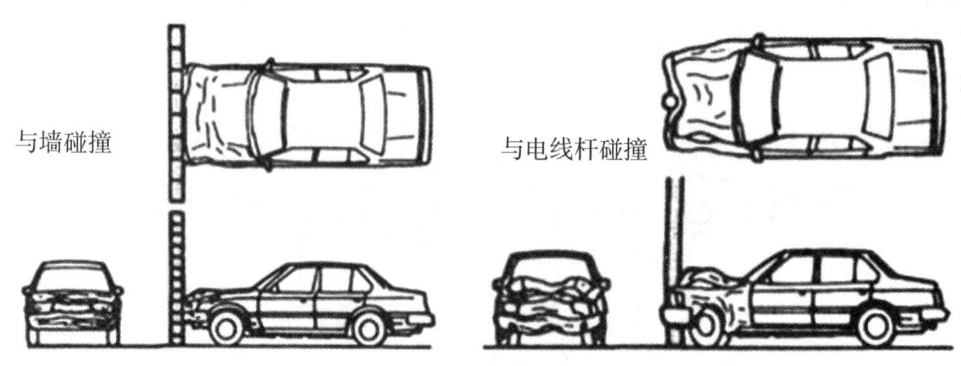

图4-2-3 碰撞物不同对变形的影响

(二)蹭伤损坏及影响

由于碰撞发生前驾驶员会有预先反应,如果驾驶员第一反应是要绕离危险区,汽车的侧面会被碰撞蹭伤,如图4-2-4所示。严重时会引起汽车前部、中部或后部的弯曲变形。

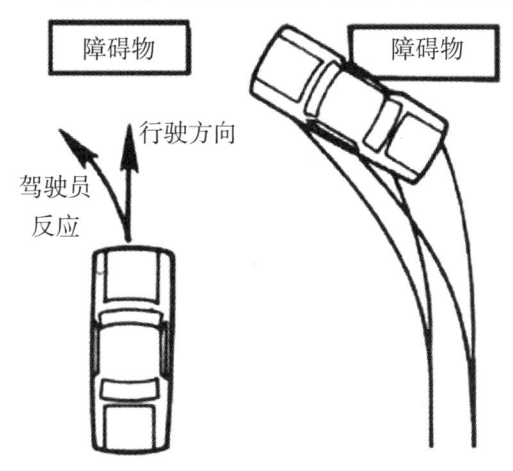

图4-2-4　汽车侧面碰撞蹭伤

(三)碰撞位置高低对损坏的影响

当碰撞点在汽车前部较高部位,如图4-2-5所示,就会引起车身前部后移和下沉。

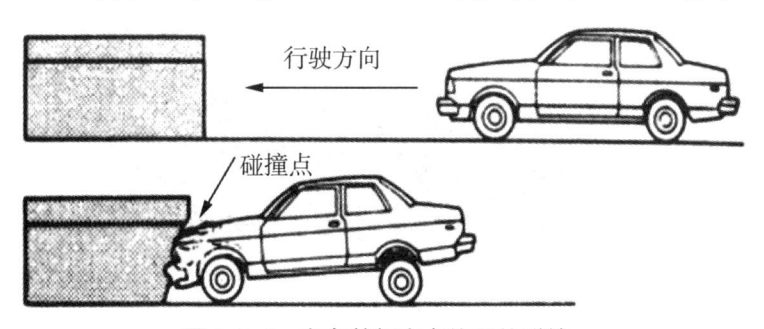

图4-2-5　车身前部高点位置的碰撞

碰撞点在汽车前部下方,如图4-2-6所示。因惯性力使汽车后部向上变形、车顶被迫上移,在车门的前上方与车顶板之间形成一个极大的裂口,车顶板会产生凹陷变形。

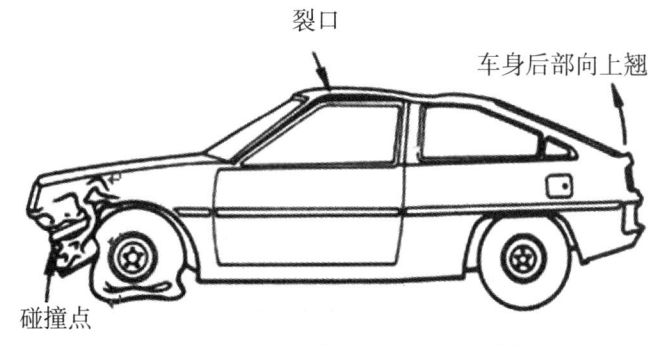

图4-2-6　车身前部低点位置的碰撞

(四)行驶方向对碰撞损坏的影响

当横向行驶的汽车和纵向行驶的汽车相撞,如图4-2-7所示。纵向行驶汽车的中部会产生弯曲变形,而横向行驶的汽车有压缩变形和被纵向行驶汽车引起的弯曲变形。

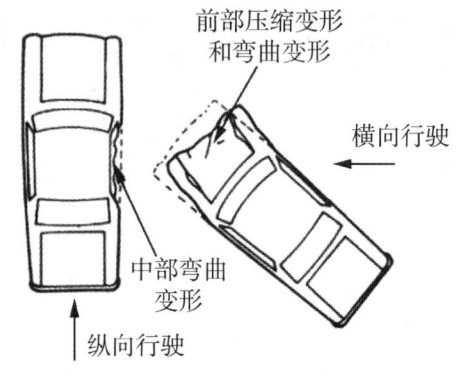

图4-2-7 不同行驶方向的碰撞

(五)不同类型车辆对碰撞损伤的影响

不同类型的车辆碰撞时,如图4-2-8所示,产生的变形也不一样。碰撞车辆质量越大,被碰撞车辆的变形越大。

图4-2-8 不同车型的碰撞

二、车身碰撞变形

(一)汽车前部碰撞变形

前端碰撞的冲击力取决于汽车的质量、速度、碰撞范围及碰撞物,正面碰撞时力通过保险杆防撞横梁传递到前纵梁上,通过前纵梁和前围板分散到车辆左右两侧,如图4-2-9所示。

图4-2-9 车身前部碰撞力的传递

车身前部碰撞程度比较轻时,前防撞横梁吸能盒被压缩缓冲碰撞力,散热器框架、发动机罩等会变形。如果碰撞力较大,前翼子板与车门挤在一起,使车门开闭困难;发动机罩铰链将向罩顶方向向上弯曲;前纵梁发生弯曲变形。如果碰撞力量足够大,则造成前翼子板、保险杠、散热器、前纵梁等严重变形,车门前立柱(特别是前门铰链上部区域)发生弯曲变形,车门下垂、车身底板及前挡泥板内板拱曲等,如图4-2-10所示。

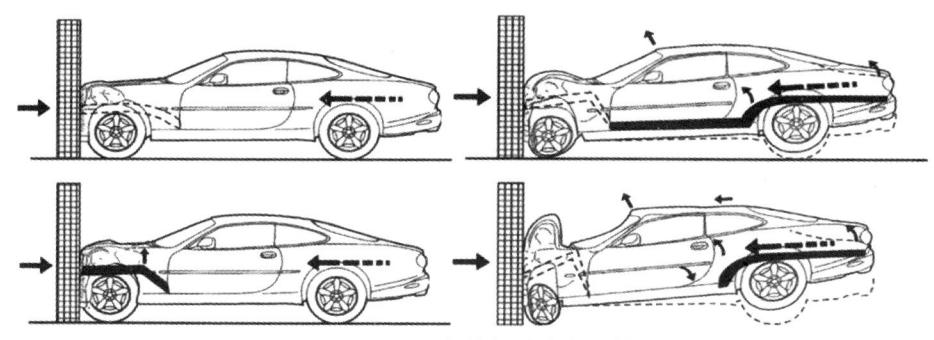

图4-2-10 汽车前部碰撞变形情况

如果前部不是正面碰撞,而是呈一定角度的斜向碰撞,车身前部的侧向元件会产生轴向和侧向弯折以及垂直弯曲,还会引起另一侧的变形。

(二)汽车后部碰撞变形

后部碰撞大多数是由倒车或追尾事故所引起的,若碰撞较轻,则会造成后保险杠、后备厢发生变形,后围外板外凸;若碰撞严重,会使车身侧板、底板甚至车顶、后挡风窗框柱、门立柱等发生变形,如图4-2-11所示。

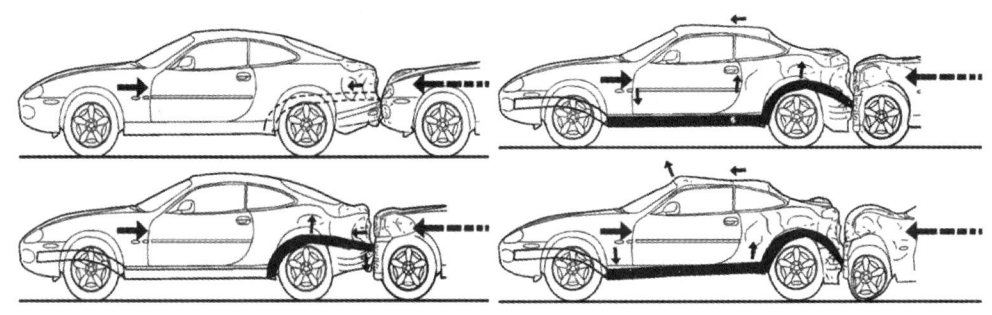

图4-2-11 汽车后部碰撞变形情况

(三)车身侧面碰撞变形

如果侧面碰撞,那么碰撞力首先从侧面防撞保护件车门传递到A柱、B柱、C柱,然后将力传递到上下纵梁,再分散到车身上下横梁,直到车身另一侧,如图4-2-12所示。若碰撞较轻,则造成车身外板凹陷;严重的碰撞会导致车门、门中立柱、车顶等发生变形,使前、后车身偏移;若前翼子板中部被撞,前轮将后缩,冲击力通过悬架所在横梁传给两侧纵梁,导致轮距、轴距、前轮定位失准。

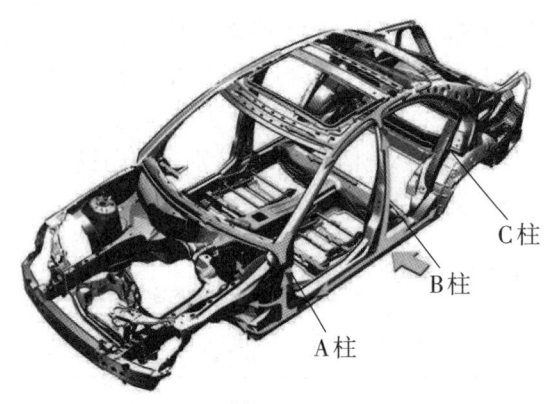

图 4-2-12　侧面碰撞时力的传递

如果中部侧面碰撞比较严重,车门、中柱、车门槛板、顶盖纵梁都会严重弯曲,甚至相反一侧的中柱和顶盖纵梁也朝碰撞相反方向变形。随着碰撞力的增大,车辆前部和后部会产生与碰撞力相反方向的变形,整个车辆会变形成弯曲的香蕉状,如图 4-2-13 所示。

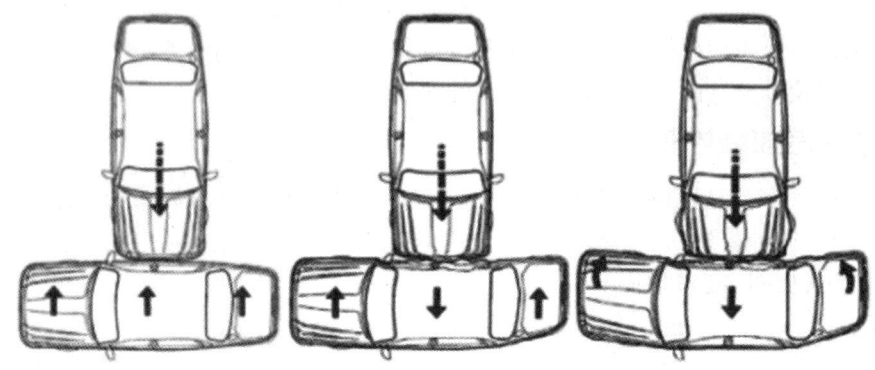

图 4-2-13　汽车中部碰撞变形情况

(四)车身顶部碰撞变形

车身顶部碰撞主要是汽车翻滚所引起的,如图 4-2-14 所示。在汽车发生翻滚时,车的顶部顶盖、立柱,车下部的悬架会严重损伤,悬架固定点的部件也会受到损伤。

如果车身立柱和车顶钢板弯曲,那么相反一端的立柱同样也会损坏。由于汽车倾翻的形式不同,车身的前部及后部部件的损伤也不同。就这些情况而言,汽车损伤程度可通过车窗及车门的变形状况来确定。

图 4-2-14　汽车翻滚碰撞变形情况

三、车身校正设备

车身修复中为了达到比较好的修复效果,必须使用有能力完成多种基本修复功能的校正设备。车身校正设备必须具备高精度、全功能的校正工具;配备多功能的固定器和夹具;配备多功能、全方位的拉伸装置;配备精确的三维测量系统。

(一)平台式车身校正仪

平台式车身校正仪,如图4-2-15所示,此类设备是通用型设备,也是目前应用最广的一种。

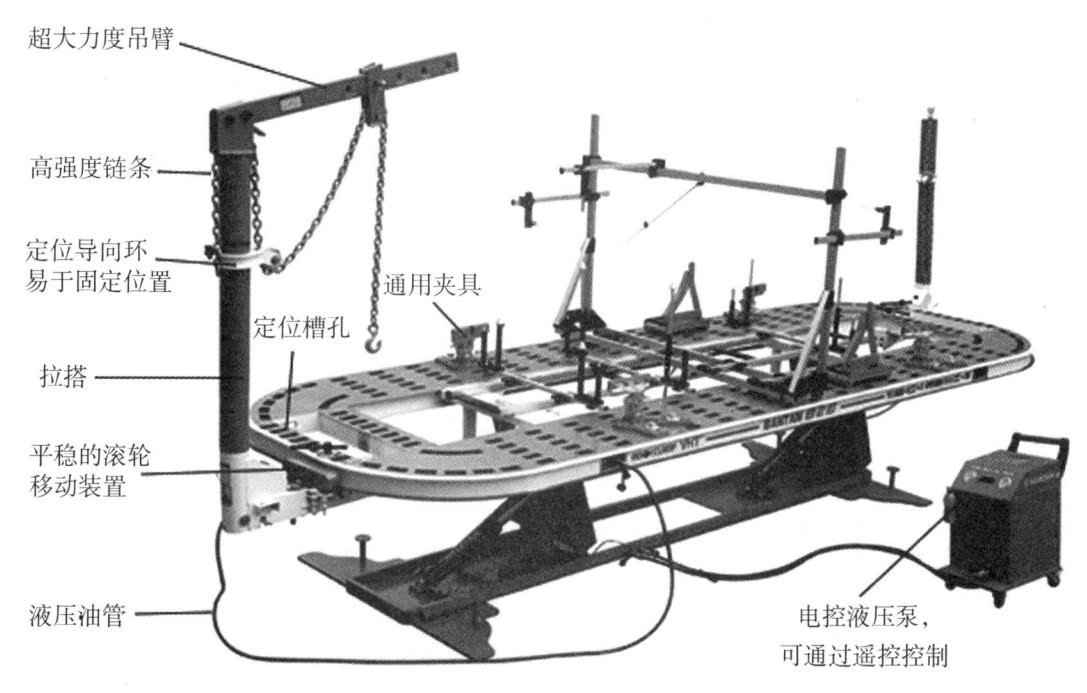

图4-2-15 平台式车身校正仪

1. 平台

平台,如图4-2-16所示,是车身修复的主要工作台,固定、拉伸校正、测量、板件更换等工作都在平台上完成。

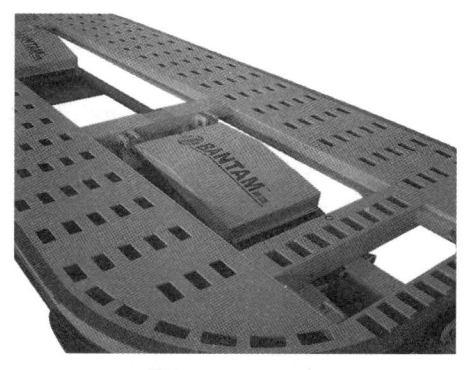

图4-2-16 平台

2. 上车系统及升降系统

通过上车系统和升降系统可以把事故车辆放置在校正平台上。上车系统包括车板,如图4-2-17所示,拖车器和车轮支架,如图4-2-18所示。

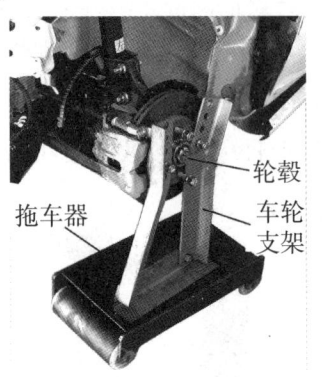

图4-2-17　车板　　　　　图4-2-18　拖车器

通过液压升降机构把平台升起到一定的工作高度,平台的工作高度有固定式和可调式两种,固定式的一般为倾斜式升降,高度为500~600 mm,如图4-2-19所示。可调式的一般为整体式升降,高度为300~1000 mm,如图4-2-20所示。

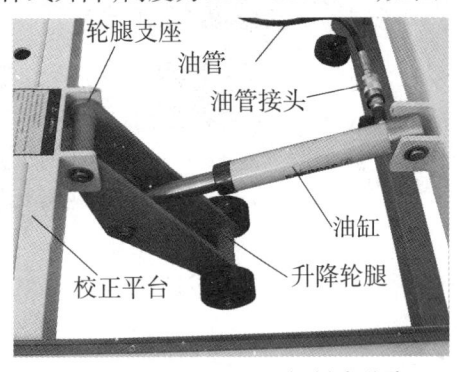

图4-2-19　倾斜式升降　　　　　图4-2-20　整体式升降

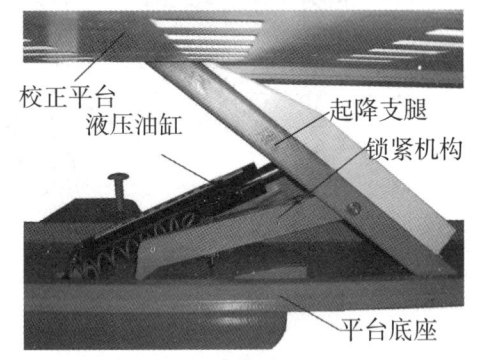

3. 主夹具

维修前,固定在平台上的主夹具将车辆紧固在平台上,车辆、平台和主夹具成为一个刚性的整体,车辆在拉伸操作时不能移动。主夹具可以调整高度以满足不同车身下部固定位置的需要,如图4-2-21所示。

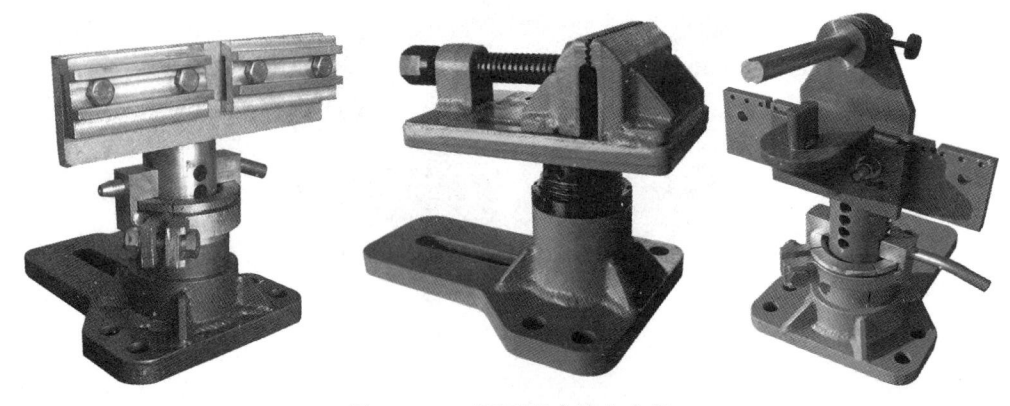

图4-2-21　不同形式的主夹具

4.液压系统

车身拉伸校正工作是通过液压的强大力量来把车身上的变形板件拉伸到位。校正仪上的气动液压泵和电动液压泵,如图4-2-22所示,通过油管把液压油输送到塔柱内部的油缸中,推动油缸中的活塞顶出。气动液压一般是分体控制的,而比较先进的电动液压系统一般是集中控制的,由一个或两个电动泵来控制所有的液压装置,这样效率更高,故障率更低,工作更平稳。

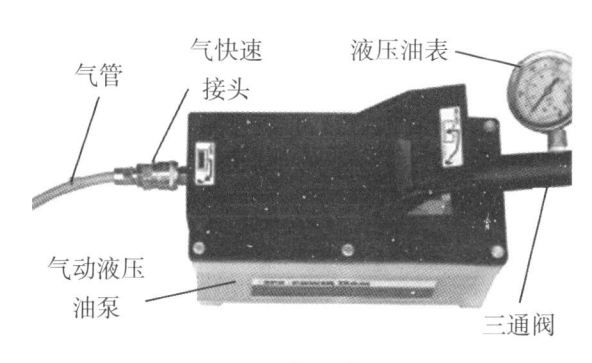

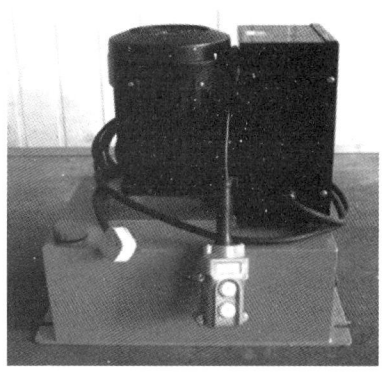

（a）气动液压泵　　　　（b）电动液压泵

图4-2-22　气动液压泵和电动液压泵

5.塔柱拉伸系统

损坏板件的拉伸操作是通过塔柱实现的,如图4-2-23所示。塔柱内部有油缸,液压油推动油缸活塞,活塞推动塔柱的顶杆,顶杆伸出塔柱的同时拉动链条,在顶杆的后部有链条锁紧窝把链条锁紧,通过导向环把拉力的方向改变成需要进行拉伸的方向。导向环通过摩擦力卡在塔柱上。

6.钣金工具

钣金工具包括各种对车身各部位拉伸和夹持的工具,如图4-2-24所示。

图4-2-23　塔柱拉伸系统　　　　图4-2-24　钣金工具

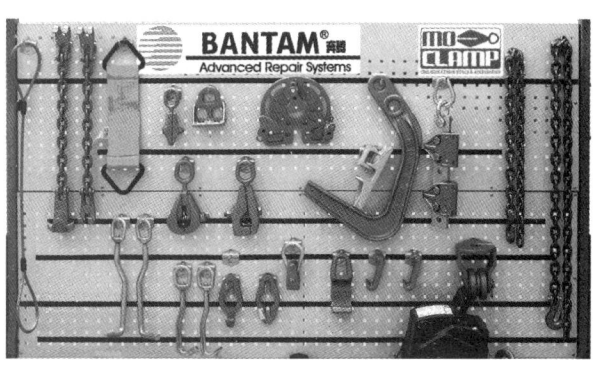

7.测量系统

测量系统是整个车身修复过程中不可缺少的。测量系统在测量车身变形任务中已介绍过,这里不再讲述。

(二)车身校正操作的安全与防护

(1)根据所用设备的说明书,正确地使用车身校正设备。严禁非熟练人员或未经正式训练的人员操作校正设备。

(2)车辆固定时要保证主夹具夹钳齿咬合非常紧固,车辆被牢靠地固定在平台上。拉伸前汽车要装夹牢固,检查主夹具固定螺栓和夹钳口螺栓是否紧固牢靠。一定要使用推荐型号与级别的拉伸链条和钣金工具进行操作。

(3)拉伸时钣金工具要在车身上紧固牢靠,链条必须稳固地与汽车和平台连接,防止牵拉过程中脱落。向一边拉伸力量大时,一定要在相反一侧使用辅助拉伸,如图4-2-25所示。严禁操作人员与链条或牵拉夹钳在一条直线上。因为当链条断裂、牵拉夹钳滑落、钢板撕断时,特别是在拉伸方向可能会造成直接的伤害事故。在车外进行拉伸校正时,人员在车内工作是非常危险的。

(4)用厚防护毯包住链条或用钢丝绳把链条、钣金工具固定在车身的牢固部件上,如图4-2-26所示。万一链条断裂,可以防止工具、链条甩出对人员和其他物品产生损坏。塔柱使用链条拉伸时,链条在顶杆的锁紧窝锁紧,链条不能有扭曲,所有链接都呈一条直线,导向环的固定手轮是拉伸前固定导向环高度的,当拉伸开始后要松开手轮,手轮松开后,一旦链条断裂,导向环因自重向下滑,防止链条向左甩出。

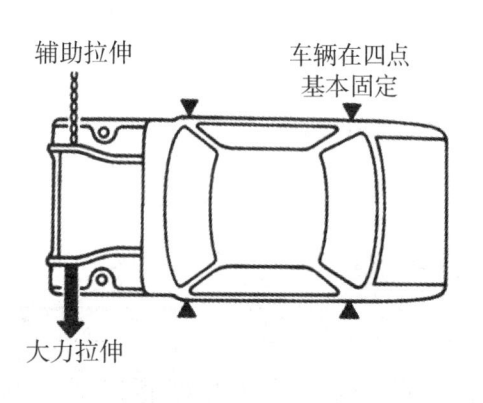

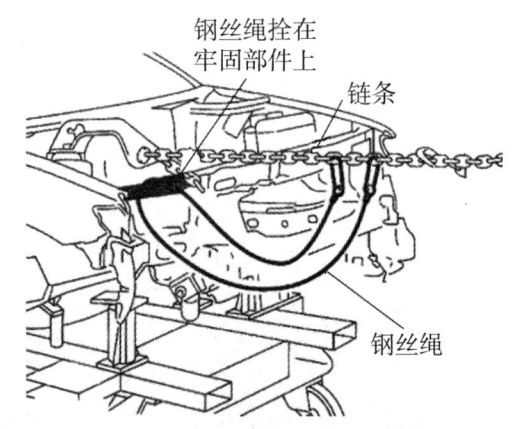

图4-2-25 拉伸时要有辅助拉伸　　图4-2-26 拉伸中要有安全绳防护

(5)在拉伸时要把塔柱与平台的固定螺栓紧固牢靠,否则拉伸中塔柱滚轮移动装置会受力损坏,可能导致塔柱突然脱离平台,造成人员和物品的损坏。

四、车身校正设备的使用

(一)车身校正前的准备

根据测量和损坏分析的结果来制订精确的碰撞修复程序,然后按照已定好的程序完成车身修复工作。

1. 车身损坏分析

对整体式车身应进行详细的测量和车身损坏分析，在损坏分析时分析得越详细、越彻底，修复计划就做得越完善，整个车身修复工作的质量、效率就越高。

2. 车辆部件的拆除

在拉伸校正前，应该拆除车身上妨碍校正的部件。注意只拆除为了接近车身需要修复的部位而必须拆除的那些部件，如图4-2-27所示。在进行修复前，要仔细研究车身结构、损坏位置和损坏程度，决定应拆除什么保留什么，以及如何拆除更为方便。

图4-2-27 拆卸修复部位的覆盖件

3. 对车身进行测量

通过精确的测量确定整体式车身结构的损坏程度并完全弄清楚损坏区域之后，才能够制订出完善合理的修复计划，才可进行拉伸和校正。车身主要控制点尺寸在拉伸中始终要不断进行测量和监控，以保证修复的准确性，如图4-2-28所示。

图4-2-28 测量变形部件

4. 制订拉伸程序

制订程序时，应遵循两条基本原则，以保证通过少量的拉伸校正来修复损坏部件的变形，并且不会造成进一步的结构损坏。

按与碰撞损坏相反的顺序修复碰撞时出现的损坏（先里后外），即最后出现的损坏要最先修复，以碰撞方向相反的方向来设计拉伸校正顺序。

5.拉伸操作方式

拉伸分两种方式,即单向拉伸和多点拉伸。在整体式车身损坏较轻的表面可以使用简单的单向拉伸,在拉伸修复结构复杂部件的损坏时,就要用多点拉伸。多点拉伸极大地减少了每个点上所需的力,大的拉伸力通过几个连接点分散,因此减小了薄钢板被拉断的危险。

6.车身的定位

对于整体式车身,必须用多点固定的方式。至少需要4个固定点,如图4-2-29所示。根据车身结构及拉伸的部位,有时还需要另外的固定点。

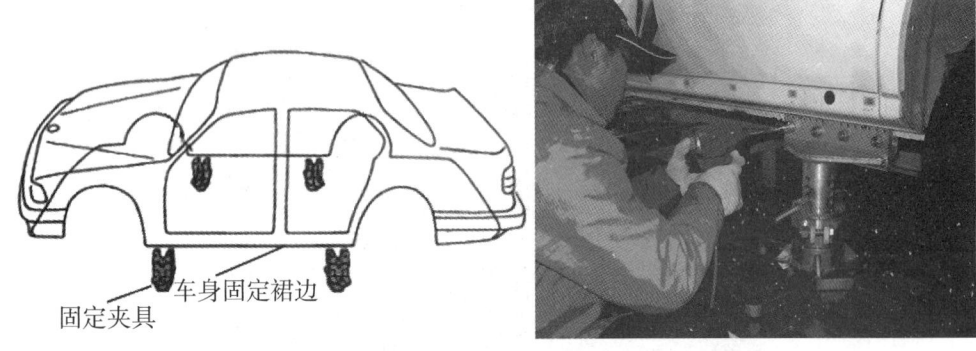

图4-2-29 用固定夹具对车身和平台进行固定

7.钣金校正工具的使用

为了更好地对整体式车身进行拉伸修复,针对车身不同部位的变形修复设计了许多钣金工具,可以对车身进行有效的拉伸修复。一些钣金工具的使用方法,如图4-2-30所示。

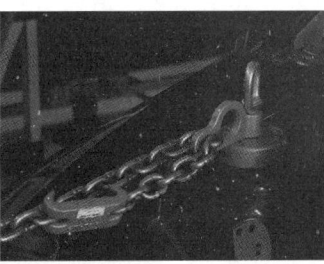

(a)链条连接工具　　(b)减震器座固定装置　　(c)前围板夹具

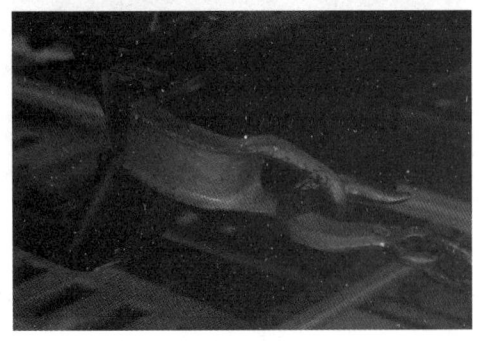

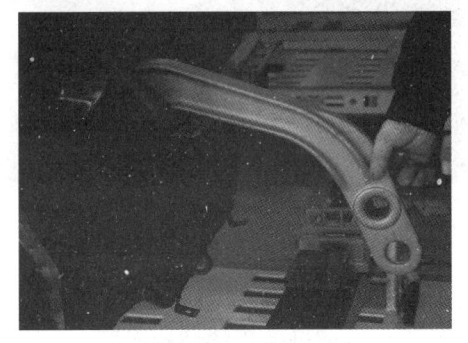

(d)大梁校正固定工具　　(e)后围板校正固定工具

(f)门槛校正固定夹具　　　　　(g)车门门框校正固定工具

图4-2-30　部分钣金工具的使用方法

在使用钣金工具时必须注意正确的使用方法,否则会损坏夹具和车身。在拉伸时必须使拉力方向的延长线通过夹齿的中间,否则夹钳有可能受扭转的力而脱开,还会对夹口夹持的部位造成进一步的损坏,如图4-2-31所示。

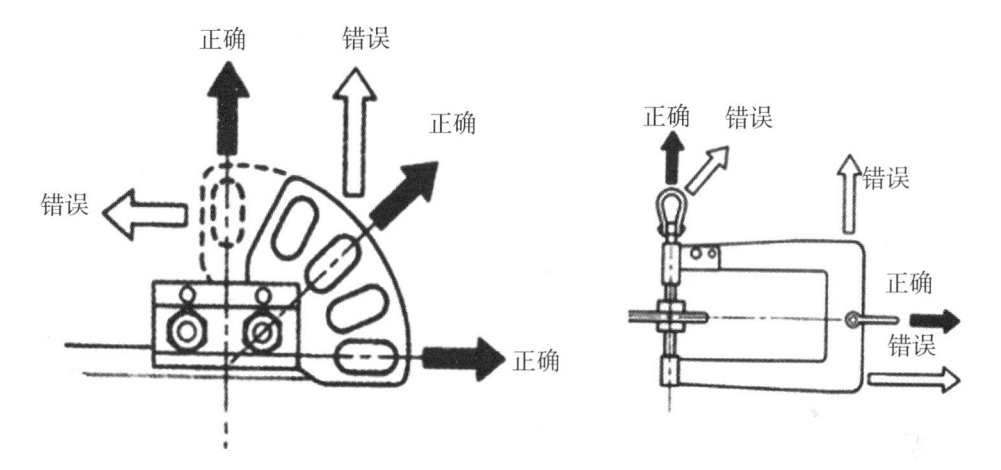

图4-2-31　钣金工具正确和错误的使用

(二)拉伸校正操作

1.拉伸校正的程序

拉伸校正程序就是从混在一起的众多小问题中,找出修复的先后顺序,找出第一个需要修复的板件开始修复,然后找到第二个板件,如此循环、继续。整个车身在修复时,要用"从里到外"的顺序完成修复过程。一个部件受到损坏后,可能存在三个方向的损坏,那么修整应从长度开始,然后是宽度,最后是高度。拉伸校正的程序是由损坏部件的尺寸决定的,每一个板件的修复需要很多次的拉伸操作,每一次拉伸时,只要受损板件产生少量变形,就需要卸力、测量,检查一下板件变形恢复的程度,还有多少尺寸没有恢复,再重复拉伸、测量、检查的工作过程,直到板件的尺寸恢复到标准尺寸的误差范围内。

2.拉伸校正操作

(1)塔柱拉伸。通过塔柱内的液压油缸,拉动拉伸链条,以导向环变化拉力方向,通过配备在塔柱上的顶部拉伸杆和下拉式装置可以对车身进行长、宽、高三个方向的拉伸,如图4-2-32所示。

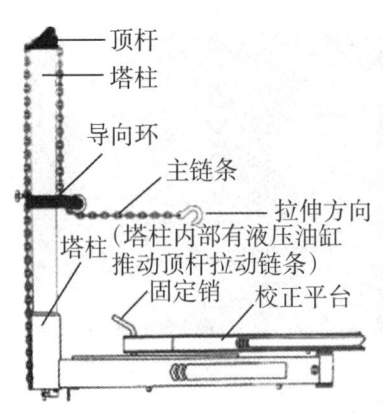

图4-2-32　塔柱拉伸

（2）液压顶杆拉伸。由于校正设备一般只有一个或两个塔柱,为了在拉伸校正中实现多点拉伸,还需要补充一些液压顶杆和链条来进行辅助拉伸,如图4-2-33所示。

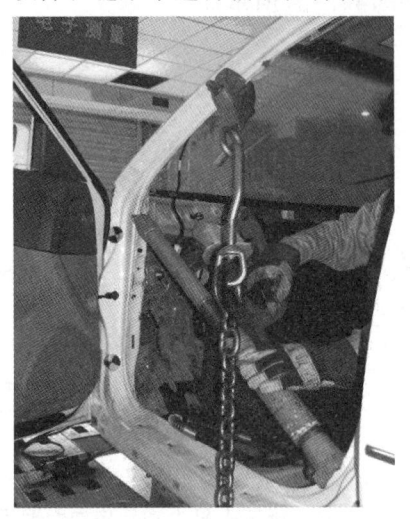

图4-2-33　液压顶杆拉伸

3.防止过度拉伸

产生过度拉伸的原因一般为:在拉伸校正中没有遵循"先里后外"的拉伸原则,导致修复程序的混乱,在修复其他变形板件时影响了已修复好板件的尺寸,使原来已经校正好的板件长度又被加大了,超过了原尺寸,如图4-2-34所示。在校正过程中没有经常地、精确地测量拉伸部位的尺寸,没有很好地控制拉伸的程度,就可能导致过度拉伸。

图4-2-34　过度拉伸

4.应力消除

拉伸校正的目的是将损坏的车身恢复到原来的形状,但是金属会由于再一次的变形而使内部加工硬化(应力)的程度加重,从车身表面上看已经修复好了,但钢板内部的状态并没有恢复。车身修复的目的也要使金属恢复到原来的状态。

外形修复到与原形接近的金属板,其晶体仍处于扭曲状态,形成新的扭曲区域,一般用可控制的加热(一般在200 ℃以下)和锤击,晶粒能被激活,重新松弛后恢复到原来状态,如图4-2-35所示。加热和外力使金属板恢复到原来的状态,减少了应力,使金属板尽可能地恢复平直,并且保持它原来的状态。在进行高强度钢板的应力消除时尽量不要采用加热的方式。

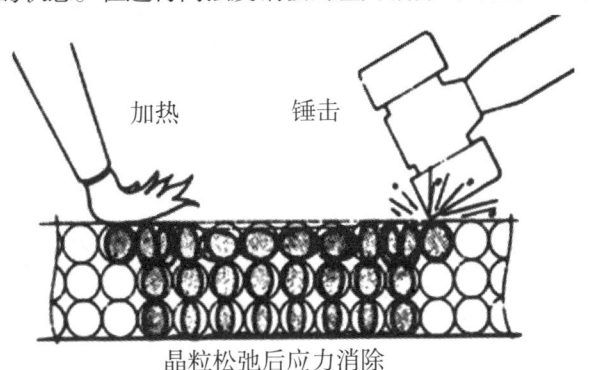

图4-2-35 晶体变形的恢复(应力的消除)

小提示:

在整体式车身梁上加热时,应仅在梁的角上加热,加热后不能用水或压缩空气冷却,必须让它自然冷却,快速冷却会使金属变硬,甚至变脆。

【任务实施】

一、任务要求

(1)不要试图一次拉伸就可以完成拉伸校正操作,而要通过一系列的反复拉伸操作。拉伸—保持平衡(消除应力)—再拉伸—再保持平衡。拉伸到出现一定变形量后要停止并保持拉伸拉力,再用锤子不断锤击损坏区域,使之松弛,然后拉伸并消除应力。

(2)在对一个部位施加较大拉力时应该多使用一些夹钳,拉伸一个部位用两个夹钳可以比用一个夹钳时增加一倍的拉力。

(3)车身部件的拉伸要从靠近车身部件中心的部分向外进行,当靠近中部部件的控制点尺寸到位后,可以用一个辅助固定夹具来固定,再拉伸下一段没有完全恢复尺寸的部分。

(4)在拉伸时要一边间歇地施加拉力,一边保持车身部件的移动,确定拉力在损坏部位是否有效,如果看不到任何效果,就要考虑改变拉伸的方向或拉伸部位。

(5)对于靠近交叉部位的弯曲,如纵梁的弯曲,可以夹住弯曲内侧表面进行拉伸,拉力的方向应与通过零部件原始位置的方向相同。

(6)如果损坏部件的一些部位褶皱得太紧,内部的加工硬化太严重,在拉伸时板件有被撕裂的危险。如果这些部件在吸能区就不能进行修复,需要进行更换。

二、任务准备

完成本任务,需要变形车身,车身校正仪,各种钣金工具、测量工具、基本工具、个人防护用品。

三、任务步骤

1. 车身前部损坏的拉伸修复

提示:通过碰撞位置可以分析出车身的左前方受到碰撞,散热器框架和左前纵梁都受到严重损坏,前立柱也向后变形,就需要按照与碰撞方向相反的方向对左前纵梁和前立柱进行拉伸,在左前立柱尺寸恢复后,再修复右前纵梁,再把严重变形左前纵梁拆除、更换。

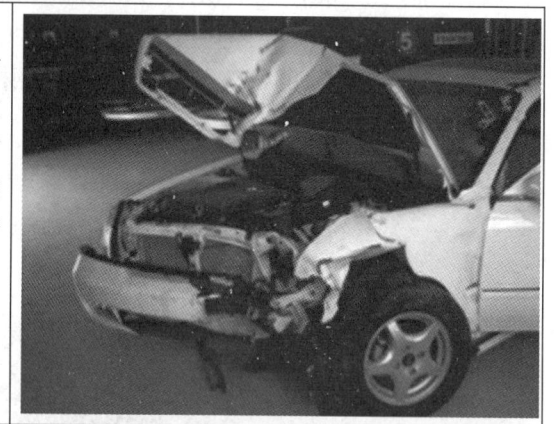

2. 车身后部损坏的拉伸修复

提示:一般情况下,尾部碰撞都是撞在后保险杠上,其冲击力由后纵梁或附近的板件传递,从而造成后纵梁上翘部位的损伤,并由此引起轮罩变形,整个翼子板前移,从而改变了其他部件之间的间隙。首先将夹持器或挂钩固定在后纵梁、后备厢地板或后翼子板的后部,然后边拉伸边对车身下部每个尺寸进行检测。在后纵梁被挤进轮罩或者后门缝有变形的情况下,不要夹持及拉伸变形不大或未出现变形的翼子板,只应对纵梁进行拉伸来消除翼子板内的变形应力。

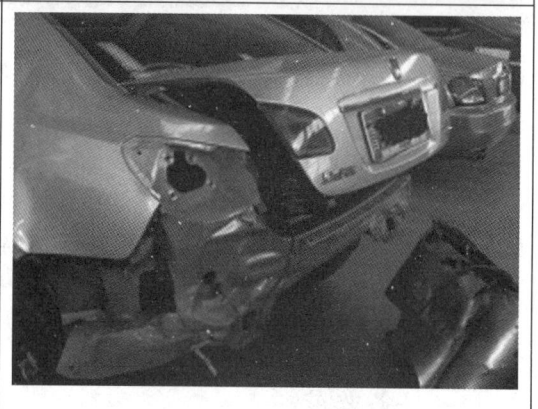

3. 汽车侧面损坏的拉伸修复

提示:(1)汽车受到来自一侧的碰撞后,车门槛板中心位置受到严重碰撞损坏。

（2）门槛纵梁弯曲，地板变形，车身前后端弯曲，使车身扭曲成香蕉状。

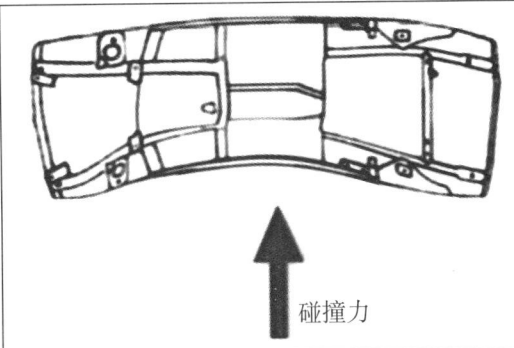

（3）修复这种类型的损伤，可使用拉直一根弯铁丝的方法，将车身的两端拉开，再将塌下去的车身从侧面向外拉。

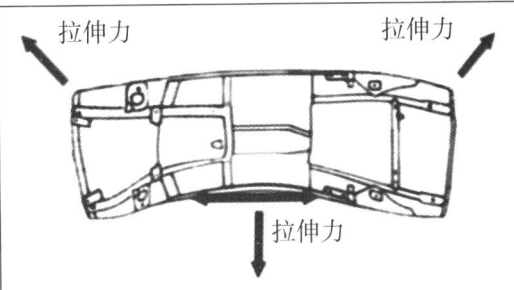

（4）车辆固定。将车辆用主夹具固定在校正平台上，必要时要在车辆上使用一些辅助夹具来加强车辆定位。

（5）主夹具紧固在车辆的车门槛板裙边上，主夹具与平台之间不固定。用液压顶杆顶在两个主夹具上进行中部向两侧的拉伸。

(6)同时在中柱门槛上边的裙边上安装两个主夹具进行侧向拉伸,因为中部受损后拉伸力比较大,需要同时进行两个点以上、多个方向的拉伸。

(7)由于车辆前部有弯曲变形,所以要对前端进行校正,用尼龙带或其他夹具对前纵梁进行拉伸。拉伸时注意链条导向环和链条的高度要与前纵梁平齐,不要太高或太低,否则拉伸时会产生向上或向下的力,使前纵梁产生上下弯曲变形。

(8)由于车身后纵梁与前纵梁存在同样的问题,也要根据测量尺寸的结果来进行校正。

(9)在碰撞时车门槛板承受了大量的力,变形量大,有些板件可能需要更换,但必须在进行校正后才能够进行更换。通过大力拉钩向外进行拉伸。	
(10)注意大力拉钩车辆板件的接触受力点要根据情况选择不同接触面积的垫块,同时注意,遵循拉伸的方向,遵循拉伸的要点,使应力放松。	
(11)车身的中柱在碰撞中也会由于变形需要拉伸,在车门的铰链、门锁安装点、车门裙边的焊接接口处都会有一些尺寸数据,通过测量来确定拉伸的程度。	

(12)在拉伸中柱下部时,为了防止中柱上部也跟着变形,需要用尼龙带在中柱上部进行辅助牵拉。

(13)修复(包括所有校正和焊接操作)完成以后,要对车辆进行最后的检查。修复人员需要围绕着汽车观察,检查是否有明显的校正错误。

(14)检查车门的开、关情况,检查各部位的配合间隙和平整度。

【任务拓展】

车身校正时的施力方法

如图4-2-36所示,从校正车身板件的不同位置来分,施力方法主要有水平拉伸、向下拉伸、向上拉伸形式以及各种支撑方法、拉伸与支撑组合方法。但从施力装置施力的作用来分,只有拉伸法和支撑法。

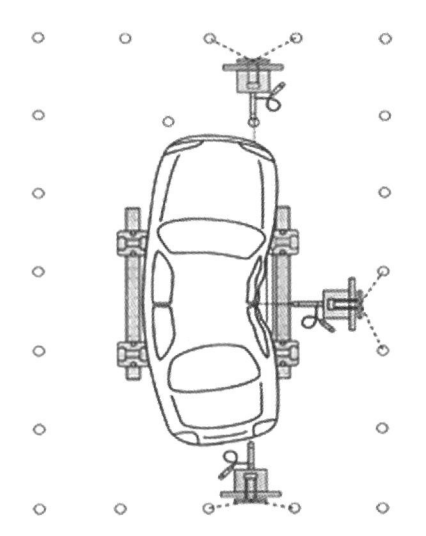

A 一共使用了三个塔柱拉伸,两个从车辆的长度方向进行拉伸,一个侧向拉伸

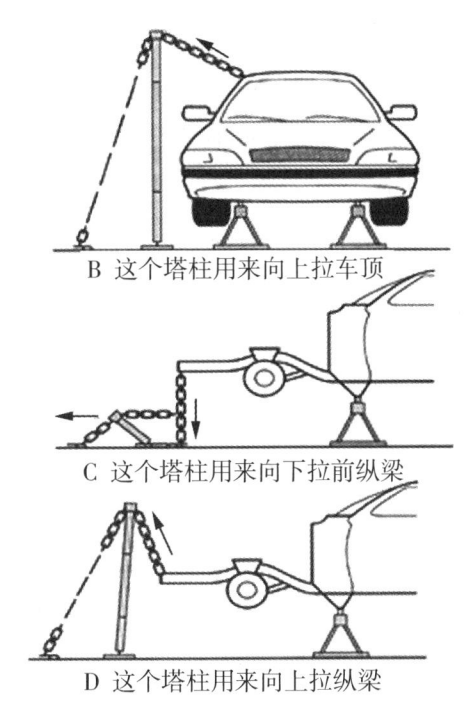

B 这个塔柱用来向上拉车顶

C 这个塔柱用来向下拉前纵梁

D 这个塔柱用来向上拉纵梁

图 4-2-36　车身校正时的施力方法

一、侧弯变形的校正

车身受到侧向冲击的危害性很大,严重时可使车身整体弯曲。校正方法如图 4-2-37 所示,从三个方向同时进行牵引。对于前纵梁侧弯变形,如图 4-2-38 所示,纵梁变形向右倾斜时,可斜向牵引变形最大的左梁的端部,左端的变形和右梁的弯曲自然会同时得以校正。

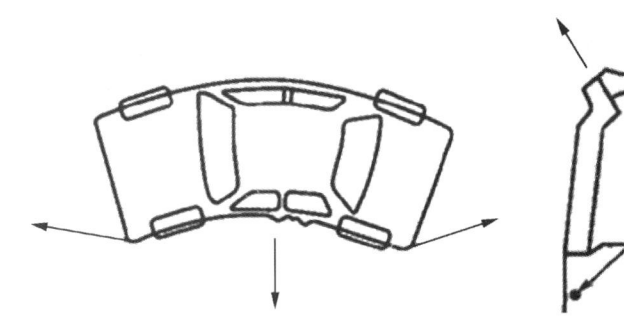

图 4-2-37　车身侧向整体变形的校正　　　图 4-2-38　前纵梁侧弯变形的校正

二、垂直变形的校正

将车架顶起适当的高度并固定,按需要向上或向下拉伸,如图 4-2-39 所示。

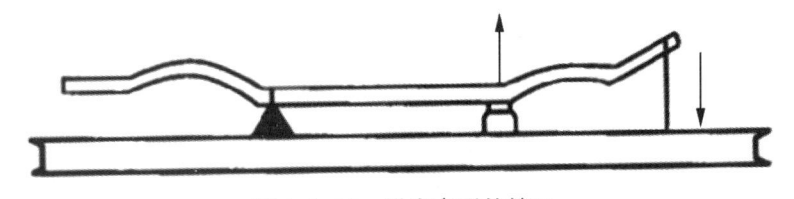

图 4-2-39　垂直变形的校正

三、扭曲变形的校正

进行车架扭曲变形的校正时,在前围板下用木块垫起并用锁链拉紧以固定车架。将向上翘曲的部分向下拉伸,向下翘曲的部分向上拉伸,如图4-2-40所示。

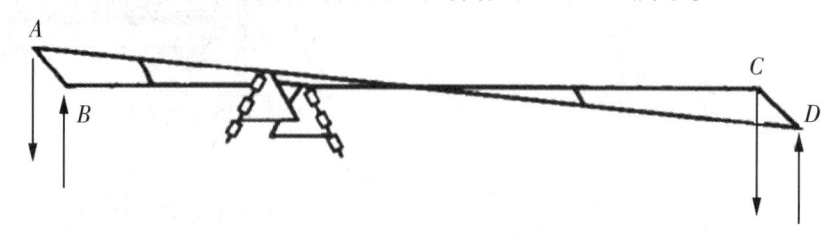

图4-2-40 扭曲变形的校正

四、皱曲变形的校正

前纵梁严重弯曲损坏,如图4-2-41所示。可以将校正力分解成两个相互垂直的力分别拉伸弯曲皱褶部分,使其恢复到技术要求。

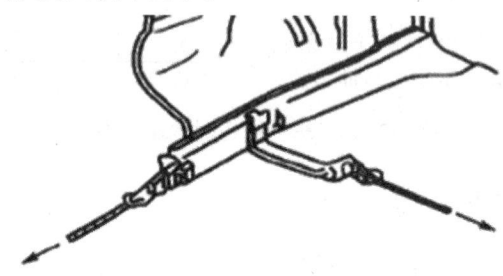

图4-2-41 皱曲变形的校正

五、控制过度拉伸的方法

在拉伸校正时必须把板件尺寸拉伸到超过一定的长度,使板件拉伸力释放后,板件由于弹性回到正确尺寸。但过度拉伸绝对不能超过太大的尺寸,否则拉伸力释放后,存在了绝对的过长长度,板件只能报废,反而加大了维修的难度和时间。

控制过度拉伸的顺序如下:

(1)测量:拉伸前进行测量,做到心中有数,有意识地控制拉伸力的大小。

(2)拉伸:小心地进行拉伸校正。

(3)释放应力:停止拉伸,利用钣金锤和扁冲等工具,对拉伸点附近进行敲击。

(4)解除拉力:卸掉拉伸力或支撑力。

(5)测量:进行测量,观察已经恢复到的位置离原来位置还有多少长度,为进一步施加拉力做准备。

(6)重复:这个拉伸顺序必须反复进行,拉伸只能一点点地进行。

【任务检测】

一、填空题

1. 车身拉伸时主要是通过_____固定在校正平台上。
2. 车身校正设备应该具备的功能有_____。
3. 防止过度拉伸板件的处理方法是_____。
4. 整个车身在修复时,要用_____的顺序完成修复过程。
5. 一个部件受到损坏后,可能存在三个方向的损坏,那么修整顺序应是_____。

二、判断题

1. 在整体式车身拉伸过程中,应用最多的是单拉伸系统。　　　　　　　　(　　)
2. 车身校正仪是通过液压力量进行修复的。　　　　　　　　　　　　　　(　　)
3. 车身结构件的校正可以使用锤子、垫铁和外形修复机。　　　　　　　　(　　)
4. 不适当的车身校正技术,是车身结构不能恢复到原来尺寸的主要原因。　(　　)
5. 车身校正工作的好坏直接影响到汽车的安全性。　　　　　　　　　　　(　　)

三、选择题

1. 拉伸时,要停止拉伸、放松应力的条件是(　　)。
 A.当链条拉紧时　　　　B.当出现一定的变形量时　　　　C.当拉到标准尺寸时
2. 两个前纵梁都发生了变形,校正方法是(　　)。
 A.不拆水箱框架,先校正严重损坏的纵梁
 B.不拆水箱框架,先校正轻微损伤纵梁
 C.拆开水箱框架,分开校正
3. 一辆前端严重碰撞的汽车,要先校正(　　)。
 A.水箱框架部位　　　　B.车身中部　　　　　　　　　C.前纵梁
4. 在车架右前部朝右侧拉伸校正时,进行辅助定位的方法有(　　)。
 A.右后方部朝右侧拉紧定位　　　　　　B.左后方部朝右侧拉紧定位
 C.右后方部朝左侧拉紧定位　　　　　　D.左前方部朝左侧拉紧定位
5. 修复好的车辆在行驶一段时间后,车身上由于应力产生的变形有(　　)。
 A.焊点拉开　　　B.油漆层剥落　　　C.裂纹　　　D.焊缝的保护层裂开

【任务评价】

一、小组过程评价

序号	考核项目	分数	考核内容	配分	考核标准	得分
1	出勤、纪律	5分	出勤	2分	违规一次不得分	
			行为规范	3分	违规一次不得分	
2	安全、防护、环保	20分	着装	2分	违规一次不得分	
			个人防护	3分	违规一次不得分	
			"5S""EHS"	5分	违规一次不得分	
			设备使用安全	5分	违规一次不得分	
			操作安全	5分	违规一次不得分	
3	任务检测	20分	任务测验成绩	20分	测验成绩的20%	
4	技能考核	35分	技能测验成绩	35分	测验成绩的35%	
5	学习能力	10分	工单填写，工艺计划制订	4分	未做不得分	
			组内活动情况	4分	酌情扣分	
			资料查阅和收集	2分	未做不得分	
6	任务拓展	10分	知识拓展任务	2分	未做不得分	
			技能拓展任务	8分	未做不得分	
总分		100分				

二、教师评价

序号	优点	存在问题	解决方案

教师签字：

三、个人小结

项目五　车身构件更换

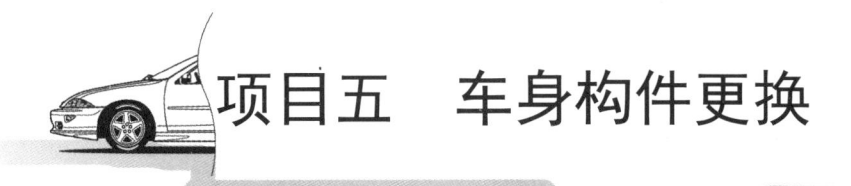

任务一　拆装覆盖件

【任务目标】

目标类型	目标要求
知识目标	(1)能描述前保险杠的拆装方法 (2)能叙述车门的拆装方法 (3)能阐述前挡风玻璃的拆装方法
技能目标	(1)能对前保险杠进行拆装 (2)能对车门进行拆装 (3)能对前挡风玻璃进行拆装
情感目标	(1)重视安全、环保,养成安全文明的生产习惯 (2)养成对学习和工作进行总结的良好习惯,不断积累经验

【任务描述】

一辆小轿车,在一次事故中,前保险杠被撞后裂开,如图5-1-1所示,前挡风玻璃受损开裂,如图5-1-2所示,需要对其进行更换。

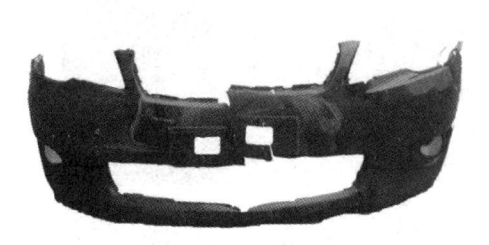

图5-1-1　前保险杠　　　　　　　图5-1-2　前挡风玻璃

【知识准备】

一、前保险杠的拆装

(一)对轿车前保险杠的要求

装饰、缓冲、保护、降阻、轻量化。

(二)轿车前保险杠的结构

轿车前保险杠由前保险杠外皮、缓冲材料、前横梁和支架等组成,如图5-1-3所示。

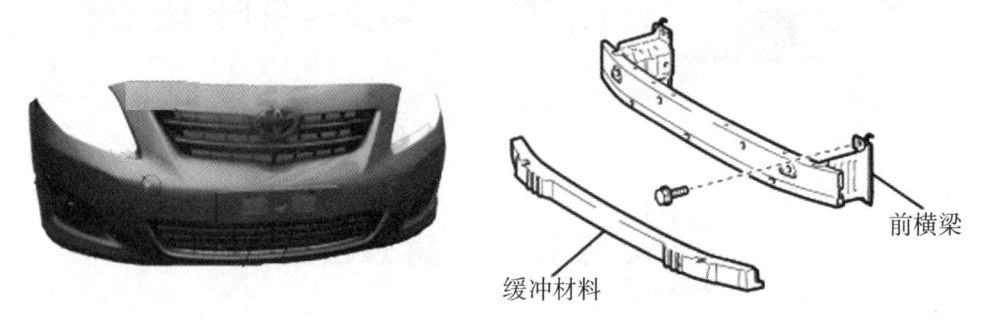

图5-1-3　前保险杠的组成

(三)卡子与卡爪的拆卸方法

一般采用卡子拆卸工具、钳子、螺丝刀、宽刮刀来拆卸未带销轴的卡子,如图5-1-4所示。

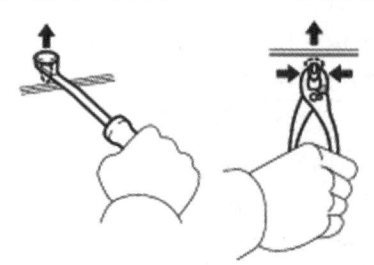

图5-1-4　卡子与卡爪的拆卸方法

(四)作业前的准备工作

安装方向盘套、安装座椅套、安装地板垫、打开机舱盖释放手柄,如图5-1-5所示。

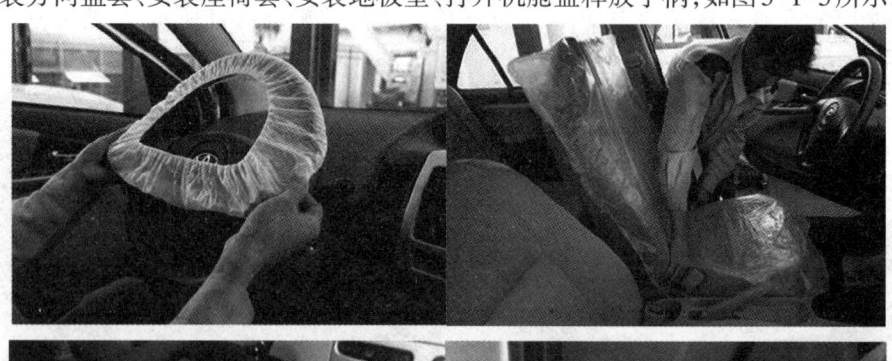

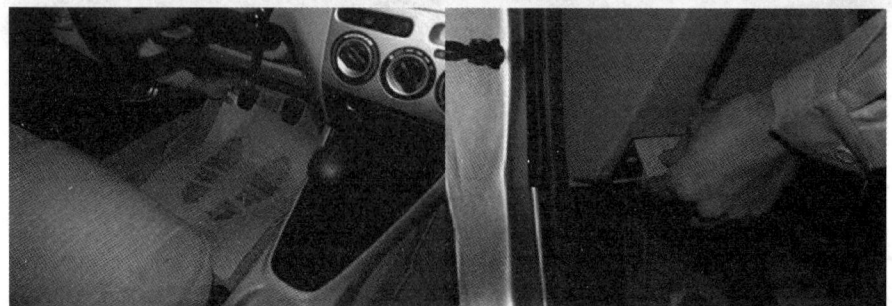

图5-1-5　准备工作

(五)更换前保险杠注意事项

(1)避免划伤前翼子板等处的油漆。
(2)举升车辆时要注意安全。
(3)对损坏后的横梁不建议修复。
(4)为避免受伤,每次关闭发动机罩时必须注意不要有人员位于其关闭区域内。

(六)前保险杠的更换流程,如图5-1-6所示

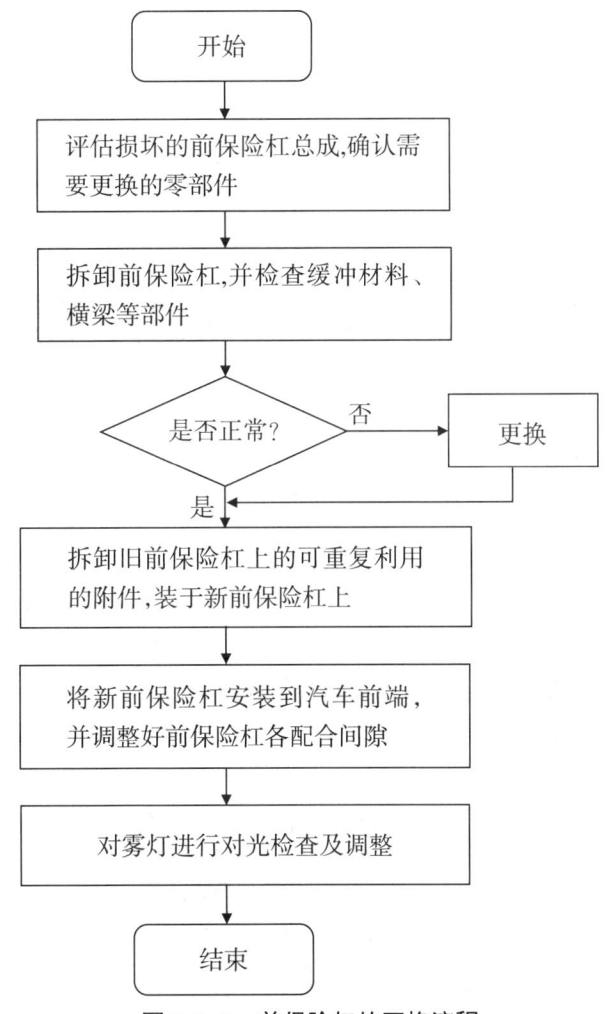

图5-1-6 前保险杠的更换流程

二、前挡风玻璃的拆装

(一)轿车前挡风玻璃的作用

遮风、挡雨、密封、采光、装饰、安全。

(二)前挡风玻璃的黏结剂的要求

在粘接之前,要清理粘接面上的残留物。缩短玻璃胶风干时间,并选择环境温度低和风速小的工作环境。当更换挡风玻璃后,需要保持粘接固化时间。

(三)前挡风玻璃漏水、漏风的原因

前挡风玻璃与风窗框不匹配。粘接面的清理、清洁不到位。其他原因,如涂抹不均匀等。

(四)需要的工具和材料

(1)工具和设备:小铲刀、钢丝拉手及钢丝、吸盘、玻璃胶枪、翼子板护垫、仪表台保护垫、扳手、螺丝刀、拆卡扣工具、零件胶箱。有条件的情况下,可以使用吸盘,如图5-1-7所示。

(2)材料:前挡风玻璃、玻璃外防护条、玻璃胶、除油剂、除尘布、纸胶带。

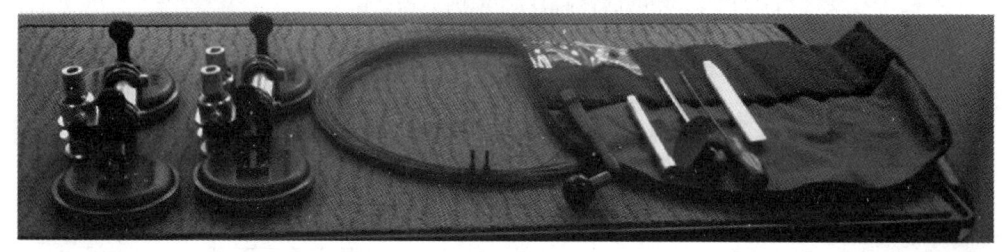

图5-1-7 拆卸前挡风玻璃工具

(五)更换前挡风玻璃的注意事项

(1)要保持内饰件的清洁。

(2)检查确定仪表台面上的物品。

(3)修复过程中避免造成电线损坏。

(4)注意保护手不被割伤或被清洁剂等损伤皮肤。

(5)使用压缩空气枪时,戴上防护眼镜和防尘面具。

(6)如果前挡风玻璃被撞碎,需要细心清理碎片。可以使用汽车美容吸尘器来清理碎片,如图5-1-8所示。

图5-1-8 吸尘器

(六)前挡风玻璃的更换流程,如图5-1-9所示

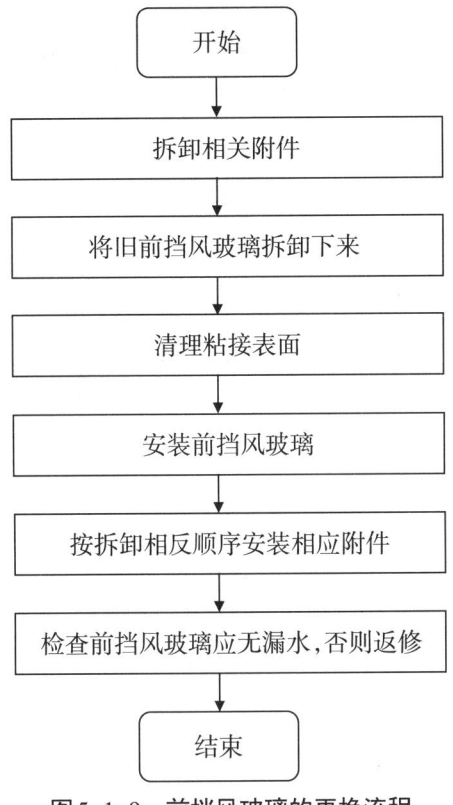

```
开始
  ↓
拆卸相关附件
  ↓
将旧前挡风玻璃拆卸下来
  ↓
清理粘接表面
  ↓
安装前挡风玻璃
  ↓
按拆卸相反顺序安装相应附件
  ↓
检查前挡风玻璃应无漏水,否则返修
  ↓
结束
```

图5-1-9 前挡风玻璃的更换流程

【任务实施】

活动一 前保险杠的更换流程

一、任务要求

根据所学知识制订一个合理的前保险杠拆装计划或方案,试着实施任务表中的操作。要求拆件时不准用工具敲击板件,板件拆卸后放到纸板上。安装时按记号对准后放入,不准使用蛮力。

二、任务准备

需要的主要有整车一台、基本工具、车轮挡块、扭力扳手、千斤顶、照明设备、抹布、纸板、个人防护用品。

三、任务步骤

步骤	图示
1.拆卸散热器上空气导流板	
2.拆卸前保险杠上部螺栓或卡子	
3.拆卸前保险杠侧边固定塑料卡子	
4.拆卸前保险杠侧边固定螺栓	
5 拆卸前保险杠下部固定螺栓 提示：建议初学阶段在举升车辆的情况下，拆装保险杠。 将拆卸下来的卡扣、螺栓及部件规范地存放。	

6.将前保险杠两侧往外搬开,从支架分离,再往前取下保险杠	
7.检查前保险杠缓冲材料及横梁 提示:检查前保险杠缓冲材料及横梁等部件有无损坏的痕迹,若有损坏,需要及时进行更换。	
8.拆卸散热器格栅防护条	
9.拆卸中央散热器格栅卡爪	
10.拆卸雾灯	

11.拆卸车辆标牌	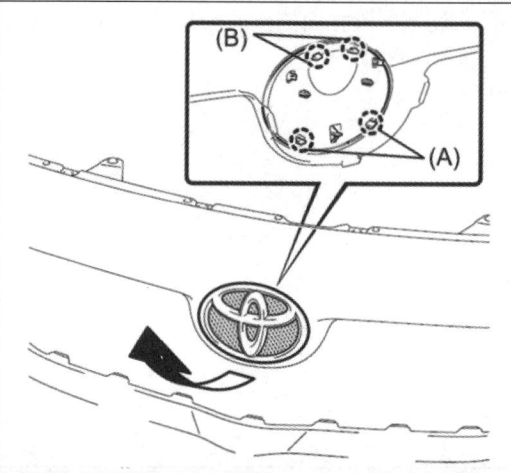
12.将新前保险杠安装到汽车前端,检查及调整保险杠配合间隙使各处间隙均匀	
13.检查及调整保险杠与翼子板配合间隙和平整度	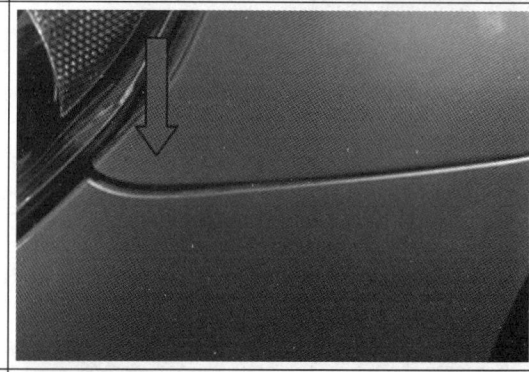
14.对雾灯进行对光检查及调整 提示:转动对光螺钉时,对光螺钉的最后一转应该是按顺时针方向。	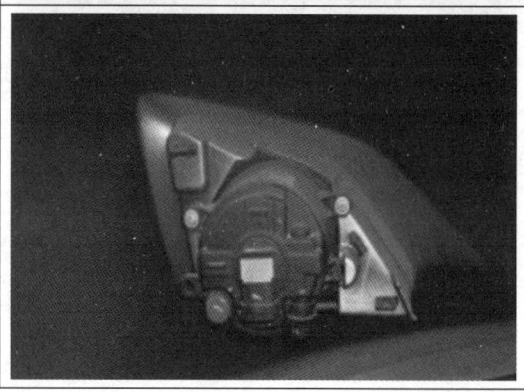

15.整理场地 提示:清理工具、量具及设备,打扫卫生。	

活动二　车门的更换流程

一、任务要求

根据所学知识制订一个合理的车门拆装计划或方案,试着实施任务表中的操作。要求拆件时不准用工具敲击板件,板件拆卸后放到纸板上。安装时按记号对准后放入,不准使用蛮力。

二、任务准备

需要的主要有整车一台、基本工具、车轮挡块、扭力扳手、千斤顶、照明设备、抹布、纸板、个人防护用品。

三、任务步骤

拆卸车门	
1.准备工作 提示:穿戴工作服、安全鞋、手套,准备工具设备。	
2.拆卸车门前的检查 提示:车辆是否正确停放,车门开关情况是否正常,车门各部位配合的间隙和平整度是否正常。	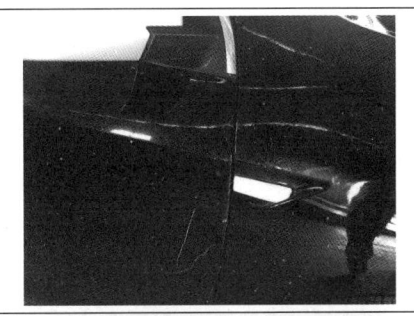
3.拆卸车门限位器 提示:只拆卸车门限位器固定螺栓。	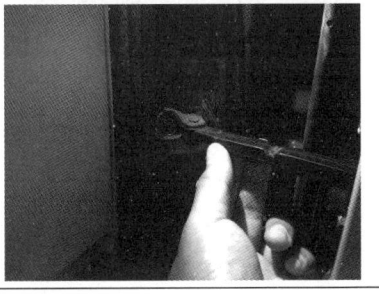

4.断开车门线束连接器 提示:断开线束连接器前应关闭点火钥匙。	
5.均匀拧松车门铰链螺栓	
6.拆卸铰链螺栓时,要有人协助握住车门 提示:防止车门掉下受损和损伤到车身以及防止安全事故发生。	
7.两个人将车门移动到纸板上	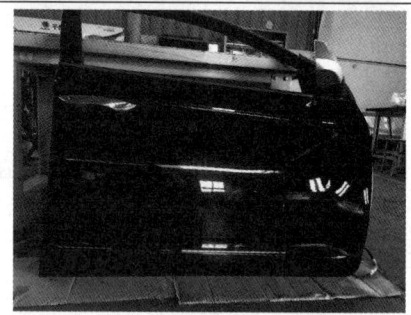
安装车门	
1.两人协助将车门抬到车门铰链安装位置,安装铰链螺栓 提示:将铰链对准到原来的位置,安装螺栓应多次均匀拧紧。	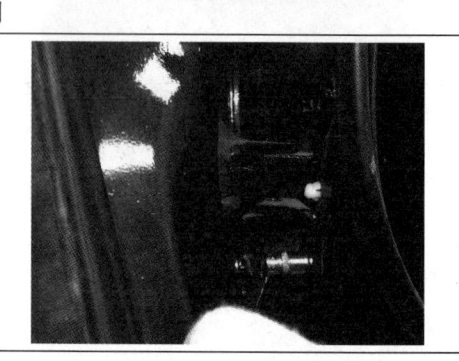

2.安装车门线束连接器 提示:连接线束连接器前应关闭点火钥匙。	
3.安装车门限位器螺栓	
4.开关车门检查工作是否正常 提示:如果不正常需要调整铰链。	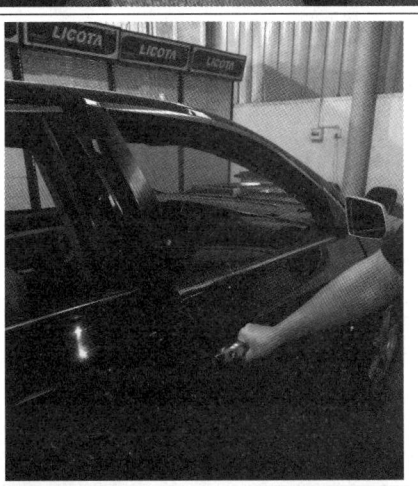
5.关闭车门检查各部位配合间隙和平整度是否正常 提示:如果不正常需要调整铰链。	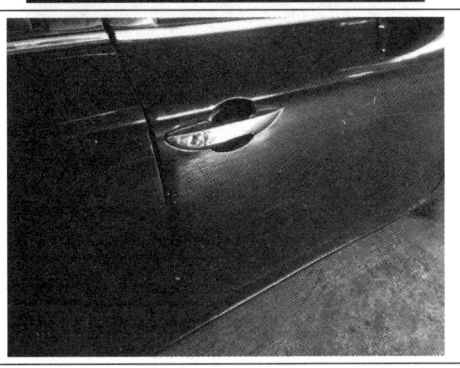

6.检查车门用电设备是否工作正常	
7.清洁、整理工具设备和场地	

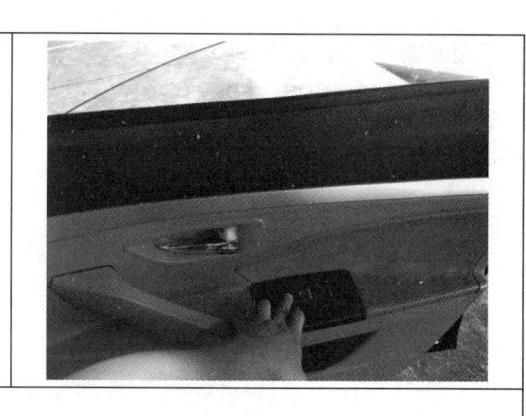

活动三　前挡风玻璃的更换

一、任务要求

根据所学知识制订一个合理的前挡风玻璃更换计划或方案，试着实施任务表中的操作。要求拆装前挡风玻璃时不准使用蛮力，正确地使用工具，打胶密封部位应仔细清洁，安装完玻璃后，需要玻璃胶完全凝固后才允许洗车和驾驶车辆。

二、任务准备

需要的主要有整车一台、前挡风玻璃、玻璃胶枪、玻璃胶、钢丝拉手及钢丝、吸盘、小铲刀、除油剂、抹布、胶带。

三、任务步骤

1.拆卸前挡风玻璃刮水器臂2个端盖	
2.拆下刮水器总成	

3.拆下通风栅板	
4.拆下前立柱左、右侧装饰板	
5.拆下车内后视镜	
6.将钢丝穿过车身和前挡风玻璃之间	

7. 切割玻璃胶

　　提示：一位维修人员在汽车内，来回拉动钢丝切削黏结密封剂

8. 抬下需要更换的玻璃

9. 清理玻璃碴

10. 清理残留玻璃胶

11. 用除油剂清洁玻璃框	
12. 新前挡风玻璃妥善摆放，避免刮花	
13. 清洁前挡风玻璃边缘，安装前挡风玻璃	
14. 准备胶枪	
15. 玻璃胶嘴切割成V形	

16.涂胶

提示：气动玻璃胶枪，它可以快速、连续地涂抹黏结剂。

17.用保护性胶带固定前挡风玻璃，直到涂抹的黏结剂硬化为止。安装相关附件。

【任务拓展】

车身漏风、漏水及噪声的消除

一、漏水的原因及处理

（1）排水管被堵住，通过喷气嘴朝管内吹入空气，将排水管清理干净。

（2）空调系统通过排水管排出蒸发器冷凝出来的水，排水管堵塞，水一般会泄漏到右边的地毯上。蒸发器排水管的顶端沿着前围板伸出，通过夹紧和打开软管的顶端，可以将其清干净，而不必拆卸主要部件。

（3）密封条或密封剂损坏、松动或车门、车窗玻璃调整不当；在板件接缝处出现裂缝会导致进入灰尘和漏水。使密封完好，调整车门、车窗玻璃；焊接裂缝。

二、产生噪声的原因及处理

（1）前部噪声要检查发动机罩的前后定位是否准确，检查发动机罩锁销、保险杠是否松动，安装是否正确。如果发动机罩的后部震抖，需要重新调整发动机罩。

（2）咯嗒声、吱吱声或其他异响，经常出现这些情况的区域是仪表板、车门、转向柱、座椅调节滑轨、铰链和密封条等部位。检查所有固定件是否紧固，特别是在疑为噪声源的位置。用橡胶锤在结构部件上轻敲可以使部件发出咯嗒声。

（3）风噪一般是由于密封条松动、磨损或安装不正确、车门错位引起的。车身嵌条松动、前翼子板定位不准或发动机罩调整不当也会引起风噪。风噪可以通过部件调整、部件更换、拧紧松动的固定件和焊接断裂的部件等措施来消除。

三、检查泄漏的方法

(一)用水检查泄漏

拆下装饰件后,关上所有的车门和车窗,然后用低压水流朝车上的可疑泄漏区域喷,如图5-1-10所示,在车内观察是否有漏水的位置。

(二)用肥皂液检查泄漏

在车窗的外缘涂上肥皂水,然后从汽车内部朝车窗和车身板连接处喷压缩空气,如图5-1-11所示。如果密封剂出现泄漏,肥皂水上会形成气泡。

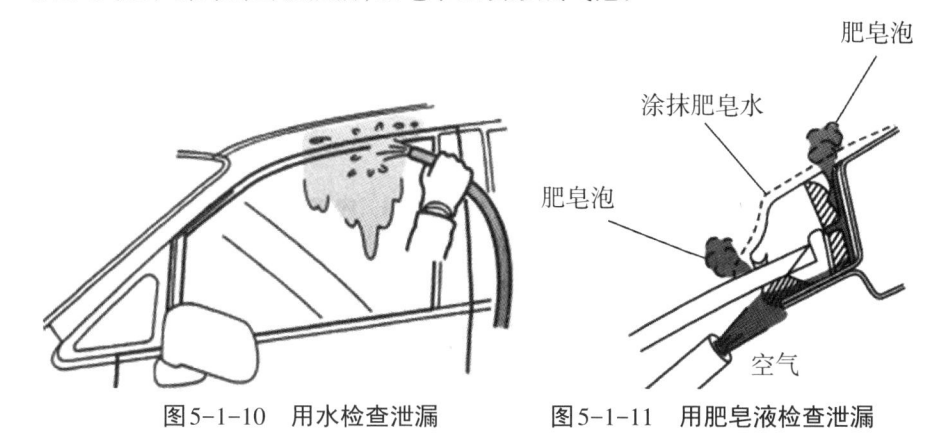

图5-1-10 用水检查泄漏　　图5-1-11 用肥皂液检查泄漏

(三)用光检查泄漏

用强光源环绕汽车进行照射来观察车内是否漏光。仅用于泄漏通道是直通的情况。

(四)使用监听装置检查泄漏

(1)使用听诊器监听。

(2)使用电子泄漏探测器检查。电子泄漏探测器可以发出高频声音,通过接收器接收回声来探测泄漏。

四、消除泄漏的方法

(1)地板、仪表板和后备厢地板使用塞子和护圈来防止灰尘和水进入内部。

(2)挡风玻璃和后窗常常会漏水,一般的泄漏发生在挡风玻璃顶部或后窗的顶部和底部。如果探测到几个泄漏点,那么最好密封该位置周围的所有区域,而不是只密封每个泄漏点。

(3)玻璃黏结剂漏水时消除方法。

①清洗、吹干泄漏区域。

②修剪、去掉超出玻璃边缘的多余黏结剂。

③用清洁剂来清洗泄漏部位。

④将维修区域涂上氨基甲酸乙酯底漆密封剂。

⑤让底漆干燥5 min。

⑥沿着清洁过的区域涂抹挡风玻璃密封剂,然后用油灰刀将其刮平,密封剂应与玻璃顶部边缘平齐。

⑦当密封剂还没有固化的时候,用非常柔和的水流再次检查。
⑧如果没有探测到泄漏,那么重新装上装饰件,清除玻璃或汽车上的多余密封剂。
(4)密封条漏水时消除方法。
①将一个薄薄的测隙规或卡片插入密封条和框架之间,抽出测隙规或卡片时没有阻力或阻力很小,说明密封条需要调整或更换。
②车门或后备厢上安装密封条要裁剪得比需要长度多12 mm。
③用海绵橡胶塞将切割端固定在一起。
④安装时不要拉伸密封条,将密封条拉得过紧会导致密封不良。

【任务检测】

一、填空题

1. 拆卸前挡风玻璃前应拆卸的附件有_____。
2. 前保险杠的作用有_____。
3. 汽车前保险杠的组成包括_____。
4. 更换玻璃前车内应安装的防护三件套是_____。

二、判断题

1. 车门加强梁都不适宜校正,应当更换。　　　　　　　　　　　　　　(　　)
2. 车身的外覆盖件从修复的角度考虑,一般不会采用低碳钢来制造。　(　　)
3. 维修工具使用完毕后,应将其擦拭干净再放入工具箱。　　　　　　(　　)
4. 安全鞋的主要作用是防止长时间站立引起的脚部疲劳。　　　　　　(　　)
5. 汽车更换前挡风玻璃后不能用水冲洗。　　　　　　　　　　　　　(　　)

三、选择题

1. 汽车的顶篷内衬大多为(　　)色调。
   A.蓝　　　　　B.浅　　　　　C.深　　　　　D.任意
2. 为了阻挡紫外线,可采用(　　)。
   A.组合玻璃　　B.钢化玻璃　　C.彩色玻璃　　D.UV玻璃
3. 真皮座椅的优点是(　　)。
   A.乘坐舒适　　B.皮质易损坏　C.需要保养　　D.驾乘者衣裤易弄脏
4. 轿车常用的车门类型有(　　)。
   A.窗框车门　　B.冲压成型车门　C.折叠式车门　D.无框车门
5. 下列属于整体式车身前车身的部件是(　　)。
   A.前立柱　　　B.中立柱　　　C.前纵梁　　　D.后立柱

【任务评价】

一、小组过程评价

序号	考核项目	分数	考核内容	配分	考核标准	得分
1	出勤、纪律	5分	出勤	2分	违规一次不得分	
			行为规范	3分	违规一次不得分	
2	安全、防护、环保	20分	着装	2分	违规一次不得分	
			个人防护	3分	违规一次不得分	
			"5S""EHS"	5分	违规一次不得分	
			设备使用安全	5分	违规一次不得分	
			操作安全	5分	违规一次不得分	
3	任务检测	20分	任务测验成绩	20分	测验成绩的20%	
4	技能考核	35分	技能测验成绩	35分	测验成绩的35%	
5	学习能力	10分	工单填写,工艺计划制订	4分	未做不得分	
			组内活动情况	4分	酌情扣分	
			资料查阅和收集	2分	未做不得分	
6	任务拓展	10分	知识拓展任务	2分	未做不得分	
			技能拓展任务	8分	未做不得分	
	总分	100分				

二、教师评价

序号	优点	存在问题	解决方案

教师签字:

三、个人小结

任务二　车身板件更换

【任务目标】

目标类型	目标要求
知识目标	(1)能描述板件分割的工具、设备的类型 (2)能讲述板件的分割方法 (3)能叙述板件更换的工艺流程
技能目标	(1)能使用分割工具对板件进行分割 (2)能对车身覆盖件进行更换 (3)能对车身结构件进行更换
情感目标	(1)重视安全、环保,养成安全文明的生产习惯 (2)养成对学习和工作进行总结的良好习惯,不断积累经验

【任务描述】

一辆大众轿车,在小区路口右转时,车门槛与公路边的花台发生碰撞,导致门槛损坏严重,到"4S"店经技师诊断检查,汽车右边门槛损坏严重不能修复,只能更换车门槛板。

【知识准备】

一、车身板件分割工具

汽车车身板件更换过程中,常用到一些切割工具,这些工具能帮助车身修复人员快速地切割板件,包括气动切割锯、气动焊点削除机、气动錾子、等离子切割机、氧乙炔切割设备。

(一)气动切割锯

车身修复中常用的是往复式切割锯,用于金属结构件、外部板件的分割,气动切割锯,如图5-2-1所示,锯切间隙宽度小,适用于金属薄板的切割。

(二)气动焊点削除机

气动焊点削除机,如图5-2-2所示,可以进行车身电阻点焊焊点的去除。气动焊点削除机配有进度限位装置,保证在分离板件的同时不会损伤下层板。

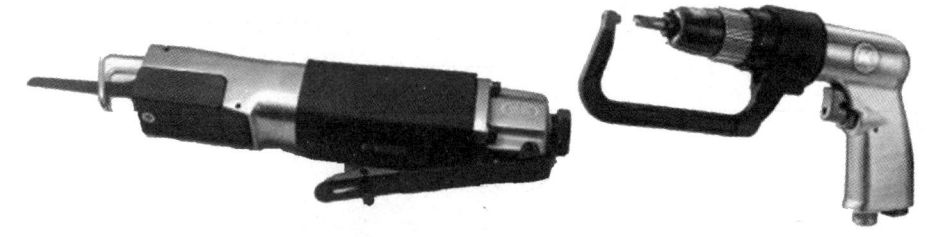

图5-2-1　气动切割锯　　图5-2-2　气动焊点削除机

(三)气动錾子

气动錾子,如图5-2-3所示,用于快速粗切割作业,可节省大量时间。还能破开咬死的螺母,以及去除焊接溅出物和破碎焊点。

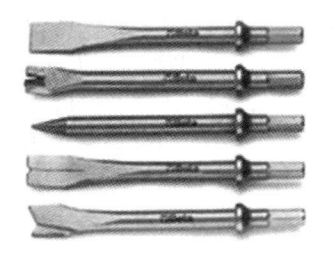

图5-2-3 气动錾子

(四)等离子切割机

1.特点

等离子切割机,是用等离子弧来切割的,由于弧柱断面被压缩得很小,因而能量集中(能量密度可达100000~1000000 W/cm²),温度高(弧柱中心温度20000~30000 ℃),焰流速度大(可达300 m/s以上)。

等离子弧柱的温度高,远远超过所有金属和非金属的熔点,它利用高速、高温和高能的等离子气流来加热和熔化被切割材料,等离子气流束穿透金属板而形成切割口,能瞬间加热和熔化被切割的金属却不会使金属板过热。

2.组成

等离子切割机,如图5-2-4所示。控制装置一般很简单,有关闭/接通开关、有电流调节开关和一个待用指示灯。有一个安装在内部的空气压缩机、可调节的输出控制装置和其他装置。

切割枪割炬,如图5-2-5所示。割炬的特点是小型、便于操作,有两个关键部件喷嘴和电极是等离子切割机中的易损件。喷嘴和电极的损坏都将影响切割的质量,它们在每次切割中都略有损耗,而且如果压缩空气中有水分或切割过厚的材料,或操作者水平太低都将使它们过早地损坏。

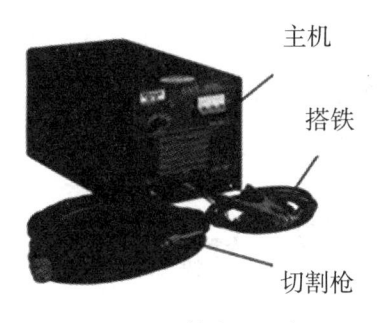

图5-2-4 等离子切割机　　图5-2-5 切割枪割炬

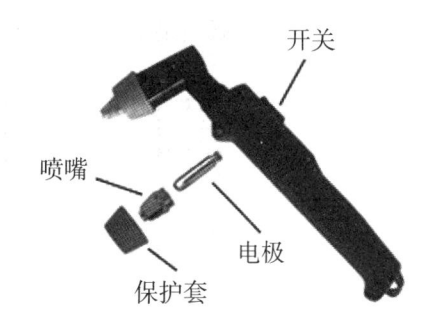

3.切割工艺参数

(1)切割电流。切割电流大,易烧损电极和喷嘴,且易产生双弧,因此应选取合适的电流。

(2)切割速度。主要决定于材质板厚、切割电流、切割电压、气体种类和流量、喷嘴结构和合适的后拖量等。

(3)气体流量。气体流量要与喷嘴孔径相适合,气体流量大,利于压缩电弧,使等离子弧的能量更为集中,提高了工作电压,有利于提高切割速度和及时吹除熔化金属。但是气体流量过大,从电弧中带走过多的热量,降低了切割能力,不利于电弧稳定。

(4)喷嘴距离工件高度。在电极内缩量一定时(通常是2~4 mm),喷嘴距离工件的高度一般为6~8 mm,空气等离子切割喷嘴距离工件的高度可略小。

4.等离子切割机的操作过程

(1)将等离子切割机连接到一个清洁、干燥的压缩空气源上,等离子切割机和压缩空气连接处的输送管压强为0.3~0.5 MPa。

(2)将焊枪和夹紧装置的电线连接到等离子切割机上。将等离子切割机电源插头插到符合制造厂规定的电源上,然后将搭铁线夹连接到汽车的一个清洁表面上,连接处应尽量靠近切割部位。

(3)在等离子弧被触发以前,应先将切割喷嘴与工件上一个导电的部分相接触。必须进行这项操作,以符合安全流程的要求。一旦等离子弧被触发以后,等离子切割机将很容易切入涂有油漆的表面。

(4)当等离子弧被触发后,不需要再使切割喷嘴与工件保持接触。立即让切割喷嘴返回到原来的位置。注意切割枪的电极和喷嘴非常容易损坏,要及时更新,如图5-2-6、图5-2-7所示。

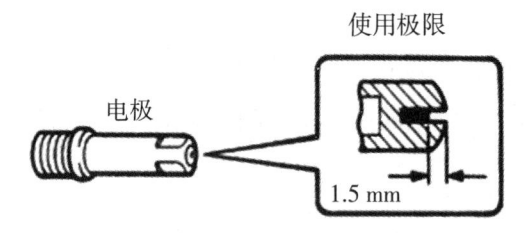

图5-2-6 切割枪的电极　　图5-2-7 切割枪的喷嘴

(5)开始在金属上需要切割的部位移动等离子切割机,切割的速度由金属的厚度决定。如果移动切割枪过快,它将不切割工件。如果切割枪移动太慢,将会有太多的热量传入工件,而且还可能熄灭等离子弧,如图5-2-8所示。

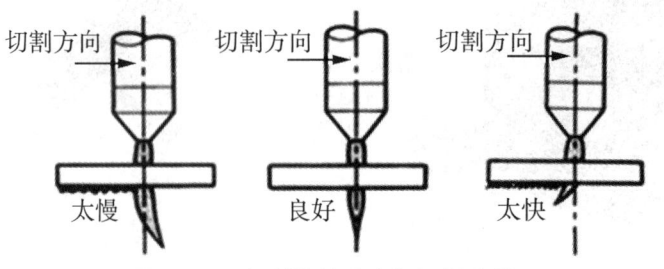

图5-2-8 切割枪的速度与切割火焰

5.使用等离子切割机的注意事项

(1)当切割厚度在3 mm以上时,最好使切割枪与工件呈45°,直到等离子弧切入金属板,等离子弧不能反射到喷嘴上。

(2)切割枪的冷却对延长电极和喷嘴的寿命非常重要,完成一次切割后,在开始下一次切割前,应关闭切割枪开关,让空气连续几秒流过割炬,以防止喷嘴和电极过热。

(3)切割形状复杂的地方,可用靠尺做一个样板,让喷嘴沿着样板进行切割。

(4)切割厚度6 mm以上的材料时,最好先从材料的边缘开始切割。

(5)切割过程中,从切割电弧中喷出的火花会损坏油漆表面,火花还会在玻璃上留下凹痕,应注意防护。

(五)氧乙炔切割设备

1.氧乙炔切割原理

氧乙炔切割设备,如图5-2-9(a)所示,利用氧乙炔火焰把工件切割处的金属加热到它的熔点,然后吹入高压纯氧气流,使被切割的部分在氧气中剧烈燃烧,熔化成液体,并被气流冲掉,从而达到切割目的。

2.氧乙炔切割方法

"割枪"如图5-2-9(b)所示,使用方法:先拧开乙炔开关,并稍微拧开些氧气开关,点燃后,如图5-2-9(c)所示,调节氧气的供应量,使氧炔焰成为中性焰(即乙炔与氧气量适当)。切割时先用氧炔焰把准备切割的某一点烧到红热,再拧开高压纯氧气流开关,使金属在氧气流中剧烈燃烧熔化成液体,冲掉,然后将割枪沿着准备切割的线移动,将金属切割掉,如图5-2-9(d)所示。

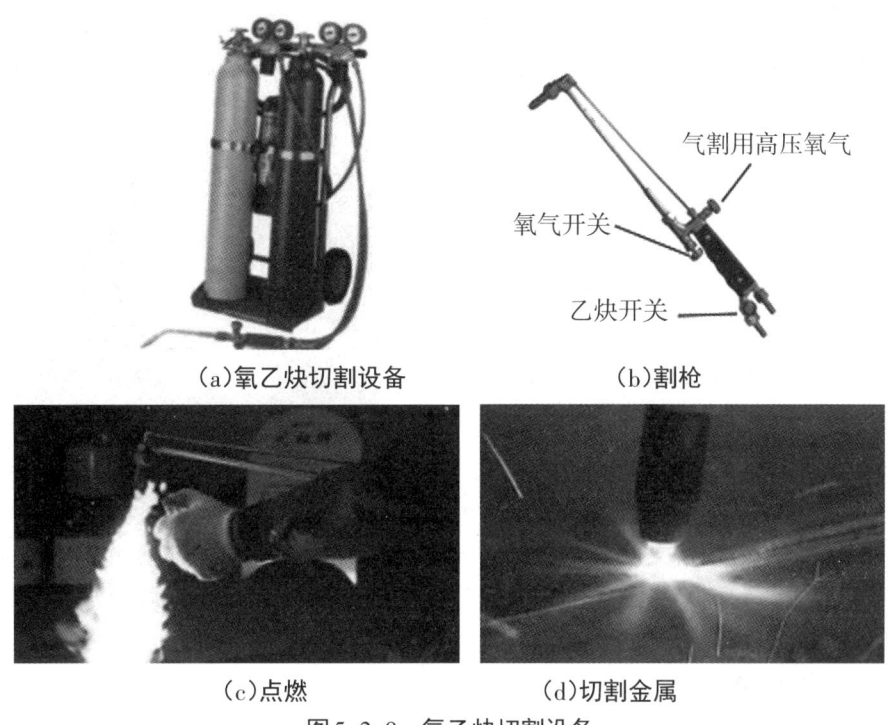

(a)氧乙炔切割设备　　(b)割枪

(c)点燃　　(d)切割金属

图5-2-9　氧乙炔切割设备

二、汽车车身板件的切割

(一)确定电阻点焊焊点的位置

为找到电阻点焊焊点的位置,首先拆下焊接部位的覆盖物,直接观察就可以发现焊点的位置,如图5-2-10所示。如果焊点不明显,也可以用粗钢丝砂轮磨掉涂料。清除油漆以后,焊点的位置仍不能看清的区域,在两块板件之间用錾子錾开。这样可以使焊点轮廓线呈现,如图5-2-11所示。

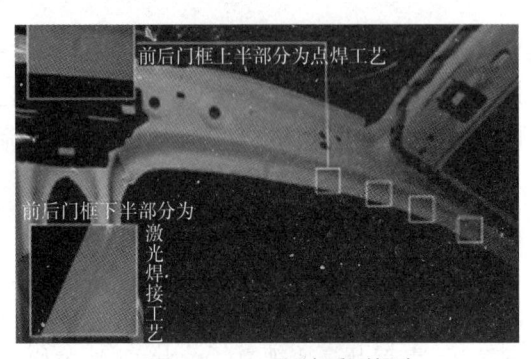

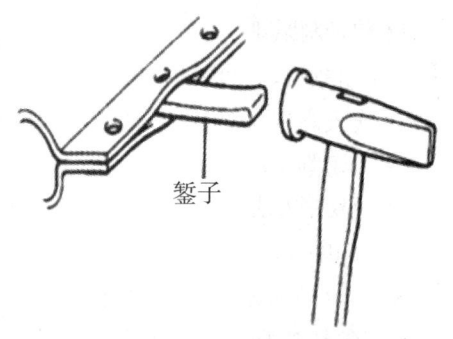

图5-2-10　直接看到焊点　　　图5-2-11　用錾子确定焊点位置

(二)电阻点焊焊点的分离方式

1. 气动焊点削除机方式

气动焊点削除机可以进行车身电阻点焊焊点的去除分离,钻头有行程限制装置,如图5-2-12所示。切割时不要切割下面的板件,并且一定要准确地切掉焊点,以避免产生过大的孔,如图5-2-13所示。

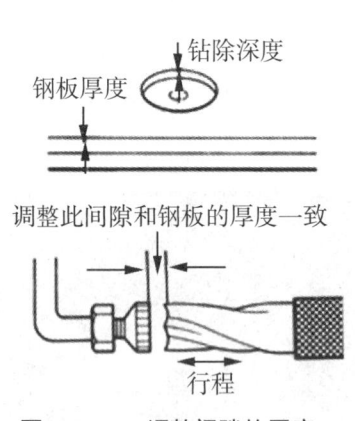

图5-2-12　调整间隙的厚度　　　图5-2-13　钻除位置准确

2. 砂轮磨除的方式

对于钻头不能够钻除的焊点或焊点太大,钻头钻除困难时,可以采用砂轮磨除的方法,如图5-2-14所示。在操作过程中,应磨削掉上层板件,而不要破坏下层板件。

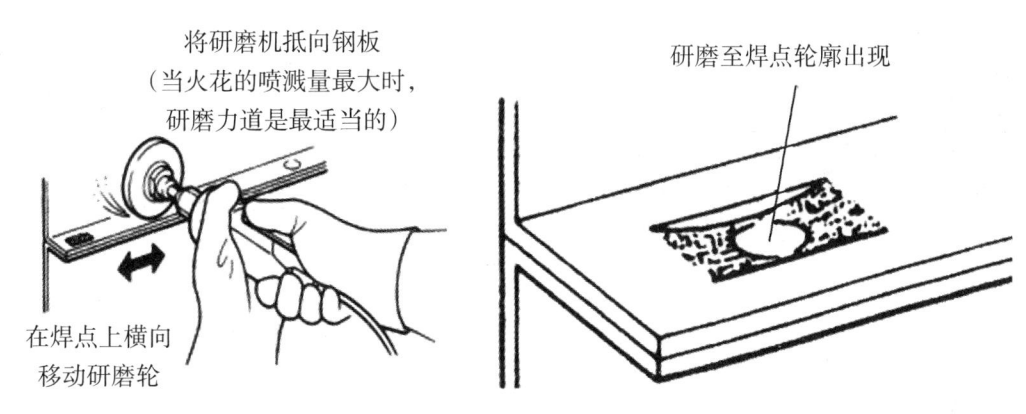

图5-2-14 砂轮磨除的方法

(三)连续焊缝分离

在汽车局部板件连接中,板件是用惰性气体保护焊的连续焊进行焊接的。连续焊焊接的焊缝长,分离困难,一般要用砂轮机来切割连续焊缝,如图5-2-15所示。应注意切割的深度,否则会导致板件的损伤。操作时要握紧砂轮以45°角进入搭接焊缝。磨透焊缝以后,用锤子和錾子来分离板件。

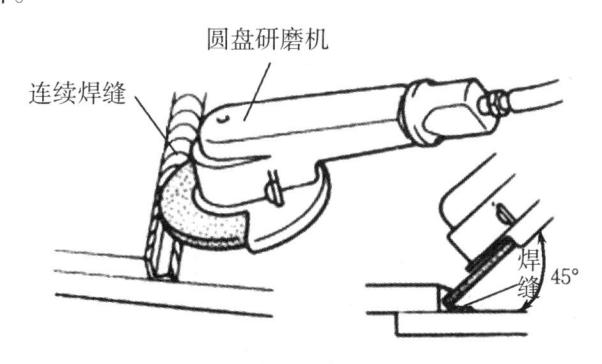

图5-2-15 分离连续焊缝的方法

(四)汽车车身板件的分割

整体式车身一般在焊接缝处进行更换,在分割时要考虑车辆的特殊设计,分割结构件要保持防撞性能区的完整,使修复区域的强度和撞击前一样,在遭碰撞时还具有吸能的性能。除了防撞吸能区外,还有内部加强件、制造时的焊缝位置以及理想的分割区域。当分割高强度钢板和超高强度钢板时,在确认分割将不危害车辆结构的完整性时才能实现。车身结构性板件的分割主要包括车门槛板、后侧围板、地板、前纵梁、后纵梁、后备厢地板、中立柱与前立柱。

1.防撞吸能区的分割

有些结构件设计有防撞吸能区褶皱点,如图5-2-16所示。为了在撞击时吸收冲击能量。现在的汽车所有前后纵梁上都有防撞吸能区,在修复中需要对纵梁进行切割,一定要避开纵梁防撞吸能区,要按照维修手册中指定的位置进行切割,如图5-2-17所示,否则会影响设计的安全性。如果一根梁遭到较大的损坏,这根梁通常在碰撞吸能区被压弯。

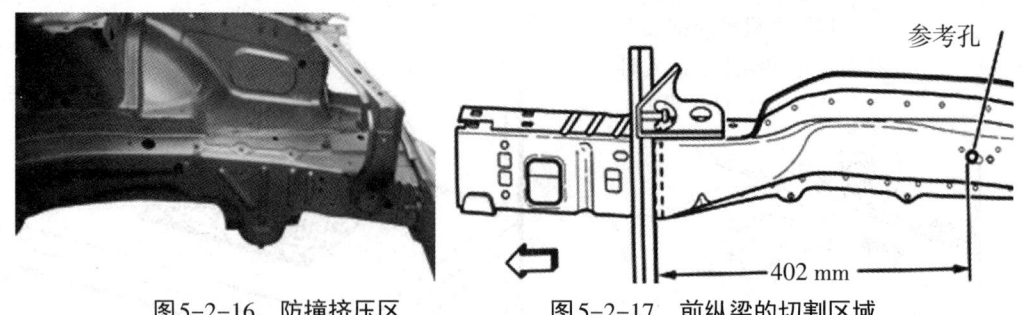

图5-2-16 防撞挤压区　　　　图5-2-17 前纵梁的切割区域

2. 车身纵梁的切割与连接

车身的前后纵梁都是箱形截面构件,箱形截面有两种不同形式,一种是封闭的箱形截面结构,另一种是开口的、槽板式,与其他构件连接而形成封闭截面。修复封闭截面,采用的工艺是用插入件对接,如图5-2-18所示。

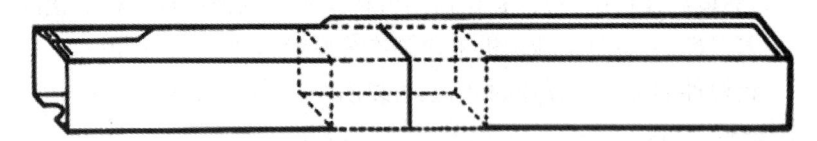

图5-2-18 封闭箱形截面的插入件对接方式

大多数情况下,切割开口式梁时,焊接工艺是在搭接区域中用塞焊并沿着搭接的边缘连续搭接塞焊,如图5-2-19所示。切割前梁或后梁时,谨记它们的吸能区,进行切割时必须避开这些区域,同时要避开任何孔和加强件。

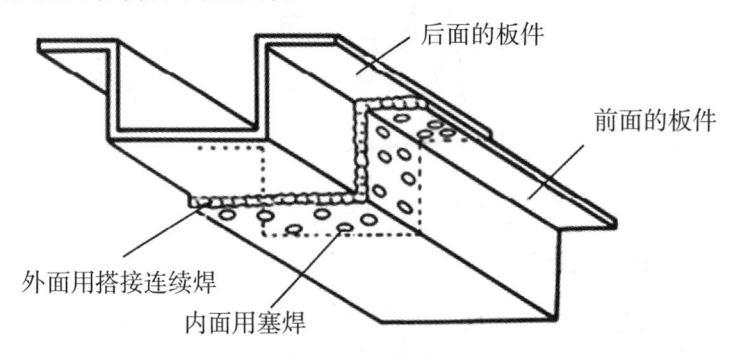

图5-2-19 开式箱形截面的搭接连接方式

3. 车门槛板的分割与连接

整体式车门槛板设计有二层或三层板,如图5-2-20所示。其中都可能装有加强件。根据损坏的状况,车门槛板可以和B立柱一起更换,或者单独更换。

切割或修复车门槛板时,一种是纵向切割用插入件对接。另一种可以切割车门槛板的外件,用搭接的方法装上修复件。当安装一个重复使用的、带有中立柱的车门槛板时,采用插入件对接法,如图5-2-21所示。

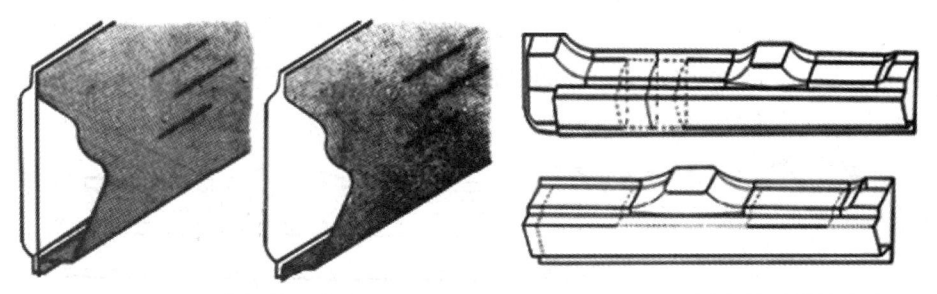

图5-2-20　车门槛板断面　　　　图5-2-21　插入件对接的方式

用从修复件上的多余部分或损坏件的端部切割下来的一块或多块做材料,制作插入件,如图5-2-22所示,长度为15~30 mm。用塞焊将插入件固定在适当的位置。

只有在安装车门槛外板或其一部分时,才采用搭接工艺。进行搭接的一种方法是前门的开口处进行切割,并经测量,证明可以搭接。切割时,为了避免切割到中柱下面的任何加强件,应避开中立柱的基础50 mm以上,如图5-2-23所示。

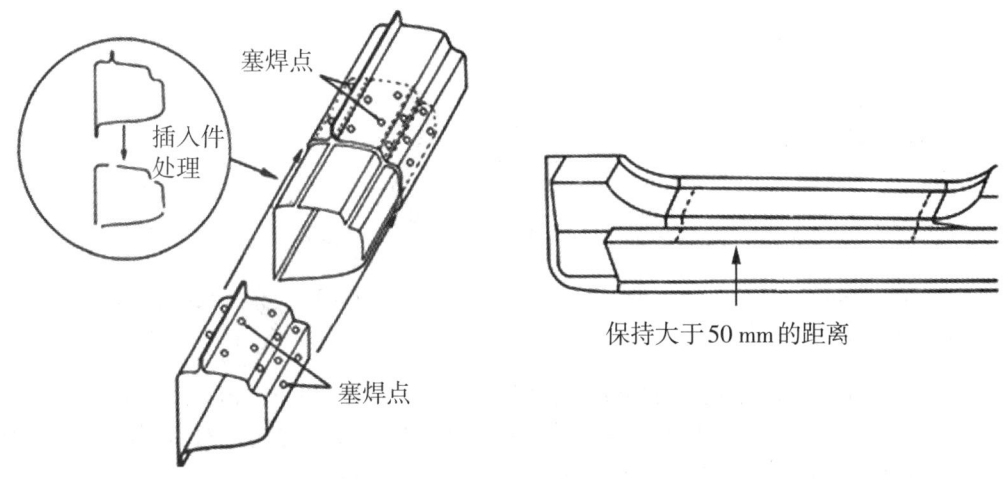

图5-2-22　切割插入件安装车门槛板　　　图5-2-23　切割中立柱下面的加强件

车门槛板的切割与焊接过程:

(1)环绕着B立柱和C立柱的基础切割,每一个立柱的周围留下搭接区域,如图5-2-24所示。

(2)切好新的车门槛外板,使之搭接在立柱基础的周围,同时车门槛板的原件也仍固定在汽车上。

(3)在夹紧焊接件的凸缘上,采用塞焊代替出厂的电阻点焊进行焊接,如图5-2-25所示。

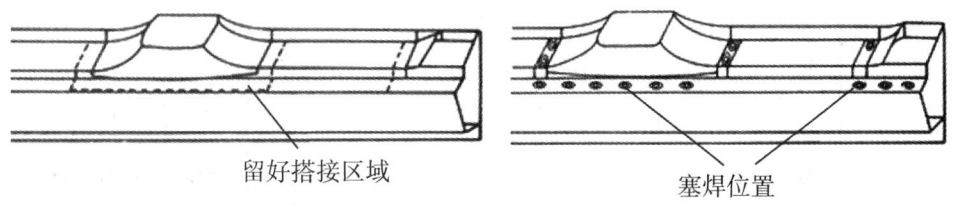

图5-2-24　中、后立柱切割　　　　图5-2-25　塞焊代替电阻点焊

(4)采用与电阻点焊近似的等间距，围绕着B立柱和C立柱进行塞焊搭接，如图5-2-26所示。

(5)在搭接段中约有其段长的30%的搭接焊缝边缘，即搭接边的每40 mm长度大约有12 mm焊缝，如图5-2-27所示。

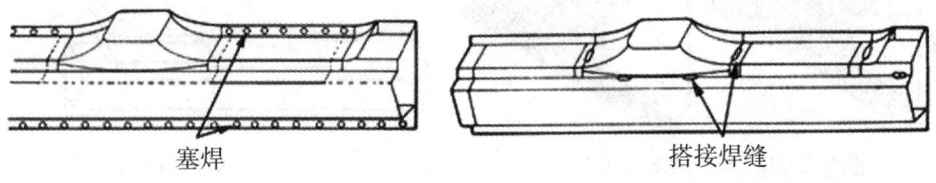

图5-2-26 塞焊搭接　　　　图5-2-27 间断的搭接焊缝

(6)在门开口的搭接区域进行塞焊焊接，并环绕着边缘搭接焊接，如图5-2-28所示。

4.前立柱的分割与连接

前立柱是由两件或三件板组成。在上端或下端或上下端将它们都加固，切割应在中间附近切割，避免割掉任何加固件，如图5-2-29所示。

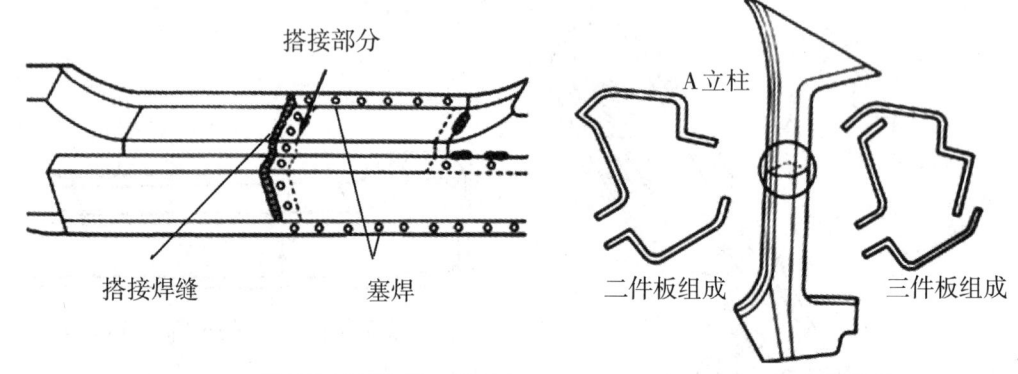

图5-2-28 搭接区域的塞焊和搭接焊　　　　图5-2-29 前立柱构件

对于前立柱切割，可采用插入件对接，或者用没有插入件的偏置对接，如图5-2-30所示。用插入件对接修复时，插入件的长度应该是100~150 mm。

进行偏置对接时，应尽量在制造厂的焊接点之间进行切割，以便转出焊点，如图5-2-31所示。两切割线间距不得小于50 mm。将截面对接在一起并将它们的四周连续焊接。

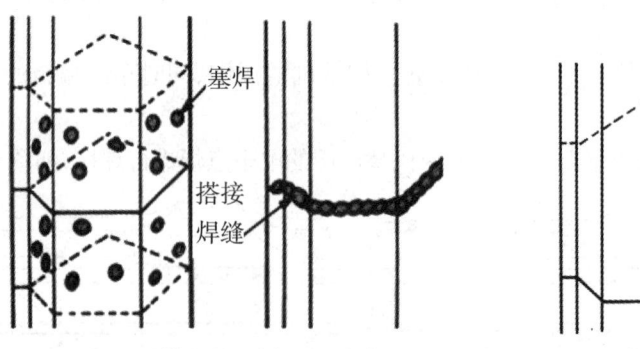

图5-2-30 前立柱的插入件对接　　　　图5-2-31 前立柱的偏置对接

5.中立柱的分割与连接

中立柱的切割要在D形环下进行，其距离要避免切通D形环固定点的加强件，如图5-2-32所示，对于中立柱，D形环的固定点加强件是焊到内件上的，一般无法使用插入件，仅在它的外件使用槽形插入件，应用偏置对接方式进行连接。

首先在现有的内件上搭接新的内件,而不将其对接在一起,并焊好搭接边缘。然后用点焊把槽形插入件焊接就位,并且用连续焊环绕外立柱进行封闭连接,如图5-2-33所示。

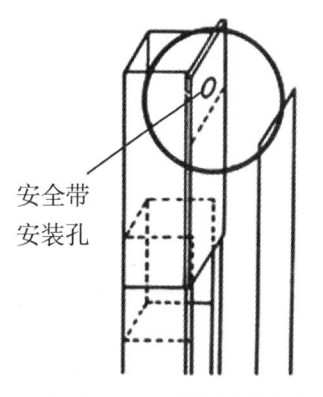

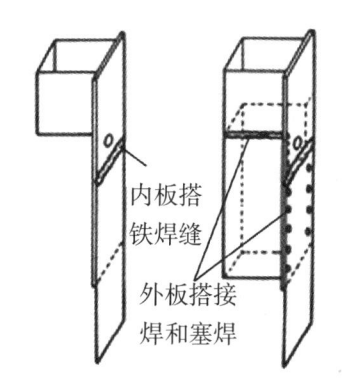

图5-2-32 中立柱板件的切割　　图5-2-33 形成偏置和搭接的组合

6.地板的分割与连接

切割地板时,不要切穿任何加强件,例如座位安全带的固定装置。要注意使后地板搭接在前地板上,使汽车下部地板的边缘总是指向后方。这样,从前后运动的道路飞溅物会从底部边缘流出而不会迎面撞击,如图5-2-34所示。

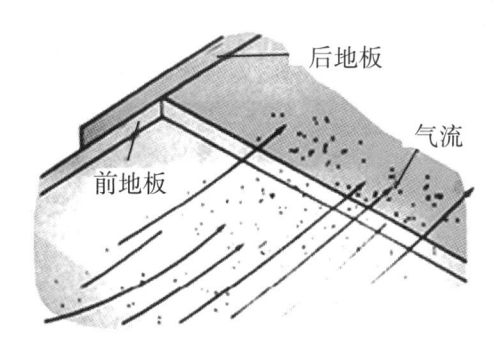

图5-2-34 地板的搭接边缘不要迎风

地板搭接板件的分割、连接时要注意以下几点。

(1)用搭接焊连接所有的地板。
(2)在搭接部位进行塞焊搭接,如图5-2-35所示。
(3)用弹性捻缝材料堵塞上边和向前的边。
(4)用连续焊焊接地板下面的搭接焊缝。
(5)用底漆、薄层保护层以及外涂层覆盖搭接焊缝,如图5-2-36所示。

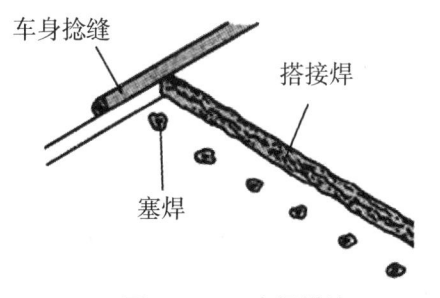

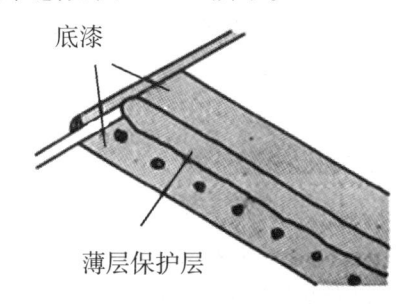

图5-2-35 塞焊搭接　　图5-2-36 焊缝的密封

三、更换板件前的准备

(一)车辆准备

(1)磨掉点焊区域焊缝的痕迹。用钢丝刷从连接表面上清除掉油泥、锈斑、油漆、保护层及镀锌层等。不要磨削结构钢板的边缘,否则会磨去金属使板件变薄,并削弱连接强度。还要清除板件连接表面背面的油漆和底漆,因为这些部位在安装时要点焊,如图5-2-37所示。

(2)整平板上的凹坑和凸起,保证焊接时两层板件能很好地配合,没有焊缝,如图5-2-38所示。

图5-2-37 清除钢板表面的油漆、锈蚀 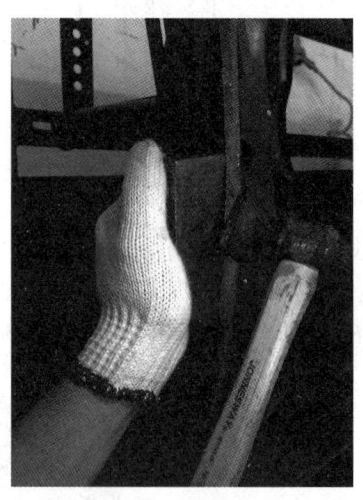   图5-2-38 整平钢板配合无缝隙

(3)在油漆和腐蚀物已从连接面上清除,基体金属已经暴露的区域,应涂上可导电的防锈底漆,如图5-2-39所示。因为焊接后连接的表面不能再进行涂漆。

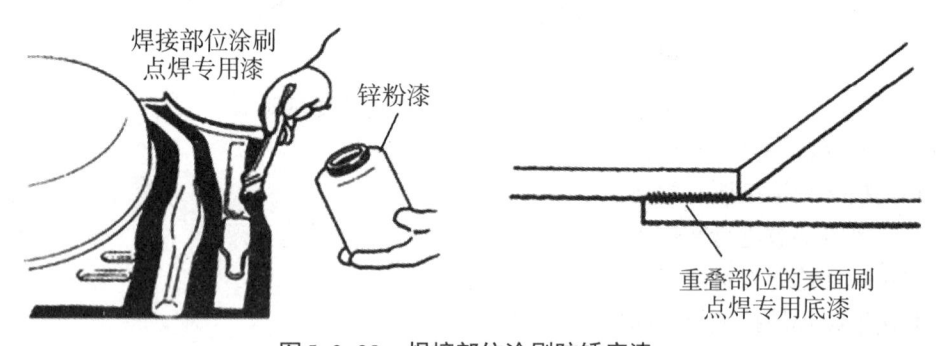

图5-2-39 焊接部位涂刷防锈底漆

(二)更换板件的准备

因为所有新板件都涂有底漆,所以底漆和镀锌保护层必须从焊接的结合面上清除掉,以使焊接电流在电阻点焊时能正确地流动。

(1)用打磨机清除点焊区域的油漆,防止板件过热。

(2)涂刷防锈底漆,如图5-2-40所示。

(3)搭接部位接头处理。如果新钢板要切割成与现有的钢板搭接的形状,要采用气动切割锯粗切到需要的尺寸,钢板的搭接宽度应为18~24 mm,如图5-2-41所示。

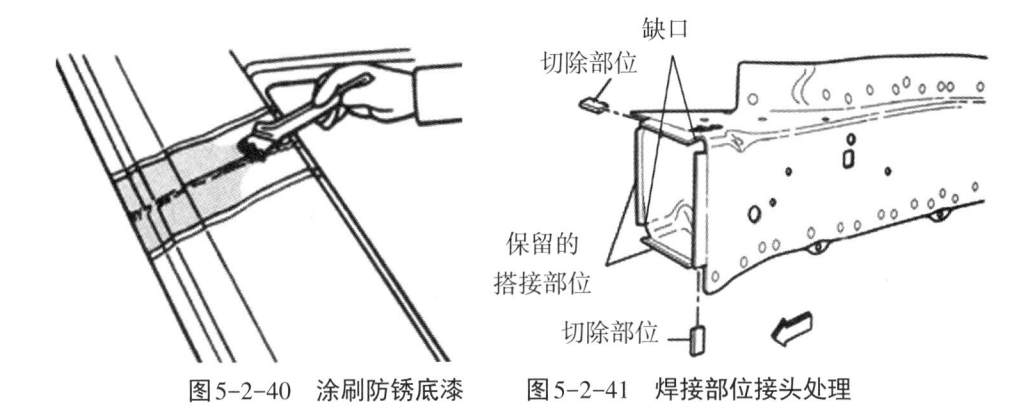

图5-2-40 涂刷防锈底漆　　图5-2-41 焊接部位接头处理

四、后翼子板的更换

在更换非结构件的外部板件时,可以用肉眼检查与相邻板件是否相配,无须像更换结构板件那样精确地测量。外部板件更换着重是在外观上的配合,车身轮廓线必须平齐,板件之间的间距必须均匀。

(一)后翼子板的拆卸

(1)焊点的清除。使用气动焊点削除机来钻除焊点,针对不同部位选择合适的工具钻头直径,如图5-2-42所示。

(2)C立柱的切割。用样板规在C立柱外板画出切割线,在切割线上进行切割,如图5-2-43所示。

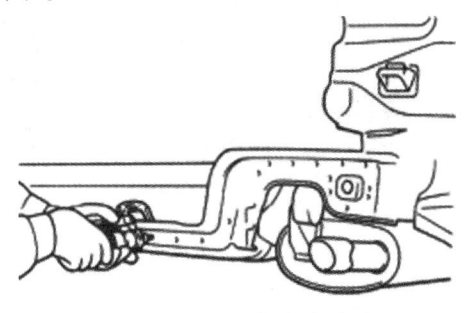

图5-2-42 焊点的清除 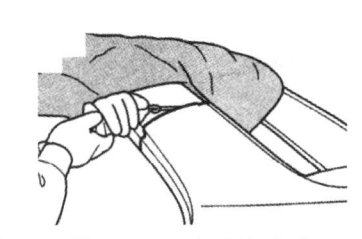　　图5-2-43 切割与分离

(3)车身结合部位的整理。用研磨机磨平焊点部位的多余金属,使金属平整,去除黏着物,对焊接面板进行整修,如图5-2-44所示,涂抹点焊防锈底漆,如图5-2-45所示。

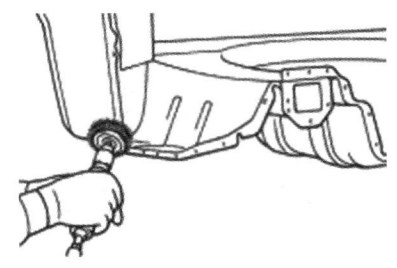

图5-2-44 处理焊接面板 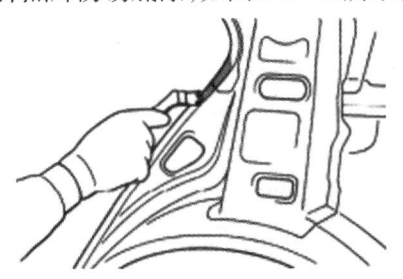　　图5-2-45 涂刷防锈底漆

(4)新板件的切割准备。用塑胶样板规画出切割线,使用气动切割锯在切割线上进行切割,如图5-2-46所示,要防止钢板变形。

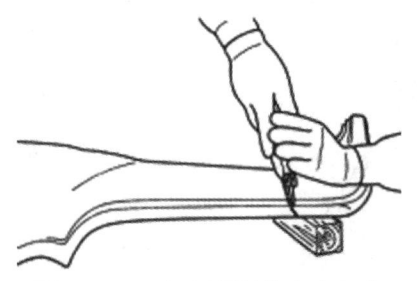

图5-2-46 切割新板件多余部分

(二)后翼子板的安装

(1)暂时安装后翼子板,并用大力钳夹在若干点将它固定。要保证板件的末端和边缘匹配。

(2)小心地调节与周围板件配合,如图5-2-47所示。调节板件以便与门和车身轮廓线的间隙彼此匹配。然后将后备厢盖安装在正确位置,并调节间隙和水平差,要进一步确定在后窗孔对角尺寸中不存在左右差别,使后窗玻璃与该窗孔相吻合,适当进行调整。

图5-2-47 后侧围板间隙的安装调整

(3)将板件装配后,钻一些小孔用自攻螺钉将它固定,如图5-2-48所示。调整车身轮廓线和板件的搭接处,使其与后围板及后部窗式框架相匹配。安装尾部组合灯,并使板件与灯组件配合。当每个部分的间隙、车身轮廓线和水平偏差都已经调整好后,用肉眼检查整体的扭曲和弯曲。

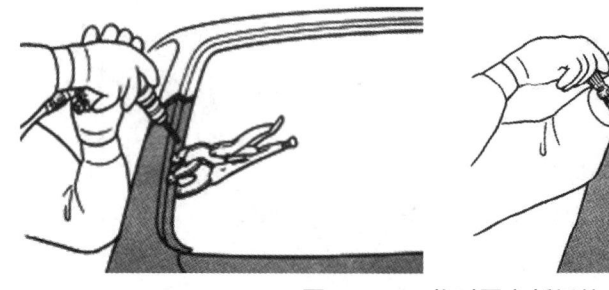

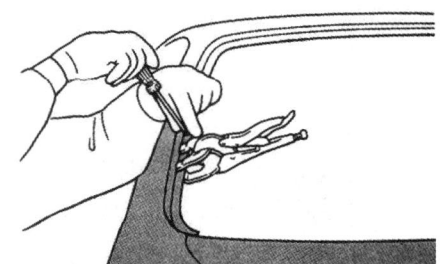

图5-2-48 临时固定新板件

(4)切割搭接的板件。板件正确定位以后,在分割区域进行切割时要精确,如图5-2-49所示。如果切割后出现间隙或板件搭接,将给下一步的焊接造成困难。

可以用以下的基本方法完成切割搭接:如果搭接得大,两块板件可以同时进行切割;如果搭接得小,可以用画线笔在搭接板件的端部画一条直线,沿着所画的直线用气动切割锯切去位于连接区域的搭接部分。此时板件应整齐地配合在一起,只能有小的间隙或者没有间隙。

在切割好搭接部分以后,进一步加工以前,要将更换的板件移开,从里面的板件上清除所有的碎屑和异物。围绕后顶侧板的内周边涂上密封剂,并且如前所述的那样,在相同的螺孔中,用自攻螺钉安装板件和其他零件。再一次检查配合情况。

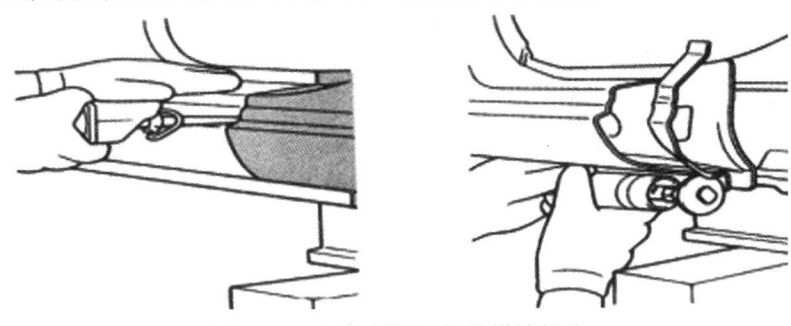

图 5-2-49　切割新板件的搭接部分

(5)焊接前准备。在新零件上用不同记号来辨别是要进行塞焊还是点焊,先将实施点焊部位的底漆磨除,对塞焊部位根据板厚选择钻头来钻取塞焊所需要的塞孔。确保新板件与车身的结合面吻合间隙很好,在焊接处涂抹点焊防锈底漆。

(6)焊接新板件。一旦新板件的尺寸和位置确定以后,就将它焊接就位,要采用分段焊接防止热变形和应力,如图5-2-50所示。

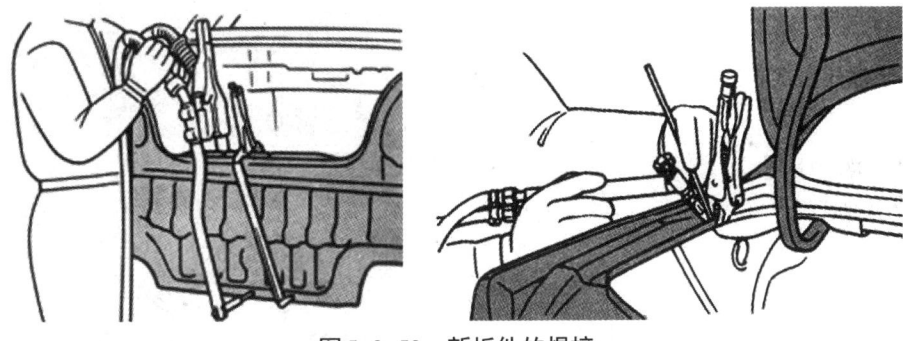

图 5-2-50　新板件的焊接

(7)焊接接头的处理。对表面的焊缝进行研磨,直到平滑。在没有底漆的部位实施清洁及去油脂工作,车身上涂抹车身密封胶和喷涂底漆。

(8)调整装配间隙。先调整后备厢盖的前后方向间隙,再调整后备厢盖左右方向间隙,最后调整后备厢的高度,如图5-2-51所示。

图 5-2-51　调整间隙

【任务实施】

一、任务要求

维修一辆门槛受损的汽车,根据所学知识制订一个合理的维修计划,操作中要求正确使用工具、量具、设备、防护用品,对损伤部位进行分析,拆除旧的板件,对变形板件进行校正,安装新板件时要不断地进行测量、调整,正确对位后对新板件进行焊接、安装。

二、任务准备

完成本任务,需要使用的主要设备、工具有个人防护用品、基本工具、各种分割工具、焊接设备、测量工具,以及变形车身、车身校正仪、备用的板件。

三、任务步骤

1.佩戴个人安全防护用品	
2.用气动切割锯切割新板件,按照尺寸进行切割	
3.切割好新板件后,安装定位到需要更换板件的部位,并用划针画出切割线	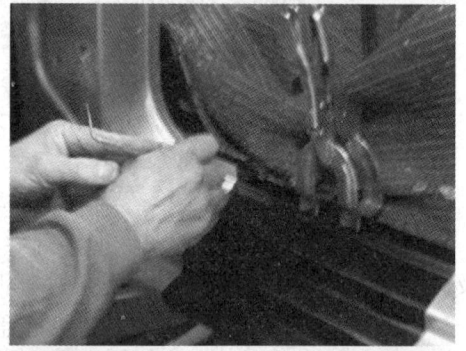
4.用气动切割锯切割旧板件,磨平在钻除焊点时或剥离板件时所产生的毛刺	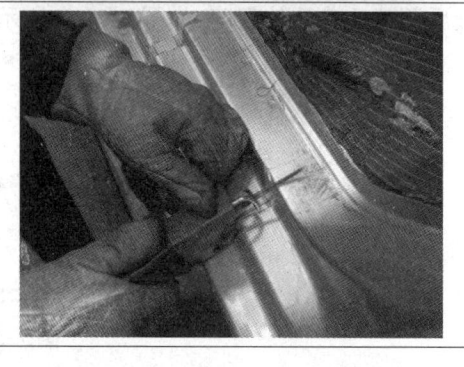

5.用气动焊点削除机在车身焊接裙边钻出塞焊孔

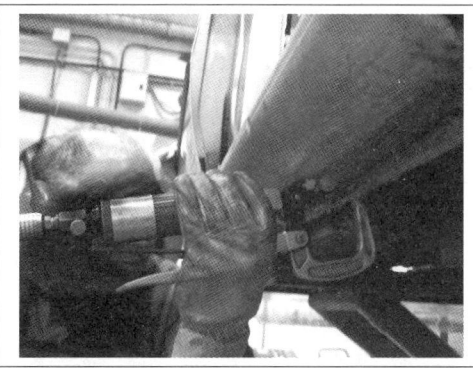

6.搭接部位接头处理

提示：如果新钢板要切割成与现有的钢板搭接的形状，需要采用气动切割锯将钢板粗切到需要的尺寸。钢板的搭接宽度应为18~24 mm

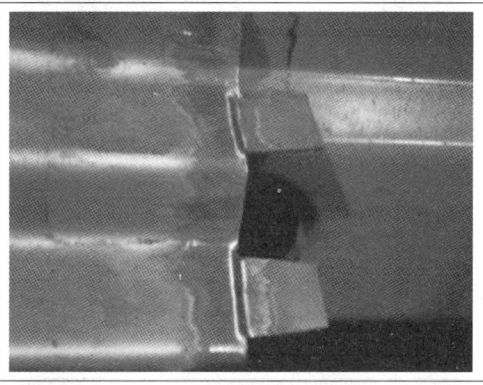

7.用打磨机磨掉钢板焊接部位周围的密封胶和底漆

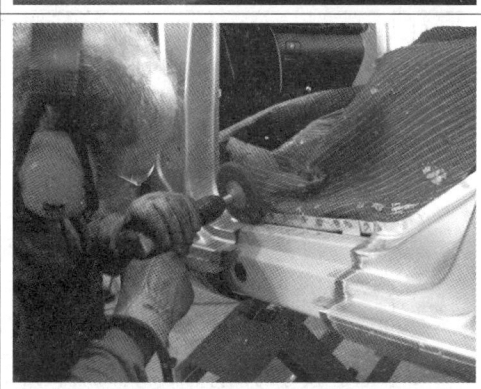

8.在新旧钢板需要焊接的部位进行点焊防锈底漆的喷涂

9.将新板件和车门槛板装配标记对准,并用焊接夹钳将它们夹紧	
10.焊接新钢板,在焊接时应从强度较高的部位开始焊接,焊接的两个板件要结合良好没有缝隙,焊接时应采用分段焊接以减小焊接应力与变形	
11.焊接后拆除焊接夹钳,并研磨焊缝与板件平齐,在焊接部位和裸钢板上喷涂防锈底漆	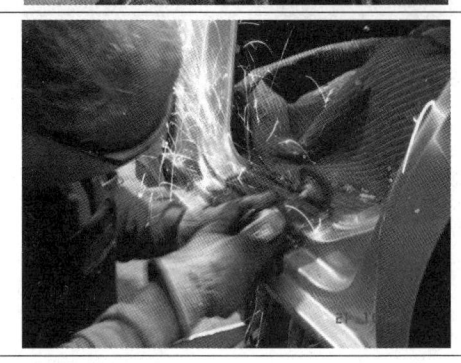
12.检查焊接好的板件,加工完成后收拾工具,并清洁场地	

【任务拓展】

一、任务要求

维修一辆前部受碰撞的汽车,根据所学知识制订一个合理的维修计划,操作中要求正确使用工具、量具、设备、防护用品,对损伤部位进行分析,拆除旧的板件,对变形板件进行校正,安装新板件时要不断地进行测量、调整,正确对位后对新板件进行焊接、安装。

二、任务准备

准备好车身校正仪、事故车辆、维修手册、二氧化碳保护焊设备、电阻点焊设备、气动切割锯、盘式砂轮机、气动焊点削除机、卷尺、轨道式量规、钣金锤、焊接头盔、焊接工作服、焊接手套、焊接护脚、安全鞋等。

三、任务步骤

步骤	图示说明
1.拆除旧的板件,使用气动焊点削除机去除焊点	钻除焊点
2.拆除旧的板件,使用盘式砂轮机打磨连续焊焊缝	打磨连续焊缝
3.磨平钻除焊点时或剥离钢板时所产生的毛刺 提示:注意不要把钢板磨薄。把要进行焊接的部位清理干净,露出新的金属。	用带式打磨机清理焊点部位
4.用钢丝刷刷除钢板焊接部位周围的车身密封胶及底层漆,在清洁和去蜡后,在钢板焊接的结合面涂抹点焊专用底漆	在焊接区域涂刷点焊专用漆

5.新钢板焊点位置定位 　　提示：在点焊或塞焊的位置做上不同的记号，以便于辨认，并在新的钢板上做记号（点焊焊点数要比原焊点数多30%，先决定两端的位置，再分配其余的焊点数）。	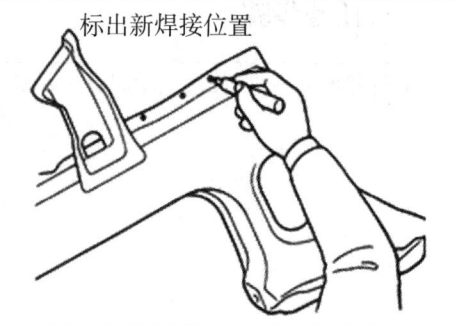 标出新焊接位置
6.塞焊时在新板件上钻孔 　　提示：钻孔的大小可参考维修手册，如果没有要求，结构性板件上钻8 mm的孔，外板件可钻5 mm的孔，塞焊的焊点数可以和原焊点数一样。清洁和去蜡后，在钢板焊接的结合面涂抹点焊专用底漆。	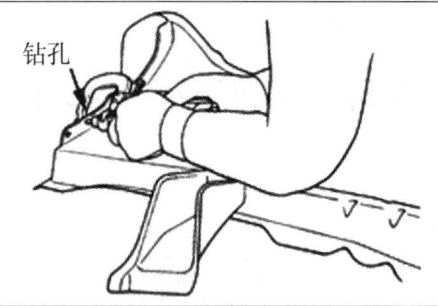 钻孔
7.将前挡泥板和纵梁对准，并用焊接夹钳将它们夹紧。新板件应安装在旧板件的相同位置上	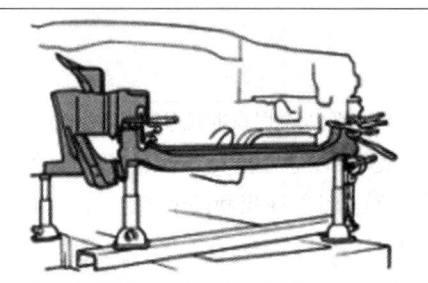
8.暂时安装车身前横梁，用锤子和木块依次轻轻地敲击板件，使它按需要的方向移动，直至彼此相配。同时要用测量工具来确定安装部件的尺寸位置	
9.假如测量尺寸与参考值相符，通过二氧化碳保护焊点焊一个点，暂时安装前地板加强件	
10.依照标准孔或旧零件的装配痕迹来暂时固定安装水箱框架	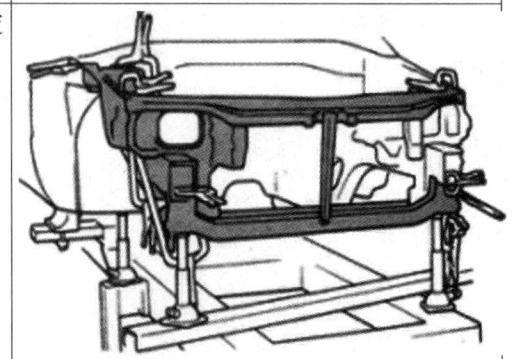

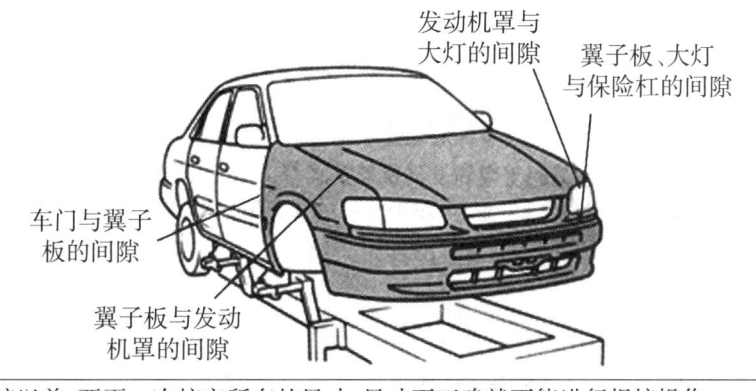

11.调整尺寸,首先进行测量,来确定悬架上支座及前翼子板隔板前后端安装点的定位。检查零件与前大灯左右尺寸的差异,并调整到适宜状态	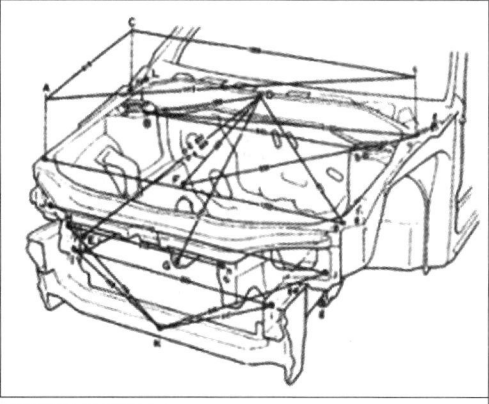
12.检查左右翼子板隔板上端的高度,通过测量调整到误差范围内	
13.组装车身覆盖件并检查装配间隙,在此操作中必须判定安装间隙是否调整到标准范围内,检查外覆盖件安装的配合间隙	
	发动机罩与大灯的间隙 翼子板、大灯与保险杠的间隙 车门与翼子板的间隙 翼子板与发动机罩的间隙
14.在焊接以前,要再一次核实所有的尺寸,尺寸不正确就不能进行焊接操作	
15.焊接新钢板时应从强度较高的部位开始焊接,焊接的两个板件要结合良好没有缝隙,焊接时要采用分段焊接以减小焊接应力与变形。焊接后拆除焊接夹钳,并重新测量	
16.在有些部位能明显看到的焊点必须研磨至板件平齐,喷涂底层漆的部位只要稍微研磨修饰即可。钢板清洁及去油脂后在焊接部位或裸钢板上喷涂防锈底漆	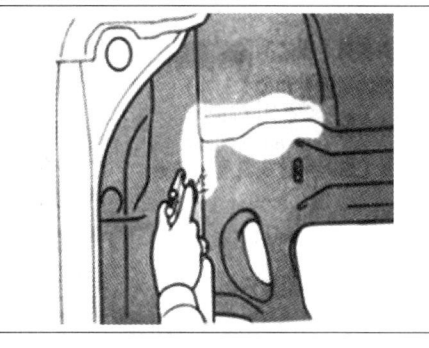
17.在完成涂装后进行车身部件装配 先调整发动机罩的前后方向,再调整发动机罩和翼子板之间的间隙,然后调整发动机罩高度,最后调整车门与翼子板的车身线高度和曲率。	
18.清洁,工具、防护用品归位	

查一查：

后纵梁的更换方法。

【任务检测】

一、填空题

1. 车身切割采用的工具有_____。
2. 进行去除电阻点焊的焊点时,一般使用的工具是_____。
3. 车身地板的连接方式是_____。
4. 对于严重腐蚀损坏的板件,维修的方法通常是_____。
5. 更换新板件的清洁很重要,原因是_____。

二、判断题

1. 对于严重腐蚀损坏的钢板,更换板件通常是唯一的补救方法。　　　　　　(　　)
2. 切割更换后,车身板件上的毛刺可以不用去除。　　　　　　　　　　　　(　　)
3. 在安装发动机罩时,其高度要最先调整。　　　　　　　　　　　　　　　(　　)
4. 使用气动焊点削除机时要仔细,因为不小心会切割到下层板件。　　　　　(　　)
5. 焊接新钢板时,应从强度较低的部位开始焊接。　　　　　　　　　　　　(　　)

三、选择题

1. 下列部件损坏后不可以切割更换,要求整体更换的是(　　)。
 A.车门槛板　　　　　　　B.前纵梁　　　　　　　C.车门加强梁
2. 下面分离焊点错误的操作方法是(　　)。
 A.要清理掉所有的焊点油漆
 B.不能破坏下层板
 C.可以用钻和磨削的方式切割
3. 车身修复时等离子切割使用的气体是(　　)。
 A.空气　　　　　　　　　B.氩气　　　　　　　　C.氮气
4. 进行等离子切割时的温度可以达到(　　)
 A.20000~30000 ℃　　　　B.30000~40000 ℃　　　C.10000~20000 ℃
5. 车身损坏后,需要更换的板件是(　　)。
 A.严重锈蚀的钢板　　　　　　　　　B.压缩变形的吸能区
 C.门板大约 200 mm 范围的凹陷　　　D.破损的板件

【任务评价】

一、小组过程评价

序号	考核项目	分数	考核内容	配分	考核标准	得分
1	出勤、纪律	5分	出勤	2分	违规一次不得分	
			行为规范	3分	违规一次不得分	
2	安全、防护、环保	20分	着装	2分	违规一次不得分	
			个人防护	3分	违规一次不得分	
			"5S""EHS"	5分	违规一次不得分	
			设备使用安全	5分	违规一次不得分	
			操作安全	5分	违规一次不得分	
3	任务检测	20分	任务测验成绩	20分	测验成绩的20%	
4	技能考核	35分	技能测验成绩	35分	测验成绩的35%	
5	学习能力	10分	工单填写,工艺计划制订	4分	未做不得分	
			组内活动情况	4分	酌情扣分	
			资料查阅和收集	2分	未做不得分	
6	任务拓展	10分	知识拓展任务	2分	未做不得分	
			技能拓展任务	8分	未做不得分	
	总分	100分				

二、教师评价

序号	优点	存在问题	解决方案

教师签字:

三、个人小结

_____

_____。

参考文献

[1] 张吉国,祖国海.汽车车身修复技术[M].北京:高等教育出版社,2005.

[2] 顾建国.汽车钣金维修技师培训教材[M].北京:人民交通出版社,2003.

[3] 张成利.汽车钣金维修技能与实例[M].北京:化学工业出版社,2015.

[4] 吴兴敏.轿车钣金与涂装修复技术[M].北京:国防工业出版社,2010.

[5] 宋孟辉,卢中德.汽车钣金实训教程.北京:中国人民大学出版社,2011.

[6] 刘淼.汽车表面修复技术[M].北京:金盾出版社,2002.

[7] 焦建民.汽车车身修复技术[M].北京:北京理工大学出版社,2006.

[8] 奔腾汽车检测维修设备制造有限公司.奔腾车身校正设备培训教材.

[9] 奔腾汽车检测维修设备制造有限公司.奔腾—SHARK全自动电子测量系统培训教材.

[10] 一汽丰田汽车有限公司.TOYOTA车身修复培训手册.

[11] 上海通用汽车有限公司.凯越车身维修手册.

[12] 一汽马自达汽车有限公司.Mazda6车身维修手册.